일상은 어떻게 예배가 되는가?

-위로하는 신학-

일상은 어떻게 예배가 되는가?

-위로하는 신학-

최성수 지음

목차

1 일상이 예배이기 위한 조건

하나님께 집중하지 못하는 때의 일상 예배

일상이 예배가 될 때

감사의 말씀

먼저 여러 가지 어려운 상황에서도 이 글이 세상에 나오게 된 것에 대해 하나님께 감사하며, 지금까지 그래왔지만, 앞으로도 동고동락을 함께할 가족, 그리고 하나님이 나를 여기까지 인도하셨음을 기도와 격려와 후원을 통해 알게 해 주신 성도 여러분과 나의 부족한 책을 한결같이 응원해 주며 멋진 글씨체로 빛내주신 김현수 목사님께도 감사드립니다. 이 글을 저자와 함께 공동체를 만들어가는 마산섬김의 교회에 헌정합니다.

머리말

신학박사 학위 수여식이 있던 날, 나는 올바른 신학함(doing-theology)을 통해서 그리스도인의 신앙 이해와 신앙의 성숙 그리고 영적 향상을 도우며 살 것을 결심했다. 유학 기간 내내 신학 방법론에 관심을 두고 연구한 것도 하나님의 이름으로 서로를 비난하면서 통합하지 못하는 한국교회 현실에 공헌하기 위함이었다.

그날, 내가 왜 갑자기 평생의 과업이 될 결심을 하게 되었는지는 잘 모르겠다. 신학대 학장실에서 주심 게르하르트 자우터(Gerhard Sauter) 교수와 부심 마르틴 호네커(Martin Honecker) 교수가 배석한 자리에서 학장으로부터 학위증을 받는 진지하고 엄숙한 과정에 크게 고무되어 얻은 갑작스러운 깨달음이었고, 이건 나의 신학함의 길을 평생 이끈 동력이 되었다.

귀국 후 신학교와 교회 혹은 기독교 기관에서 안정된 자리를 얻지 못했을 때 결심이 다소 흔들렸으나, 내가 할 수 있는 범위에서 그리스도인의 건강한 사고를 위해 최선을 다했다. 구름에 가려진 해가 언젠가 밝게 드러나기만을 기다리며 보낸 시간이었다. 예컨대 2003년부터 시작한 기독교 영화 평론 활동은 귀국 후 신학 분야에서 강의 기회를 얻지 못했을 때, 가족의 생존을 염려하기 이전에 먼저 그리스도인의 건강한 영화 이해를 도우려 시작한 공부의 결과였다. 그때 만일 생계 문제 해결을 위해 동분서주했다면, 분명 영화 비평 작업은 생각조차 하지 못했을 것이다. 감사하게도 영화 비평의 글을 게재하고 강연으로 얻은 수입으로 어려운 시기를 극복할 수 있었다. 비록 빛이 가려져 있으나 없었던 건 아니었기에 빛을 소망하며 삶의 어두운 시절을 견딜 수 있었다.

비전임 자리에 있으면서 전공과목의 강의를 얻지 못한 나는 주로 기독교 잡지와 신문에 교회 목회자의 건강한 사고를 돕는 글을 쓰고 발표하는 데 전념했다. 청탁에 따른 것이긴 했어도 목회 및 교회 현실에 주목할 때마다 머리에 떠오르는 글거리가 쏟아진 덕분에 끊임없이 써 나갈 수 있었다. 이에 비해 서구 이론을 소개하거나 학술 논문을 써서 신학적 업적을 세우는 일에는 상대적으로 무관심했다. 나의 스승 자우터 교수의 가르침에 따라 신학자로서 먼저 올바른 신학함을 실천한 후 그것을 복음을 전하듯 전함으로써 건강한 사고에 기초한 교회 목회를 돕고자 했다.

여기에 더해 짙은 안개에 갇혀 살았던 내 삶의 경험을 거울로 삼아 삶의 문제와 번민으로 인해 고통을 겪는 그리스도인에게 성경과 신학을 통해 위로를 주고 싶었다. 하나님을 사랑한다는 건 하나님이 사랑하시는 인간을 사랑하는 것임을 깨달은 결과이다. 로마 철학자 보이티우스(Boethius)의 "철학의 위안"과 프랑스 현대 철학자 알랭 드 보통(Alain de Botton)의 "철학의 위안"에 빗대어 '신학의 위안'을 추구한 것이다. 곧 그리스도인(교역자와 교인)이 직면한 상황과 문제에서 겪는 혼돈과 고통에 관심을 기울였고, 이런 현실을 신학적 문제로 인지한 후에는 신학적 설명을 통해 그리스도인이 자기 문제와 상황을 이해하도록 도왔다. 학위를 마치고 귀국하여 처음으로 쓴 글이 『신학과 목회, 그 뗄 수 없는 관계』(씨엠, 2001)이다. 이를 통해서 내가 원한 건 그리스도인이 하나님을 신뢰하면서 건강한 사고를 하는 사람이 되는 것이다.

이런 의도를 갖고 마치 수행하듯이 공부하고 연구하며 글을 써오다가(신학 비평, 목회 비평, 기독교적 영화 비평, 설교와 예배 등) 몇 년 전부터는 주로 한국 기독교의 핵심 문제는 온전한 예배가 결여한 데에 있다는 생각에서 이 문제 해결을 위해 글을 써오고 있다(『예배와 설교 그리고 교회』, 『언제까지 가짜신앙을 포장하며 살 것인가』, 『어떻게 하면 설교를 바르게 들을 수 있을까』, 『온전한 예배』). 그리스도인의 정체성은 예배하는 인간이기에 그리스도인의 변화는 온전한 예배자의 생활 양식을 받아들일 때 가능하다는 확신 때문이다.

이 글은 그 연장선으로 '일상에서 직면하는 문제'와 관련해서 '예배자의 삶'을 고민하는 그리스도인들을 염두에 둔 것이다. 예배자로서의 수행과 온전한 예배에 적합한 생활 양식을 거듭되는 훈련을 통해 받아들임으로써 그리스도인은 변할 수 있다는 확신을 공유하고 싶었다. 또한 하나님이 함께하시는 일상을 건강한 사고를 통해 직관하며 통합하는 그리스도인이 될 때, 굳이 기독교 상징을 드러내지 않아도 일상은 예배가 됨을 말하고 싶었다. 일상은 신과 인간, 인간과 자연, 그리고 인간과 인간의 상호작용(서로 돕고, 서로 사랑하고, 서로 세우는 삶)을 통해 창조 이후 계속되는 재창조의 현장이다. 특히 마음을 흔들고 주의를 분산시키는 일들을 만날 때 어떻게 내 생각에 집착하지 않고 타인을 배려하는 삶을 살 수 있는지, 또한 나를 중심으로 보는 지각 방식에서 벗어나 공동체를 위한 지각 방식을 어떻게 습득할 수 있는지 이에 관해 말하고 싶었다. 신학은 이런 형편과 상황에서도 하나님을 예배하는 이유를 공급하면서 건강한 사고로 이끄는 노력이다. 신학을 일상의 삶에서 무의미하게 만드는 교조적인 태도는 잘못된 신학과 그릇된 사고의 결정체다.

조직신학적으로 볼 때 이 주제는 한편으로는 현실을 바르고 건강하게 인지하려는 세계관에 관한 것이고 다른 한편으로는 크로노스와 카이로스의 관계에 관한 것이다. 그러니까 건강한 사고를 통해 부정적 현실에서 하나님의 현실을 어떻게 인식할 수 있는지 그리고 어떻게 크로노스 속에서 카이로스를 경험할 것인지에 관한 것이다. 이는 하나님을 예배하는 일에서는 일상과 주일이 예배 형식 외에는 구분되지 않으며 오히려 서로 유기적 상호관계에 있다는 확신에 근거한다. 이런 점에서 이 글은 2022년과 2023년에 각각 출판한 『온전한 예배』(학술정보사)와 『하나님 나라를 경험하는 길』(동연출판사)과 어느 정도 맞닿아 있다.

『온전한 예배』에서 나는 예배를 '영으로 임재하신 하나님-의 말씀과 행위-에 대해 전인격적으로-인간의 말과 생각과 행위로-반응하는 신앙 행위'라 정의한 후 두 가지 예배에 관해 설명하는 데 전념했다. 예전으로 드리는 교회 예배와 그리고 건강한 사고와 삶과 성품으로 드리는 일상 예배이다. 두 예배가 서로 독립해 있지 않고 서로에게 영향을 미치면서 유기적 상호관계에 있을 때 비로소 예배는 온전해진다는 걸 역설했다. 이것이 성경이 말하는 예배의 의미임을 밝히고자 했다.

예컨대 아벨과 가인의 예배를 살펴보자. 두 사람은 각자의 소산물을 제물로 삼아 하나님을 예배한다. 이에 대해 하나님은 아벨의 예배는 받으시고 가인의 예배는 받지 않으신다. 당시 예배를 받으신다는 건 삶의 결과물을 염두에 둔 표현이다. 그러니까 아벨의 생업은 번창했으나 가인의 농사는 그렇지 않았다는 거다. 이런 차이를 낳은 이유에 대해 성경은 가인의 삶이 죄와 무관하지 않다고 한다(창 4:7, 요일 3:12, 유 1:11). 여기서 삶이란 오늘의 관점에서 본다면 일상으로 이해할 수 있다. 그러니까 가인은 평소에 하나님이 원하시는 방법이 아니라 다른 가치를 따르는 삶을 살았다는 거다.

가인과 아벨 이야기는 형제의 갈등과 분쟁 그리고 살인이 예배와 관련이 있다는 증거로 종종 인용되는 본문이다. 만일 이것이 실제로 일어난다면, 가인의 행위에 대한 하나님의 반응에서 볼 수 있듯이, 그건 성경이 바라는 것이 아니다. 엄밀히 말해서 이 이야기는 유일신 신앙이 갈등과 분쟁의 핵심 원인이 된다는 점을 말하기보다는 하나님 앞에서 살아가는 삶에서 저지른 잘못을 회개하지 않고 오히려 다른 삶의 가치와 방식(혹은 우상)을 따른 결과가 얼마나 비참한지를 폭로하기 위함이다(스티브 테일러의 연구 『자아폭발』에 따르면, 가인의 생업이었던 농업은 인류가 타락한 결과로 나타난 것이다. pp.403~405). 그런데도 가인은 현실을 인지하지 않고, 예배를 통해 폭로된 자기 잘못을 하나님 앞과 사람 앞에서 인정하길 거부하여 회개할 기회를 놓친다. 형제 살인은 그 결과이다.

예배자의 일상이 선하지 않을 때 혹은 생각이 건강하지 않을 때 교회 예배는 인간의 악한 본성이 폭로되는 사건이 된다. 관건은 잘못을 깨달을 때 회개해야 한다는 것이다. 교회 예배는 회개한 자에게 하나님 나라를 보인다. 교회 예배에서 하나님 나라를 경험한 사람은 일상에서 시야가 열리고 세상에 대한 책임을 부여받으며, 그 나라의 백성이요 왕 같은 제사장으로 살도록 파송 받는다. 그리고 다시 하나님 앞으로 부름을 받아 하나님이 영광 가운데 임재하신 교회 예배로 나아간다. 이처럼 일상 예배와 교회 예배는 서로 영향을 주고받으면서 유기적으로 상호의존 관계에 있다. 일상에서 부름을 받아 하나님의 임재 앞으로 나가 삼위 하나님의 친밀한 교제 안으로 초대되어 영광을 경험하는 은혜를 누리고 또 파송을 받아 하나님이 함께하시는 삶에서 하나님을 영화롭게 한다.

『온전한 예배』에서 나는 유기적인 상호의존 관계에 있는 온전한 예배를 위해선 무엇보다 먼저 예전의 의미를 숙지하는 게 필요하단 생각에서 교회 예배 예전의 신학적 의미를 설명하고, 이것이 일상의 삶과 유기적 관계에 있음을 보이는 데 전력했다. 흩어져 있는 것들을 모아 형태를 갖추는 데 전념하다 보니 본의 아니게 일상의 다양한 상황에서 하나님과 이웃에 적합하게 반응하는 것으로서 일상 예배의 구체적인 면모를 다 보여주지 못했다.

사실 사도 바울이 말한 그리스도인의 선한 싸움은 교회 예배 안에서 일어나거나 순교를 요구하는 거대한 것과 상대하는 것이 아니다. 물론 그것도 없지 않으나 오히려 대부분 일상에서 반복하는 삶과 관련해 있다. 부정적 감정과의 싸움, 끝없이 반복하는 내적 갈등을 유발할 뿐만 아니라 다른 사람에게도 상처를 주는 잘못된 생각과의 싸움, 인생의 바닥으로 내모는 곤궁한 삶과의 싸움, 그리고 깊은 후회만 남기는 각종 파괴적이고 강박적인 행동과의 싸움 등이다.

그러므로 『온전한 예배』를 읽은 주의 깊은 독자들이 '그렇다면 일상은 어떻게 예배가 되는가?' '각종 부정적 현실에서 어떻게 반응해야 예배인 건가?' '하나님께 도무지 집중하지 못하는 때 일상 예배는 어떻게 가능한가?' 등 그리스도인의 생활 양식을 구체적으로 묻는 이런 질문에 관심을 보인 건 극히 당연하다. 화두를 던졌던 저자인 내가 대답해야 할 질문이 아닐 수 없다.

이 질문에 대답할 필요는 이미 『온전한 예배』를 집필할 때부터 숙지하고 있었고 그래서 한두 가지 예를 제시하긴 했었다. 그러나 두 예배의 상호관계를 밝히고 예전의 의미를 알리는 데 중점을 두다 보니 삶의 치열한 현실을 모두 반영할 수는 없었다. 결국 삶에서 만나는 다양한 상황에서 현대 그리스도인은 어떻게 하나님에게 반응하며 살아야 하는지, 일상에서 반응해야 할 것과 반응하지 않아야 할 것은 무엇인지, 어떻게 선한 싸움을 싸워 나가야 할지, 어떻게 해야 일상을 예배로 바꿀 수 있는지 이 질문에 대한 대답은 미루어야 했다.

이와는 다른 관점에서 쓴 『하나님의 나라를 경험하는 길』에서 나는 일상에서 하나님 나라를 경험하는 다섯 가지 길을 제시했는데, 이는 주로 일상에서 하나님 나라 경험에 국한한 것이다. 하나님 나라 경험은 아무 준비 없이 그야말로 은혜로 일어나기도 하지만, 대체로 일정한 조건이 축적될 때 일어난다. 하나님 나라를 이해하고 경험하길 원하는 그리스도인을 위해 먼저 경험의 조건들에 관심을 기울일 것을 제시하였다. 일상의 의미와 가치에 대한 시각이 어떤 경로를 통해 열리는지를 보이고자 한 것이다. 그야말로 크로노스 속에서 카이로스를 경험하는 방법과 조건에 관한 것이다. 하나님 나라를 경험하는 일 역시 일상 예배로 독해할 수 있지만, 경험하는 것과 예배하는 건 엄연히 구분된다. 10명의 나병환자 환자가 치료받았으나 그 가운데 오직 한 명만 예수님을 찾아와 경배했듯이(눅 17:11~19), 경험하는 자가 예배의 자리로 나아가는 건 아니고, 참으로 예배하는 자만이 하나님 나라를 경험한다.

2023년 중반 교회 목회론에 해당하는 『하나님의 목회, 인간의 목회』(한국학술정보, 2024)의 원고를 출판사에 넘기고 캄보디아 교육 선교에 다녀오는 등 이런저런 일로 시간을 보냈다. 교회에서보다는 일상에서 대부분 시간을 보내는 독자들과의 개인적인 만남에서 여러 질문을 접했다. 이를 통해 질문에 적합한 대답을 줄 필요성을 더욱 간절히 느껴 그동안 틈틈이 써놓기만 했던 글을 주제에 맞게 모았으나 많은 부분 새롭게 썼다.

이 글에서 나는 지극히 평범한 일상을 염두에 두지 않았다. 이와 관련해서는 미국 성공회 사제 티시 해리슨 워런(Tish Harrison Warren)의 『오늘이라는 예배』(IVP, 2019)로 충분하다고 생각했기 때문이다. 이 책은 소소한 일상이 어떻게 예배가 되는지에 관한 글이다. 이 글의 저자는 '그리스도 안에서 평범한 하루를 어떻게 보내는가가 결국 그리스도인으로서 어떻게 사는가다.'

라는 분명한 의식을 갖고 일상을 스케치한다. 이로써 그리스도인이 일상과 예배의 관계를 그야말로 느끼도록 했다. 워런에 따르면, 아침에 눈을 뜨는 순간부터 저녁에 잠자리에 드는 순간까지 그리스도인에게 어느 것 하나 예배를 위한 계기가 아닌 것은 없다. 이를 위해 필요한 것으로 워런이 제시하는 것들을 대충 여섯 가지로 정리할 수 있다. 주의 깊은 삶(mindfulness), 삶의 의미 추구(meaningfulness), 관계 속에서의 성장, 새로운 경험 추구, 영적인 성찰, 그리고 긍정적인 태도 등이다.

그러나 이건 성공회 사제로서 일상 경험에 기반을 둔 글인데, 세상 속 그리스도인이 겪는 고민과 염려 그리고 고통과 관련해서 경험되는 일상을 다루고 있지 않다. 사실 그리스도인이 세상에 살면서 어떤 일을 경험하는지 이에 관해 조금이라도 생각해 본다면, 일상이 그렇게 쉬운 대상이 아님을 금방 깨달을 것이다. 그들에게는 여섯 가지를 갖추고 산다는 것 자체가 어렵다. 세상 속 그리스도인은 교회 예배 후 세상으로, 광야로, 음침한 사망의 골짜기로 파송된다. 평범한 일상 자체가 예배일 수 있다는 건 충분히 생각할 수 있고 중요한 일이나, 문제는 일상이 무너지는 순간이 뜻하지 않게 찾아온다는 것이다. 게다가 건강한 사고는 각종 유혹으로 너무나도 쉽게 교란된다. 설탕이 뜨거운 물을 만나면 순식간에 녹듯, 그렇게 하나님을 떠나 사는 세대의 흐름에 동화된다. 이런 때 그리스도인 정체성을 지키는 일은 쉽지 않다.

여기에 더해 일상을 기독교적으로 이해하고 변화하려는 시도는 많이 있다. 다음의 책들에서 자세한 내용을 접할 수 있을 것이다.

로버트 풀검, 『내가 알아야 할 모든 것은 유치원에서 배웠다』(알에이치코리아,

2018).

지성근, 『새로운 일상신학이 온다』(비전북, 2022).

조민아, 『일상과 신비』(삼인, 2022).

마이클 프로스트, 『새로운 교회가 온다』(IVP, 2009).

-, 『일상, 하나님의 신비』(IVP, 2002).

-, 『일주일 내내 교회로 살아가기』(새물결플러스, 2020).

세상은 하나님을 원하지 않고 그리스도를 반기지 않으며 교회에 적대적이다. 그리스도인이 세상에 물들지 않으리란 보장은 없다. 예수님을 가장 근거리에서 따르던 제자 베드로도 그가 예수님을 미워하는 무리 속에 있을 때 예수를 부인했다면, 하물며 세상에서 생존해야 하는 우리는 얼마나 더할 것인가. 그리스도인이 당황하여 실수하고 그래서 하나님과 전혀 무관한 삶의 틈이 열리는 순간은 바로 이때다. 한쪽 문이 닫히면 다른 문이 열린다고 하지만, 실제로 직면하는 건 문이 닫힌 후 다른 문이 전혀 보이지 않는 현실이다. 이런 상황에 놓이면 성경 구절을 줄줄 외우는 그리스도인이라도 놀라고 당황하고 두려워하고 외롭고 우울한 부정적 정서에 사로잡히는 건 어쩔 수 없다. 사탄의 침입이 아주 자연스럽게 일어나는 순간이다. 세상과 적당히 타협해도 괜찮다는 음성이 들리기도 한다. 그리스도인조차도 다른 그리스도인이 뼈를 깎는 고통의 시간을 보내면서까지 세상에서 말씀에 온전히 순종하며 사는 걸 보고는 '비현실적'이라고 여길 정도다.

바로 이런 때, 그러니까 그리스도인을 자기 뜻대로, 감정대로, 생존의 논리에 따라, 혹은 이성에 따라서만 살도록 몰아붙이는 때, 일상이 무너져 그리스도인이 도무지 하나님께 집중하지 못하는 때, 말씀에 조율한 삶이 갑자기 비현실로 여겨질 때, 도무지 하나님께 반응하는 삶을 살 수 없을 때, 바로 이런 때 어떻게 반응하는 게 하나님을 예배하는 것인지, 세상 속 그리스도인은 이것에 관해 궁금해한다. 크로노스 속 위기 상황에서 어떻게 해야 카이로스를 경험할 수 있는가? 이 글은 바로 이점을 염두에 두고 기록한 것이다. 특히 목회에서 성도를 만난 경험과 신학교에서 학생들을 만난 경험을 기반으로 '신학의 위안(consolation of theology)'을 염두에 두고 써 나갔다.

신학을 가르치면서나 목회하면서 접하는 신앙 상담 주제는 주로 교회 관련한 것들이 많으나 따지고 보면 대체로 일상에서 벌어진 일과 관련한 것이다. 따라서 상담 중 나눈 대화는 이 글의 밑거름이 되었다. 두 종류의 경험을 말할 수 있다.

하나는 상담 경험이다. 교인들은 교회나 가정이나 직장 혹은 사회에서 경험한 일과 관련해서 신앙에 의문이 들 때, 놀라움과 비통함에 짓눌려 하나님께 도저히 집중할 수 없는 상황을 만날 때 목회자인 나를 찾아왔다. 신학생들도 마찬가지였다. 목회 현장에서 겪는 일로 인해 분노, 슬픔, 고통, 억울함, 원망, 실망, 좌절, 혼란 등으로 뒤범벅이 된 감정 상태로 신학자인 나를 찾아와 털어놓은 내용은 간단하게 정리하기가 참으로 어렵다.

그래도 대략 정리하여 말한다면, 왜 이런 고통이 나에게 있는지? 이런 일이 왜 자기에게 일어났는지? 나는 왜 이렇게 행동할 수밖에 없는지? 신학적으로 혹은 성경적으로 어떻게 설명할 수 있는지? 묻는 것이다. 간단히 말해서 자신들이 직면한 상황에서는 그리스도인으로서 정체성을 드러내며 살기가 쉽지 않으니 어떻게 해야 하느냐는 거다. 사실 정체성을 지키기도 힘든 상황에서 하나님을 예배하는 삶을 살아낸다는 건 더더욱 힘든 일이다. 물론 그리스도인의 선한 싸움이라는 의미에서 양자는 같은 일이긴 하다.

다른 하나는 이런 상황에서도 말씀에 충실한 삶을 살고 또 그렇게 살려 노력하는 그리스도인을 사례로 들어 설명했을 때 적지 않은 그리스도인은-심지어 목회자조차도-그걸 두고 비현실적이라고 말했을 때 느꼈던 당혹스러움이다. '비현실적'이라는 말에서 하나님의 말씀이 공허하다는 말로 느껴지는 건 물론이고 마치 내가 꾸며낸 것처럼 말하는 것 같아 몹시 안타까웠다.

목회 경험에 비추어 보면 교회에서 나는 두 종류의 교인을 만났던 것 같다. 힘들고 어려운 일을 만나 고통을 겪으면서도 꿋꿋하게 잘 견뎌내 오히려 이전보다 더 성숙한 신앙을 결실하는 교인이다. 이에 비해 마음에 깊은 상처를 받고, 심하면 고통을 견디지 못해 속절없이 무너져 신앙의 위기를 겪는 교인이다. 후자에 속하는 일부 성도는 전자의 삶을 비현실적이라 본다. 두 경우가 신앙의 연륜과 무관하진 않아도, 자세히 들여다보면 반드시 그렇지만도 않다. 무엇이 이런 차이를 낳는 건가?

한편, 교인들과 학생들에게서 고민과 갈등과 염려와 두려움 등 흔히 신앙 문제로 여기는 일에 관해 들을 때마다 나는 크게 세 가지를 의심했다.

하나는, 성도가 직면한 문제와 그로 인해 겪는 고통 가운데는 혹시 교회 목회의 일반적인 사역을 통해 적합한 도움을 받지 못하는 게 있는 건 아닌가? 하는 의문이다. 왜냐하면 수십 년 신앙생활에도 어떠한 훈련도 받은 바 없어 삶과 태도에서 변화가 전혀 없거나 미미한 성도가 많다는 걸 자주 확인할 수 있었기 때문이다.

다른 하나는, 성도의 고민에는 잘못된 성경 지식과 신학이 작용했거나 신학을 잘 모르고 있기 때문은 아닌가? 하는 의문이다. 그들의 문제와 고통을 듣고 또 그들의 감정 상태를 직접 접하면서 성경 이해와 관련해서 왜곡과 과장과 논리의 오류로 뒤범벅이 된 상태를 볼 수 있었기 때문이다.

마지막 하나는, 말씀을 온전하게 실천하려는 노력이 부족한 건 아닐까? 그래서 어려운 상황에서도 말씀대로 살려는 사람들에 관한 이야기를 비현실적으로 여기는 건 아닐까? 변화를 원하긴 해도 정작 변화를 실행할 수행 방법을 알지 못한 건 아닐까? 하는 것이다.

일련의 질문들을 두고 성찰하면서 많은 부분 감정 문제에 초점을 두고 공부하였고, 이에 따라 심리학 특히 인지 행동 치료 심리학을 참고하였다. 신학적 성찰과 함께 상담 내용을 복기해 보면서 앞의 세 가지 의심이 전혀 근거 없지 않음을 확인할 수 있었다. 이에 먼저는 문제 자체보다는 사람에 초점을 두고 연구했다(『영화 속 인간 이해』, 동연, 2019). 그 결과 나는 설교나 신앙 및 영성 교육을 통해 쉽게 해결하기 힘든 감정의 문제에서 그들이 격렬한 감정을 스스로 이해하고 감정을 어느 정도 스스로 통제할 수 있게 도와주었다(결과는 다음의 책으로 출간: 『문제는 감정이야』, 한국학술정보, 2023). 그 결과 많은 이들이 문제의 해결을 경험했고 위안을 받았다.

이와 함께 잘못된 성경 지식과 신학은 수정하고, 신앙 고민과 관련해서 의미 있는 성경 지식과 신학 지식 그리고 수행 방법에 관해 알려주었을 때 고민이 풀어지고 문제가 해결되었다는 말을 종종 들었다(『의미는 알고나 사용합시다』, 예영출판사, 2019). 고통과 번민의 시간에서도 상황을 신학적으로 이해하면 위로가 된다는 걸 깨달았다. 생각은 끝없이 반복하는 번민에서 자유로워지고, 삶의 곤궁한 형편에서도 위로받아 인내할 수 있었다고 한다. 상처받은 마음이 큰 위로를 받았다는 사례도 있다. 좋아지는 느낌에 안주하지 않고 성경 공부를 매개로 계속 이어지는 만남과 대화를 통해 세상을 보는 방식과 태도 그리고 생활 방식에 변화가 생겼다는 말도 들었다. 하나님을 알고 하나님께 올바르게 반응하길 학습하면서 심리적인 안정감을 찾았고 올바른 인지 능력을 회복했으며 대인 관계를 어렵게 하는 각종 행동에 변화가 있었다고 했다. 단지 배우는 것으로 만족하지 않고 말씀대로 살려는 의지를 굳게 다져 세상에서 만나는 어려운 상황에서 이전과 달리 그리스도인으로서 살려고 노력하게 되었다는 말도 들었다.

나는 이런 사례를 반복해서 경험했고, 일상에서 마음과 생각과 행동 그리고 삶에서 어려움을 만난 사람들이 신학적 이해를 통해 경험하는 회복과 심리적 안정감은 도대체 무엇을 의미하는 건지 이에 관해 깊이 생각했다. 분명한 건 사람 자체에 초점을 두고 관찰하면서 먼저 감정의 문제를 발견하고 감정을 언어화하도록 도와준 후에 신학적으로 설명하였을 뿐이다.

그런데 심리 치료 방식에 근거하지 않고 오직 성경에 근거하고 신학적 성찰에 바탕을 둔 합리적인 대화였을 뿐인데도 내담자들이 큰 위로를 받고 새로운 삶을 위한 용기를 얻었다는 사실에서 나는 대화 과정에서 성령님이 일하셨음을 고백할 수밖에 없다. 하나님은 우리가 영과 혼과 육에서 온전해지길 원하실 뿐만 아니라 우리를 온전케 하시는 분이기 때문이다(살전 5:23~24).

축적된 대화 경험과 고백을 바탕으로 나는 신학적 설명 과정에서 일하시는 성령님을 기대하며 '신학적 상담'을 떠올렸다. 이미 "성경적 상담"으로 알려진 분야이지만 신학자로서 나의 정체성을 담고 싶었고 그리스도인과의 상담 작업 자체가 신학함의 한 과정이라는 생각에서 표현을 달리했다.

앞으로 필자의 과제가 될 '신학적 상담'은 일반 심리상담의 관찰과 발견을 간과하지 않으며, 오히려 여기서 얻은 것을 신학에 말 걸어오는 질문으로 혹은 신학이 찾고자 하는 대답의 유비로 신학적 상담에 사용하여 결과적으로 상호 협력 관계를 추구한다.

다시 말해서, 비단 모든 사례에 적용할 건 아니지만, 그리스도인의 신앙 고민-때로는 이것이 심리적 정신적 장애의 원인으로 작용한다-은 대체로 감정 문제와 잘못된 성경 이해와 신학 지식에서 생긴다. 신앙 고민은 감정 이해와 통제 그리고 회복력(resilience) 향상과 함께 바른 성경적/신학적 지식을 소통할 때 이해되고 해결된다. 신학 상담은 심리학과 신학의 협업을 통해 가능해진다.

성경이 기록되고 형성되는 과정에 관한 연구에서 탁월한 업적을 보인 데이비드 M. 카(David M. Carr)에 따르면, 성서의 저자들은 자신의 트라우마적 경험을 과거 하나님의 행위와 약속을 바탕으로 이해하고 설명하려 노력했다(데이비드 M. 카, 『거룩한 회복탄력성』, 감은사, 2022). 그리고 이것이 성서 형성에 크게 작용했다고 주장했다. 성경에서 하나님의 부름을 받은 예언자나 제사장이 각종 문제에 대처하는 방식을 보면 죄를 지적하는 것은 물론이고 여호와 하나님을 바로 알아야 하고 그와의 관계를 회복해야 심판에서 벗어날 것이라는 말을 하는 걸 볼 수 있다. 이스라엘 백성의 죄는 여호와 하나님을 잊었든가 혹은 잘못 알고 있든가 그렇지 않으면 의도적으로 무시하고 다른 신을 따라간 결과인 거다(렘 2:13 "내 백성이 두 가지 악을 행하였나니 곧 그들이 생수의 근원되는 나를 버린 것과 스스로 웅덩이를 판 것인데 그것은 그 물을 가두지 못할 터진 웅덩이들이니라"). 죄로 인해 고통을 받으며 격렬한 감정에 빠져 있는 상황에서 예언자와 제사장은 관계의 회복을 위해 백성이나 그들의 지도자에게 여호와 하나님을 바로 알고 그를 경외할 것(온전한 예배)을 촉구하고 선포하였다. 오늘날 상황도 크게 다르지 않다. 각종 신앙 문제는 감정에 대한 이해 결핍과 통제력 상실에서 그리고 성경 및 신학적 지식의 부재와 결핍 혹은 왜곡과 과정 그리고 추론 과정에서의 오류에서 기인한다.

한편, 목회데이터연구소는 2023년 11월 보고서에서 명목상 기독교인이

10명 중 4명이고 교회 출석 교인의 39%라는 통계를 내놓았다. 이때 명목상의 기독교인이란 자신을 기독교인이 아니라고 여기거나 구원의 확신이 없거나 성경 읽기, 기도 등 예배 외 활동을 하지 않는 경우 등에 답한 응답자들을 일컫는다. 기독교인은 반드시 교회 밖에서도 정체성을 나타내며 살아야 한다는 주장을 전제한 보고라서 논란이 없을 수는 없겠지만, 여하튼 일상 예배가 없는 기독교인을 명목상 기독교인으로 특정하고 믿음을 하나님의 말씀에 대한 응답으로 보는 관점에서 조사된 것이다. 일상 예배의 결여가 기독교인 사이에서 얼마나 만연해 있는지 그리고 그것이 얼마나 심각한 결과를 교회에 안겨주는지 그 실상을 말해주는 통계라고 생각한다.

일상 예배를 말하면 사람들은 대개 빛과 소금으로서의 정체성과 그에 합당한 삶을 거론한다. 정의와 사랑이 대표적이다. 정답이다. 그러나 이 말을 듣는 그리스도인은 설령 아멘! 하며 고개를 끄덕여도 깊은 공감을 주지는 않을 것이다. 말이 옳은 줄 알아도 그것의 실상이 어떤지를 그리스도인조차 잘 모르기 때문이다. 소금은 자신을 드러내지 않고 맛을 내고, 빛은 겉으로 드러나 어둠을 밝힌다. 상반된 두 정체성 사이에서 균형을 잡으며 조화로운 삶을 사는 게 쉽지 않다. 여하튼 그리스도인으로서 현대인은, 다양한 삶의 영역에서 만나는 각종 상황에 감정적으로나 지성적으로 어떻게 반응하는 게 예배자로서 사는 것인지 구체적으로 알고 싶어한다.

모르긴 해도 이것이 많은 그리스도인이 송경민 목사의 찬양곡 "일상"과 티시 해리슨 워런의 『오늘이라는 예배』에 그토록 열광하여 독서한 이유일 것이다. 송경민의 찬양곡이나 워런의 책에서 아쉬운 점은 일상이 무너져 하나님께 도저히 집중하지 못하는 때에도 그리스도인으로서 정체성을 잃지 않고 일상 예배자로 사는 방법을 알고 싶어 하는 독자의 마음을 위로해 주지 못한다는 것이다. 그리스도인은 격정에 휩싸여 이해는 물론이고 설명조차 쉽지 않은 현실에서 빛으로 산다는 것이나 소금으로 산다는 건 대체 어떻게 사는 것인지 알고 싶은 것이다.

일상에서 만나는 각종 상황에서 한편으로는 그리스도인으로서 적절하게 반응하며 사는 일이 쉽지 않지만, 다른 한편으로는 굳이 반응할 이유가 없는 것에 반응을 보이며 사는 일로 인해 괴로워한다. 직장이나 가정이나 사회에서 가면을 쓰고 사는 게 익숙한 상태에서 예배자의 정체성을 나타내는 삶은 더더욱 힘들어한다. 게다가 어려운 현실을 맞닥뜨리거나 그 후 트라우마적 경험에 시달리면서 패배감을 계속해서 경험할 때 이걸 어떻게 이해하고 해결해야 하는지 그 방법을 몰라 괴로워한다. 이 글은 이런 문제로 고민하며 일상을 그리스도인으로서 사는 모습을 보이고자 한다. 하나님께 집중할 수 없는 일상에서 최소한 어떻게 반응하고 무엇을 해야 하나님을 예배하는 삶에서 벗어나지 않는가?

삶의 영역에서 부딪히는 상황을 모두 나열할 수 없지만, 만일 이것들을 일일이 설명하려면 방대한 양의 책이 필요할 것이다. 인간의 삶 가운데 어느 것 하나 예배를 위한 계기가 아닌 것이 없다고 말하는 것이 옳다. 심지어 숨 쉬는 것조차 그렇다. 철학자 이동영은 일상의 다양한 국면을 "일하기, 걷기, 앉기, 보기, 말하기, 듣기, 만지기, 웃기, 울기, 먹기, 냄새 맡기, 똥 누기, 옷 입기, 화장하기. 섹스하기, 잠자기" 등으로 정리했다(이동영, 『몸짓의 철학』, 지노, 2022). 비록 모든 일상을 망라한 건 아니지만, 이 글의 요지는 그리스도인이 이런 것들과 관련해서 자신과 타인에 어떻게 반응하느냐에 따라 일상은 예배가 되기도 하고 그렇지 않기도 하다는 것이다. 일상이 예배이기 위해 하나님에게 반응해야 할 것은 적합하게 반응해야 하지만, 그렇지 않아야 할 것에는 반응하지 않아야 한다.

성경이 일상의 경험 특히 성전 파괴와 나라 멸망 그리고 포로 생활 같은 트라우마적 경험을 하나님의 말씀과 행위에 근거하여 설명하고 기록한 것이듯이, 예배라는 건 그리스도인이 일상에서 경험한 것과 관련해서 하나님께 반응하면서 구체화한 삶의 양식을 교회가 의식화하여 수용한 것이다. 지식과 적용의 관계에서 대개의 그리스도인이 알고 있는 것과 다르다. 곧 예배가 있고 그 이후 일상의 실천이 이어져야 하는 게 아니라, 일상이 먼저고 교회 예배는 일상의 하나님 경험을 의식(ritual)으로 표현한 것이다. 시편 15편에 양자의 관계가 잘 나타나 있다. 여기서 말하는 일상은 하나님 앞에서의 삶을 전제하기에 단순한 일상과 구분하여 일상 예배라 말한 것이다. 일상이 하나님과 전혀 무관하다면, 아니 하나님을 전혀 의식하지 않은 일상은, 그것이 아무리 미학적으로 묘사된다 해도 예배일 수 없다. 설령 하나님을 의식하며 살아도 만일 그것이 하나님에 대한 반응이 아니라면 일상 예배일 수 없다. 예배 예전의 핵심 요소들-부르심(환대), 기도, 찬양, 봉헌, 말씀을 읽고 설교하는 것, 축도(파송), 성찬(주의 만찬)-은 그리스도인이 일상에서 행하고 경험한 것을 의식화한 것이다.

『온전한 예배』를 아직 읽지 않은 독자를 위해 먼저 간단하게 설명한다면, 예배로의 부름은 우리가 하나님의 초대를 받아 삼위 하나님과의 관계 안으로 들어가는 것이다. 이건 일상의 시작을 상징한다. 하루의 시작이며, 일의 시작이고, 모든 관계의 시작이다. 하나님의 다스림과 돌봄의 시작을 받아들이는 시간이다. 그리스도인의 삶과 그리고 그 안에서 일상을 시작하게 하신 건 우리 안에서 일하고 계신 분이 하나님임을 보이기 위함이다. 이를 위해 모든 시작을 하나님의 부르심으로 표현한 것이다.

예배에 반드시 있어야 하는 기도는 하나님과 인간의 관계에서 가장 원초적인 면을 보인다. 기도함으로써 인간은 자기가 하나님이 아님을 고백하고 증언한다. 일상이 내 것이 아니고 하나님에게 의존해 있는 것임을 보이는 신앙 행위이다. 본래 결핍의 존재인 인간이 일상에서 필요한 것을 하나님께 구하는 관습에 따라 형성된 것이다. 감사하며 기도함으로써 그리스도인은 일상의 모든 게 하나님이 행하신 것임을 인정한다. 중보로 기도함으로써 하나님이 나만의 하나님이 아니라 우리 모두와 자연 만물의 하나님임을 인정한다. 중보 기도는 나를 중심에 두는 신앙이 발을 붙일 수 없게 한다. 탄원하며 기도함으로써 그리스도인은 고난 가운데서도 하나님이 함께하심을 경험하지 못하는 인간의 한계를 인정하며 동시에 모든 일에서 하나님이 함께하심을 인정하고 기대한다.

찬양은 하나님을 경험한 인간이 하나님을 칭찬하고 축복하며 그분이 참 하나님임을 인정하고 높이며 감사하는 일이다. 특히 다른 신과의 관계에서 여호와 하나님, 성경이 증언하는 하나님, 삼위일체 하나님이 참 하나님임을 인정하고 높이는 일이다.

봉헌은 하나님이 세상의 창조주이시며, 우리가 가진 모든 유무형의 재화가 하나님이 주신 것임을 인정하는 행위다. 봉헌은 제사에서 유래한 것이지만 봉헌이 죄를 속하지는 않는다. 하나님의 화목을 감사하고 성도와의 교제를 위한 것이긴 해도 그것을 통해 죄가 씻겨지지는 않는다. 다만 봉헌을 통해 예수 그리스도의 희생을 기억하고 기념할 수는 있다. 봉헌의 시간을 통해 우리가 누구 것인지, 우리가 가진 것이 누구 것인지, 어떻게 우리가 하나님께 예배할 수 있게 되었는지 거듭 되새긴다. 일부 탐욕스러운 교회 목회자의 일탈에 식겁하여 봉헌을 가볍게 여겨선 절대 안 된다.

말씀 선포는 하나님과 인간은 말씀하시고 듣는 관계에 있음을 보이고, 우리가 평소에 말씀을 읽고 묵상하는 가운데 하나님의 말씀을 듣는 신앙 행위를 의식화한 것이다. 말씀 선포 곧 설교에서 관건은 설교자는 하나님의 말씀만을 전해야 하는 것이며 또한 청자는 인간의 말로 전하는 설교를 하나님의 말씀으로 받아야 하는 것이다.

축도는 단순히 복을 비는 행위가 아니다. 오히려 그리스도인을 축복하여 세상으로 파송하는 의식이다. 축도는 하나님과의 만남과 하나님의 영광은 공동체 안에 제한하지 않으며 공동체 밖으로 확산하길 바라시는 하나님의 뜻을 보인다. 성부 성자 성령 하나님이 우리와 함께 계시고 또 우리의 일상을 당신의 섭리 가운데 이끄심을 증언한다. 하나님이 동행하시는 일상의 경험이 나로부터 타인에게로 전해지는 과정을 의식화한 것이다. 축도는 일상으로의 파송이며 이는 일상 혹은 일상 예배로의 부르심으로 이어진다. 송경민의 찬양곡 "일상"은 일상을 "나를 보내사 서게 하신 곳 가장 귀한 곳"이라고 했는데, 정말 그렇다.

성찬은 예수님이 유월절 식사를 계기로 특별한 의미를 부여하며 제정하신 것으로 예수 그리스도의 죽음을 기억하며 복음을 전하기 위한 것이다. 성도들이 교회로 모일 때마다 그의 죽음을 기념하며 떡과 포도주를 먹었다는 점에서 처음부터 일상의 식사와 분리되어 전승된 것이다. 각 성도의 집에서 개별적으로 행하지 않았고 오직 성도들이 모일 때마다 가져야 했던 예식이다. 성찬은 부활하신 예수 그리스도가 하나님의 영을 통해 공동체 안에 특히 예배 가운데 계심을 보이는 하나님의 은혜이며 또한 그리스도인의 신앙 행위이다. 성찬을 자주 갖는 일에 대해 두려워하는 목회자들이 있는데, 복음서와 고린도전서 성찬 본문이 제시하는 다섯 측면을 바탕으로 연합의 성찬, 고난의 성찬, 언약의 성찬, 소망의 성찬, 기쁨의 성찬을 번갈아 가며 실행하면 획일적인 성찬 관습을 피할 수 있다.

성령을 통해 예수 그리스도와 연합한 성도는 일상에서 하나님에 대해 반응하며 산다. 일상에서 하나님께 영광을 돌리는 삶으로 하나님을 예배하며 살던 그리스도인은 다시금 교회로 부름을 받는다(참고: 시편 15편). 일상의 반응을 예식으로 의식화한 예전에 따라 하나님에게 반응한다. 교회 예배는 삼위 하나님의 친밀한 사귐 안으로 초대된 그리스도인이 영광의 하나님께 반응하도록 예전을 통해 실천한다. 그리스도인으로서 삶에 익숙하지 않은 성도는 교회 예배의 예전을 통해 일상에서 하나님께 어떻게 반응해야 할지를 배운다.

교회 예배의 진정성이 예전의 의미를 얼마나 숙지하고 참여하는지와 관련이 있다면, 일상 예배는 일어나는 상황에 대한 기독교 신학적 이해와 관련이 있다. 다시 말해서 일상 예배의 부재나 결핍은 일상에서 일어나는 감정을 통제하지 못하거나 일상에 관한 기독교 신학적 이해의 부재나 결핍에서 비롯한 것이다. 삶의 현실에 부딪히는 문제와 관련해서 흔히 제기되는 질문은 대표적인 예이다. 예컨대 '왜 내게 이런 고통이 있는가?' 이 질문은 하나님의 다스림과 돌봄을 고려한다면 다음의 질문으로 바꾸어야 한다. 곧

'나는 이런 고통의 상황에서 어떻게 그리스도인으로서 살 수 있는가?'

　이어지는 글은 일상에서 만나는 상황에 대한 신학적 진단을 바탕으로 전개한 성찰인데, 나는 삶의 다양한 국면 중 특별히 삶의 역경에 대한 신학적 이해를 바탕으로 신학의 위안을 추구하면서 동시에 이런 일상이 어떻게 예배가 되는지에 관해 설명하고자 한다.

일상이 예배이기 위한 조건

모든 종교 행위가 예배가 아니듯이, 일상이 아무 조건 없이 '예배'가 되는 건 아니다. 그리스도인의 일상이 예배가 되기 위해선 무엇보다 우리가 무엇을 하든 하나님께 의미 있는 반응을 하려고 존재한다는 걸 인정하는 것이고 또한 일상을 대하는 태도에서 깨어 있는 의식이 필요하다. 흔히 하나님의 영광을 위한 삶과 마인드풀니스(mindfulness)를 말하지만, 어떤 이름을 붙일 것인지는 사람마다 다르다. 바울은 제사 음식을 먹는 문제와 관련해서 먹든지 마시든지 무엇을 하든지 다 하나님의 영광을 위해 할 것을 권고했다(고전 10:31, 골 3:17). 이는 그리스도인으로서 항상 깨어 있으라는 의미이며, 하나님과 사람, 물질과의 연결성을 의식하라는 뜻이다. 시편 15편에는 십계명을 연상하는 내용을 언급하고 있다. 다른 말로 하면, 일상에서 무엇을 하든 하나님을 세상에 나타내도록 하라는 것이다. 모든 일을 하나님과의 관계 안에서 생각하고 행동하라는 뜻이다. 그리고 사람에 대해서는 "마치 주께 하듯이(quasi Deo)" 태도가 필요하다.

　　'일상이 어떻게 예배가 되는가?' 이 질문에 적극적으로 대답하기 위해선 먼저 일정한 조건이 충족해야 한다. 조건이 필요한 이유는 오직 하나다. 예배가 세상에서 나타나는 하나님의 계시, 즉 그분의 뜻과 말씀과 행위에 반응하는 신앙 행위이기 때문이다.

　그리스도인의 일상이 예배이기 위해서 우선적인 건 삶의 목적을 내면화
하는 거다. 목적에 따라 일상을 대하는 태도가 달라지기 때문이다. 행복을
목적으로 삼는 사람은 모든 일상을 행복에 초점을 맞추어 구성할 것이고,
권력을 목적으로 삼는 사람은 권력을 얻는 일에 초점을 둘 것이다. 돈, 명예,
사랑도 마찬가지다.

　여기서 한 번 물어보자. 성경은 인간의 목적, 적어도 그리스도인의 목적은
무엇이라고 보는가? 바울은 하나님의 영광을 말했고, 칼뱅 역시 이를 강조
했으며, 칼뱅의 개혁주의 신앙을 바탕으로 한 웨스트민스터 소요리 문답에
따르면 하나님을 영화롭게 하고 영원토록 그를 즐거워하는 것이라고 했다.
마르틴 루터 역시 하나님을 영화롭게 하는 것과 그분과 올바른 관계에 있는
것이라고 했다. 달리 말하면 성경이 말하는 삶의 목적은 인간이 여호와 하
나님을 참 하나님으로 경배하고, 인간의 형상됨을 지향함으로 말미암아 왜
곡된 하나님의 형상됨을 회복하는 것이다. 이건 인간이 서로가 서로에게서
하나님을 인지하고, 또한 서로가 서로에게 하나님을 나타내는 삶을 의미한
다. 삶의 목적으로서 하나님 사랑과 이웃 사랑은 서로 유기적 관계에 있다.

　삶의 목적에 더해 일상이 예배이기 위한 조건에는 믿음, 말씀, 기도, 신학,
영성, 세상이 있다. 믿음이 없으면 하나님과의 관계 자체가 성립하지 않고,
말씀이 없으면 하나님이 누구인지, 무엇을 행하시는지, 그의 뜻은 무엇인지
를 알 수 없다. 믿음과 말씀이 없으면 반응할 대상에 관해 아무것도 알지 못
한다. 기도하지 않는 건 하나님을 신뢰하지 않는 것이며, 하나님을 신뢰하
지 않는 일상은 마음의 우상을 숭배하는 것이다. 이런 일상은 그 모습이 아

무리 경건하게 보여도 참 예배일 수 없다. 신학이 없으면 일상에서 일어나는 일을 하나님과 관련해서 생각할 능력을 얻지 못한다. 영성이 없으면 일상에서 하나님과의 관계 맺음이 가능하지 않고, 인간과의 진정한 관계 맺음도 쉽지 않다. 세상은 일상이 이루어지는 현장이다. 세상에서 벗어나면 그리스도인에게 일상 예배 자체가 불가능하다.

이상의 여섯 가지는 일종의 공감적 대화를 위한 규칙이다. 일상과 예배의 관계에 대해 진지하게 생각하고 대화하기 위해서는 적어도 공통 출발점은 있어야 한다. 만일 그렇지 않다면 더 많은 설명이 필요해 훨씬 더 두꺼운 책이 될 것이다.

여섯 가지 조건은 그리스도인이 일상에서 일어나는 모든 일과 관련해서 꼭 의식하고 있어야 예배가 되는 그런 건 아니다. 단지 일상을 예배로 인지할 수 있게 하는 뼈대 정도로 생각할 수 있는 것들이다. 평소에는 아무 의식 없이 호흡하며 살다가 공기 중에 산소가 없을 때 비로소 호흡을 의식하게 되는 것과 같다. 간략한 설명을 통해 각각의 의미에 대해 살펴보겠다.

믿음 / 말씀 / 기도 / 신학 / 영성 / 세상

믿음

"믿음은 바라는 것들의 실상이요 보이지 않는 것들의 증거니"
(히브리서 11:1)

일상의 평범함이 누구에게나 예배가 되는 건 아니라는 것, 이건 그다지 새롭지 않은 일이다. 그러나 일상을 예배의 계기로 삼을 안목을 갖춘 이는 얼마나 될까? 이를 위해선 적어도 일상으로 부르시고 또한 일상을 넘어 신비의 세계로 초대하시는 하나님을 믿어야 한다. 기독교 예배-교회 예배와 일상 예배-는 하나님의 임재를 전제한 행위이고 또한 하나님의 뜻과 말씀 그리고 행위에 대한 인간의 전인격적 반응이기 때문이다. 믿음은 단지 성경의 가르침을 옳다고 받아들이는 것만은 아니다. 인격적인 상호작용이며 순종을 위한 생명력이다.

예배는 종교 행위이지만, 그렇다고 해서 성경의 하나님을 배제한 종교적 행위를 두고-기독교적 의미의-예배라 말할 수는 없다. 만신(萬神)을 예배하는 걸 종교다원주의 시대의 예배로 보는 이가 있는데, 조심해야 한다. 만일 그것이 예배라면, 성경은 그것을 우상 숭배라 한다. 설령 눈에 보이는 형상이 아니라도, 감정에 이끌려 사는 것 그리고 이웃 사랑과 거리가 먼 신념에 따라서만 사는 건 마음의 우상을 섬기는 일이다.

비록 모양으로는 보통 사람의 일상과 다르지 않아도 예배인 경우가 있고, 설령 특별하게 보여도 실상은 예배가 아닌 경우가 있다. 둘 사이를 가르는 건 믿음이다. 믿음은 일상을 하나님에 대한 반응으로 만들고 일상 세계 너머에 있는 또 다른 지평의 세계를 보게 하기 때문이다.

이 글은 믿는 자를 겨냥한다. 믿긴 하나 인격적인 관계가 부족하여 삶의 현장에서 의문이 들 때, '왜 내게 이런 일이 일어났는가?'와 같은 끝도 없는 논쟁에 휘말리게 하는 신정론(theodicy)에 사로잡히기보다는 오히려 믿는 자로서 이런 상황에서 어떻게 반응해야 할지 궁금할 때, 일상에서 예배하길 갈망하나 그 방법을 알지 못할 때, 어느 정도 이 글에서 안내의 역할을 발견할 수 있을 것이다. 적어도 그걸 기대한다.

먼저 일상이 예배이기 위한 조건은 하나님에 대한 신뢰이며 일상을 하나님이 보신다는 믿음이다. 하나님의 존재를 믿는 것은 필수이지만, 그것만으로는 부족하다. 존재에 대한 믿음만으로는 일상을 예배의 계기로 삼지는 못한다는 말이다. 인격적인 하나님 곧 인간과 섭리 가운데 소통하시는 하나님에 대한 신뢰가 필요하다. 신뢰는 개념이 아니라 행동 언어(action word)이다. 세상을 다스리고 돌보시며 나의 일거수일투족을 지켜보시는 하나님과의 관계 안에서 살아가는 것이다. 일상 가운데 예상치 않게 임하심으로써 새로운 지평의 현실 곧 신비를 보게 하시는 하나님을 믿는 것이다. 하나님이 나의 앉고 일어섬을 보시고 인간의 말과 행위에 주권적으로 반응하신다는 걸 믿는 사람은 하나님을 경외한다.

이게 어떻게 일어나느냐 하면, 곧 예수 그리스도를 믿을 때 성령을 통해 예수 그리스도와 연합한 사람과 그의 일상은 하나님에게 노출된다. 삼위 하나님의 내적 교류를 통해 일어나는 일인데, 쉽게 말해서 예수 그리스도와

아버지 하나님은 일치하기 때문이다. 예수의 믿음(faith of Jesus)을 통해 계시한 이런 믿음이 있어야 우리에게 지극히 익숙한 것들이라도 낯설게 보는 안목이 열린다. 왜냐하면 '인격적'이란 '인간과 관계하는' '인간과 소통하는' 뜻도 있고 '고상하고 품위가 있다'라는 뜻이기도 하지만, 무엇보다 아무리 오래 알고 또 많은 것에 관해 알고 있어도 여전히 무지의 부분이 있음을 인정하는 관계도 의미하기 때문이다. 신비스러운 관계를 말한다. 그러므로 인격적 하나님에 대한 믿음은 내가 지금껏 알고 있는 것보다 훨씬 더 깊은 세계로 이끈다.

성경에서 계시란 하나님이 세상 안에서 당신을 나타내시는 행위와 그 결과다. 달리 표현한다면, 예수 그리스도 안에서 성령을 통해 하나님이 나와 내 일상과 세계를 들여다보신 결과로 나와 세상이 갑자기 나에게 낯설어 보이는 일이며 사건이다. 전적 타자(der ganz Andere)이신 하나님은 세상을 보시면서 믿는 자에게 자기를 곧 세상에 전혀 낯선 것을 보이신다. 그러니까 일상적인 게 갑자기 낯설게 보이는 과정을 통해 하나님은 당신을 나타내시는데, 이때 믿음이 있는 그리스도인은 눈을 뜨고 깨달음을 얻는다. 거짓과 진실, 불의와 정의, 추와 미, 악과 선을 분별하게 된다. 때로는 세상이 상반한 것으로 선명하게 구분해 놓은 것을 초월하여 일치와 조화를 본다. 이 과정에서 예수 그리스도 안에서 성령을 통해 세상에 임재하신 하나님과 만난다. 바로 이때가 하나님께 반응하는 때 곧 예배이다.

이를 위해 필요한 건 어떤 상황에서든 하나님은 세상을 다스리고 돌보시며 사랑으로 행하시는 분이고 선하신 분임을 인정하는 거다. 불행을 겪을 때, 슬퍼할 때, 고통 가운데 지내야 할 때, 끝이 보이지 않는 터널을 지날 때, 바로 이때 하나님의 선하심을 신뢰하고, 무엇을 하시든 나를 사랑해서 행하는 일임을 인정하고 받아들이게 하는 것이 믿음이다. 이 믿음을 보이신 분이 예수 그리스도이다. 일상 예배의 조건으로서 믿음은 우리가 일상에서 예배할 때 비로소 살아있음이 입증된다. 살아있는 것처럼 보이나 일상에서 전혀 예배하지 못해 실상은 죽은 믿음도 있다는 뜻이다.

말씀

"이 율법책을 네 입에서 떠나지 말게 하며
주야로 그것을 묵상하여 그 안에 기록된 대로 다 지켜 행하라
그리하면 네 길이 평탄하게 될 것이며 네가 형통하리라"
(여호수아 1:8)

일상이 예배이기 위한 조건 중 두 번째는 하나님의 말씀이다. 말씀은 하나님이며 또한 일상이 하나님의 계획과 섭리 가운데 일어나는 일임을 증언한다. 말씀은 계시이며 빛으로 어둠을 밝힌다. 말씀은 창조의 능력으로 혼돈의 세계를 질서의 세계로 바꾸며, 형체 없는 것들에 형체를 입힌다. 세상이 하나님의 뜻대로 되게 하는 능력이다. 세상을 아름답게 하고 또 세상을 아름답게 볼 수 있게 해준다. 오직 말씀대로 되는 것만이 하나님을 기쁘시게 한다.

기독교 세계관은 말씀에 근거하여 일상을 이해하는 틀이다. 이것 없이는 일상에서 일어나는 것들의 실체를 기독교 신학적 관점에서 파악하기 쉽지 않다. 물론 일상 경험이 세계관의 순서에 따라 일어나는 게 아니어서 세상에서 일어나는 모든 걸 세계관에 따라 규정하려는 건 삼가야 한다. 또한 하나님의 뜻 가운데서 형성되는 세상은 인간의 세계 이해를 위해 형성한 세계관보다 더 광대하다. 세계관은 오직 우리가 경험하는 일상이 무엇을 의미하

는지를 이해하는 틀에 불과하다. 이 용도에 제한해야지 세계관을 말씀과 동일시하거나 세계관에 따라 세상을 구성하려거나 재단하려 해서는 안 된다.

말씀은 성공을 위한 방법을 제시하지 않는다. 성공하는 자의 윤택하고 편안한 삶을 전시하지 않는다. 성공의 길 혹은 성공의 삶으로 초대하지도 않는다. 오히려 삶의 다양한 영역에서 실패하고 낙담한 사람이 어떻게 하나님께 반응했는지를 보여주면서 말씀을 읽고 듣는 자들을 예배로 초대한다. 기독교 메시지의 핵심은 온전한 예배로 초대하는 내용이다.

말씀을 전제할 때 우리의 일상은 이념이나 시대정신에 이끌리지 않고, 하나님의 말씀대로 형성될 수 있으며 아름다운 삶으로 결실할 수 있다. 하나님의 말씀을 읽고 들으며 아멘으로 화답하는 것, 바로 이것이 하나님에게 반응하는 것이며 예배이다. 또한 하나님을 참으로 예배할 때, 비록 이전과 같은 말씀이라 해도, 우리는 지금까지 들어보지 못한 하나님의 새로운 말씀을 듣는다. 성령께서 역사하심으로 일어나는 일이며 예배할 때 비로소 경험되는 일이다. 우리는 말씀이 있기에 예배하며, 예배할 때 말씀은 능력으로 역사한다.

교회의 소명은 먼저는 교회 공동체가 말씀대로 되고 또 행하는 것이며, 그 후에 세상이 교회를 보고 축복을 바라는 마음에서 교회의 본을 따라 말씀대로 되고 또 행하게 하는 것이다. 그러므로 교회가 어그러지면 세상도 어그러지고, 교회가 회복하면 세상도 바로 선다. 하나님이 이 땅에 교회를 세우신 이유이다. 교회가 아니라 예수 그리스도가 소망이지만, 교회는 말씀을 구현함으로써 기독교 소망을 세상에 보인다.

기도

일상이 예배이기 위한 세 번째 조건은 기도다. 기도는 하나님과 인간의 관계에서 원초적이다. 종교는 인간의 결핍과 두려움에서 그 동기를 찾는다. 그러나 기독교는 인간이 하나님의 피조물이라는 사실 곧 인간이 원래 하나님에게 의존한 존재이기 때문이라고 말한다. 인간에게 많은 권한이 위임되어 자유로운 행동이 보장되었으나, 그러면서도 하나님에 대한 의존성을 표현한 게 기도다. 달리 말하면 기도하라는 건 단지 무엇을 구하라는 것만이 아니라 무엇보다 하나님을 신뢰하라는 거다. 쉬지 말고 기도하라는 건 모든 순간 모든 일에서 하나님을 신뢰하라는 뜻이다. 기도를 통해 하나님은 당신이 어떤 존재인지 드러내시고 인간은 하나님이 어떤 하나님인지 깨닫는다. 이런 의미에서 기도는 계시의 방편이다.

하나님과 인간의 차이는 하나님은 기도하지 않으시고 인간은 기도한다는 데 있다. 그러니 만일 인간이 기도하지 않는다면, 그건 하나님에 대한 의존에서 벗어나 독립하겠다는 것이고, 그건 하나님을 신뢰하지 않는다는 말이고, 궁극적으로는 자신이 하나님이 되겠다는 의지의 표현이다. 인간이 인간이길 포기하는 일이다. 이건 성경에서 죄를 언급하고 있는 것 가운데 가장 우선으로 꼽는 일이다. 교만의 표현이기에 성경은 이걸 하나님이 가장 싫어하는 죄로 여긴다.

하나님은 인간과의 관계에서 인간이 당신 자신을 돕는 자로 인정하고 또 그런 분으로 기대하길 바라신다(시 121). 그래서 당신의 이름을 계시하시면서 야훼임을 밝히셨다(출 3:14). 영어 be 동사에 해당하는 동사로 이루어진 "야훼"의 뜻을 그리스 역본에서는 현재형으로 보아 자존자("나는 스스로 있는 자")로 번역했으나 마르틴 루터(Martin Luther)를 포함해서 유대 사상가 마르틴 부버(Martin Buber) 그리고 현대 구약학자 슈미트(W.H.Schmidt)는 히브리어 언어 관습에 따라 이 말을 미래형으로 번역한다. 이에 따르면 야훼는 "돕는 자"로 이해된다. 브라질 가톨릭 신학자인 레오나르도 보프(Leonardo Boff)도 '자존자' 의미를 포기하지 않으면서도 '돕는 자'로 번역한다.

그러니까 하나님의 이름이 가리키는 건 이렇다. 누구에게도 의존해 있지 않으신 하나님은 인간에게 당신 자신을 돕는 자로 나타나길 원하시고 또한 인간이 당신을 그렇게 인정하고 또 구체적인 환경에서 하나님께 도움을 구하며 살길 원하신다는 거다.

따라서 출애굽기 3:15에 이름을 계시한 목적을 말씀하시면서 하나님은 그 이름을 두고 '칭호'라 하셨다. 문자적인 뜻으로는 '부를 이름'이라는 건데, 히브리 사람들에게 하나님의 이름을 부른다는 말은 기도한다는 뜻이다. '야훼'는 기도하라고 주신 이름임을 알 수 있다. 달리 말해서 기도할 때 우리는 하나님에게 의존해 있음을 실천하고 또한 하나님은 당신이 참 하나님이심을 보이신다. 이건 일방적 선언이며 확실한 성취가 보장된 약속이다.

그러므로 우리가 일상에서 하나님을 만날 확실한 기회는 기도로 표현된 의존적 태도이다. 어떤 상황에서도 우리를 도우시는 하나님을 신뢰하는 것이다. 모든 일에서 하나님을 신뢰할 때 일상은, 그것이 어떤 모습일지라도, 예배이다. 신뢰한다는 건 하나님께 집중하지 못하는 상황일 때 무엇을 행하기보다는 오히려 기다리며 하나님을 바라는 일이다.

신학

– 일상 예배와 일상에 대한 신학적 이해의 비례적 관계

"…여호와께서 데만 사람 엘리바스에게 이르시되
내가 너와 네 두 친구에게 노하나니
이는 너희가 나를 가리켜 말한 것이 내 종 욥의 말같이 옳지 못함이니라"
(욥기 42:7)

일상이 예배이기 위한 네 번째 조건은 신학이다. 여기서 말하는 신학은 특정 신학자의 사상을 가리키지 않는다. 신학함(doing-theology)의 의미이다. 신학함이란 하나님에 관해 생각하고, 구체적인 상황에서 하나님을 말하며, 그것을 언어로 진술하고 또 그것의 적합성을 일정한 기준(예컨대 첫 번째 혹은 세 번째 계명 등)을 바탕으로 비판하는 일을 말한다. 일상에서 신학의 역할은, 일상의 문제로 인해 염려하고 고민하는 사람이 문제를 하나님의 다스림과 돌봄과 관련해서 합리적으로 이해하고 또한 문제 해결을 위해 성경에 주목할 이유를 제시하는 데 있다. 한 걸음 더 나아가서 성경에서 대답을 찾도록 도우며 실천의 능력을 향상한다. 신학은 하나님을 파악하기보다는 하나님을 참 구주로 고백하며 예배하도록 이끈다. 신학은 예배하는 방법을 개발한다.

'신학'은 talking of God properly(correctly) 곧 하나님을 적합하게 말하는 일이다. 예수 그리스도를 통해 계시한 하나님을 알고 그분이 행하시는 일에 대해 적합하게 말하는 것이다. 그러니까 '신학적'이란 하나님에 관한 모든 말과 뜻과 행위를 지시한다. 무지의 한계를 깨뜨리시고 우리에게 오시는 하나님을 알고 적합하게 말하려는 노력과 관련한 모든 일이 신학이다. 우리가 하나님에 관해 아는 건 부분적이다. 그러니 하나님을 말하는 것에 오류와 오해와 왜곡이 없을 수가 없다. '적합하게 말한다'라는 건 합리적인 노력을 통해 잘못된 것들을 인지하고 또 극복하면서 가장 적합한 방법을 찾는 노력을 의미한다. 신학은 숨겨진 것을 마치 광석을 캐듯이 캐내는 작업이 아니라 예수 그리스도를 통해 계시한 것을 인간이 이해할 수 있고 소통하고 공유할 수 있는 방식으로 설명하는 것이다.

인간에 대해 말하면서도 신학적일 수 있는 건 하나님과의 관계 안에 있는 인간에 대해 말하는 것이기 때문이다. 일상에 대한 신학적 이해는 일상에서 일어나는 일 혹은 일상 경험과 관련해서 하나님을 알고 바르게 말하기 위한 노력을 바탕으로 이해하는 시도이다. 따라서 신학은 신앙을 합리적으로 설명하지만, 때로는 신앙에 대해 구속력을 갖는다. 모든 일에 대해 열린 태도를 보이는 건 종교적으로 동의를 얻을 수 있지만, 신학적으로는 그렇지 않다.

오늘날 한국교회의 심각한 문제는 일상 예배의 부재 혹은 결핍이다. 목회데이터연구소 보고서에서 제시한 2023년 11월 명목상 그리스도인이 전체 그리스도인의 39.5%라는 수치는 한국 기독교 위기의 심각성을 보여준 것이다. 경험적으로는 이미 오래전부터 진행된 현상이다. 이것의 현실은 현재 한국에서 기독교에 대한 신뢰도가 다른 종교에 비해 낮다는 것으로 이미 입증된 바 있다.

일상 예배의 부재나 결핍의 원인은 무엇일까? 거듭나지 않았다, 믿음에 진정성이 없다, 신앙 훈련이 없다, 기복신앙 때문이다, 실천이 없는 신앙이다, etc. 말은 많아도 그것이 실제로 일상 예배의 부재와 결핍의 원인으로 인정받지는 못한다. 왜냐하면 일상 예배의 부재나 결핍은 거듭났다고 보는 사람에게서도, 신앙 훈련을 받은 사람과 믿음이 좋다는 평을 받는 사람에게서도, 그리고 기복 신앙을 갖지 않은 사람에게서도 나타나기 때문이다.

신학자로서 연구 및 교수 활동과 목회 경험에 비추어 볼 때 나는 앞서 언급한 것들과는 다른 결론을 얻었다. 일상 예배의 부재나 결핍은 그리스도인이 일상에서 경험하는 일과 관련해서 하나님을 아는 것과 신학적으로 바르게 이해하려는 노력이 부재하거나 결핍했기 때문이다. 신학적 이해가 전혀 없는 건 아니지만, 신학적 이해가 바르지 않아서 생기는 문제가 많다.

대표적인 예를 든다면 신앙 연륜이 있는 그리스도인이 직면한 문제는 많은 경우 성경에 대한 문자적인 이해(17세기 성서주의), 번영주의 신앙, 교회 중심주의 신앙, 그리고 기복주의 신앙에서 비롯한다. 성경에 관한 지식이 많아도 성경을 문자적으로만 이해하려는 태도는 근본주의로 이어진다. 독일 가톨릭교회 추기경 발터 카스퍼(Walter Kasper)는 근본주의를 비판하며 말하기를 "비창조적인 태도"이며, "그리스도교의 복음을 세상에 펼쳐내는 것이 아니라, 오히려 닫아 버립니다."라고 했다(발터 카스퍼, 『하늘에 계신 우리 아버지』, 왜관: 분도출판사, 2023, 16). 성장과 번영을 하나님의 복으로 혹은 하나님의 뜻으로 간주하여 신앙의 목적으로 삼는 태도는 번영신학으로 불린다. 삶의 모든 문제는 교회로 가져와야 해결된다는 목회적 가르침은 흔히 교회 중심주의 신앙으로 불린다. 이것들은 신학의 부재가 아니라 잘못된 신학의 대표적인 사례다. 달리 말해서 문자주의적 성경 해석과 번영신학과 기복적 신학 그리고 교회 중심주의 신학은 잘못된 신학과 목회론에서 비롯하는 것이다. 하나님과 그분이 행하시는 일에 관해 제대로 알지 못할 때도 마찬가지다.

일상 예배의 풍성함은 올바른 신학적 이해의 풍부함과 비례 관계에 있다. 왜냐하면 일상의 의미는 하나님의 임재와 말씀과 행위에서 비롯하기 때문이다. 일상에 대한 신학적 이해가 깊고 풍부할수록 일상의 의미는 더더욱 선명해진다. 일상에서 일어나는 일을 신학적으로 바르게 이해하는 사람은-항상 그런 건 아니지만 대체로-함부로 말하지 않고 쉽게 넘어지지 않으며 사람들이 선호하는 길을 가기보다 하나님이 원하시는 길을 간다. 하나님을 경외한다.

일상에서 하나님과 동행한다는 건 일상에 대한 신학적 이해를 얻으려 노력하고 그 결과를 실천한다는 뜻이다. 만일 우리가 당장에 이해할 수 없는 일상의 현실을 만난다면, 하나님의 약속과 섭리에 대한 이해를 바탕으로 장차 하나님의 계획이 드러날 때 밝혀질 것으로 인정하고 수용하든가 신실하신 하나님을 신뢰하며 소망하는 가운데 약속의 성취를 기대하면서 인내할 수 있다. 여기서 신학이 공헌하는 바는 이렇다. 하나님은 당신의 뜻을 이루시기 위해 우리가 일상에서 현실을 낯설게 만나게 하신다. 그 후 현실에서 그리고 현실을 통해 살아가는 동안에 은밀히 당신이 일하신다는 사실을 우리가 알고 또 받아들이게 한다.

올바른 신학함을 위한 훈련을 받지 않은 일반 성도에게 이건 큰 부담이 된다. 다만 신학을 일상 예배를 위한 조건으로 제시한 건 하나님에게 집중하지 못하는 때 상담해 줄 목회자나 신학자의 존재를 잊지 말라는 거다.

일상의 사건들을 신학적으로 이해하는 일에서 중요한 건 세계관이다. 흔히 '기독교 세계관' 하면 대개 '창조-타락-구속-완성'을 생각한다. 소위 성경의 구속사를 주제에 따라 신학적으로 설명하는 것이다. 기독교 세계관은 성경의 관점에 따라 세상이 무엇이고, 하나님이 세상을 어떻게 보시고 또 구원으로 이끄시는지를 보여준다.

(경륜적 삼위일체론에 따라) 하나님의 창조로 시작하여 연대기적 역사 순서로 진행하는 세상을 하나님의 나라로 이끄시는 하나님의 행위를 보여주는 관점을 나는 '위로부터의 기독교 세계관'이라 부른다. 왜냐하면 이건 하나님의 시선을 인간의 관점으로 삼고 있기 때문이다. 성경의 구속사 내지는 경륜적 삼위일체론을 체계적으로 제시하는 것이긴 하나, 이것의 문제는 그리스도인으로서 우리가 실제로 경험하는 것이나 살아가는 것과 다르다는 점이다. 지식과 현실 경험 사이에 괴리가 생겨 한편으로는 성경 이해에 문제가 생기고, 다른 한편으로는 삶의 결실로 이어지지 못한다.

현실에서 인간은 이미 타락한 존재이다. 그리스도인이 되었어도 이 사실은 변하지 않는다. 다만 구원에 대한 소망만이 있을 뿐이다. 그렇다고 해서 타락한 인간이 아무 이유 없이 구원을 희망하는 건 아니다. 그럴 이유도 없지만 그럴 수도 없다. 타락했다는 건 이미 다른 소망이 있거나 소망이 아예 없는 상태이기 때문이다. 믿는다고 해서 바로 소망을 가질 수 있는 건 아니다. 이렇게 되기까지는 인지 차원에서 다섯 과정을 거친다.

그 첫 번째가 타락이다. 인간은 어찌해서 타락했고 죄인이 되었는가? 하는 것인데, 죄로 말미암아 겪는 고통에 대한 자각과 의문의 단계이다. 왜 이런 고통을 겪는가? 어떻게 이렇게 되었는가? 이 질문은 현실의 인간과 세상에서 겪는 고통에서 나온다. 고통과 그 원인에 대한 성찰에서 인간은 하나님의 말씀과 십자가 사건에 근거하여 죄를 인지한다.

이 과정에서 제기되는 질문과 이에 대한 성경의 대답에서는 인간이 하나님의 말씀에 순종하지 않았기 때문이라는 깨달음이 중심을 이룬다. 대표적으로 앗수르에 의한 북이스라엘의 멸망 이후와 바벨론 포로기 선지자에게서 들을 수 있는 메시지이다.

두 번째는 구원에 대한 갈망이다. 어떻게 해야 타락 후 죄의 수렁에서 벗어날 수 있을까? 하는 죄의 결과와 타락의 비극적 현실을 인지하고 구원을 갈망하는 단계이다. 죄의 인지는 회심으로 이어지는데, 이 단계에서 그리스도인은 이미 오래전부터 선지자들을 통해 말씀하신 하나님에게 시선을 돌린다. 인간의 죄와 타락이 빚은 비극적 현실은 하나님의 말씀을 듣지 않았기 때문임을 깨닫는다. 오직 하나님만이 구원자임을 깨닫고 고백하며 회개한다.

세 번째는 창조 및 새로운 창조에 대한 신앙이다. 구원은 오직 여호와 하나님에 의해서만 가능함을 인정하면서도 어떻게 하여야 구원을 받을 수 있는가? 하는 질문이 제기된다. 이 질문을 제기하는 자를 성경은 창조신앙으로 초대한다. 창조신앙이란, 세상은 하나님이 말씀하신 대로 그대로 되었고 인간은 하나님을 닮은 존재가 되었는데, 이것이 하나님이 보시기에 좋았다(아름답다)는 걸 믿는 거다. 그리고 창조신앙에 근거하여 세상이 하나님의 말씀대로 되고 인간이 하나님의 형상을 회복할 때 비로소 하나님이 보시기에 좋은(아름다운) 세상과 인간이 될 것임을 기대한다. 새로운 질서 창조에 대한 전망이기도 하다.

그러니까 하나님의 말씀대로 되지 않거나 살지 않는 것이 죄이다. 하나님의 말씀으로 돌아오지 않는 한 인간에게는 새로운 창조가 일어나지 않는다.

네 번째는 부활 생명이다. 수많은 구원의 도를 약속하는 다종교 현실과 수많은 삶의 방식을 가능케 하는 다문화 현실에서 새로운 창조에 대한 전망을 신뢰할 만한 근거는 무엇인가? 무엇에 근거하여 이것이 확실하다는 걸 알 수 있는가?

이 질문과 관련해서 그리스도인은 말씀이 육신이 되어 하나님의 말씀을 온전히 이루신 예수 그리스도에게서 대답을 발견한다. 특히 그의 죽음과 부활에서 그리스도인은 하나님의 말씀 곧 약속은 반드시 이루어짐을 확신하고 기대한다. 종말론은 사후 세계에 대한 전망이 아니다. 오히려 지금 이곳에 하나님 나라가 임한다는 사실을 설명하고 보이는 것이다. 예수 그리스도의 부활은 지금 이곳에서 누리는 부활 생명의 현실을 보이고 또한 장차 온전히 누릴 영생에 대한 소망의 근거이다. 영생은 끝없이 지속하는 생명만이 아니라 또한 시간에 구속받지 않는 생명을 의미한다. 주 안에서 얻는 질적으로 전혀 새로운 생명이다.

그리스도인에게 죽음은 단지 충격적인 결국을 일깨우기 위한 것만은 아니다. 또한 죽음을 이기신 예수 그리스도의 의에 힘입어 부활 생명을 살기 위함이다. 사후 세계를 꿈꾸게 하는 건 성경적 죽음 교육이 아니다. 그리스도인이 꿈꾸는 건 사후 세계가 아니라 부활 생명이다. 믿음으로 그리스도와 연합하여 성령의 인도함을 받는 사람이 지금 이곳에서도 누릴 수 있는 은혜이다. 더는 시간에 매인 존재가 아니라 시간의 속박에서 벗어나 자유로운 생명으로 사는 것이다.

마지막 다섯째는 하나님과의 교제이다. 그리스도에 대한 믿음 안에서 성령을 통해 지금 이곳에서 하나님과 교제를 나누는 사는 것이다. 부활 생명을 풍성하게 살도록 하는 거다. 이것이 가장 분명하게 드러나는 건 예배와 성례(세례와 성찬)이다. 하나님을 (교회와 일상에서) 예배하는 삶은 그리스도인이 지금 이곳에서 하나님 나라 백성으로서 살게 한다. 성례는 우리가 하나님의 은혜로 부활 생명을 살고 있음을 확증한다.

이처럼 그리스도를 믿음으로써 이미 구속사를 전제하고 있는 그리스도인이 세상을 보고 이해하는 방식과 살아가는 방식을 제시하는 관점(죄와 타락-구원과 회복에 대한 갈망-창조와 새로운 창조-부활 생명-하나님과의 교제)을 나는 '아래로부터의 기독교 세계관'이라 부른다. 계시의 순서에 따라 전개하는 '위로부터의 기독교 세계관'과 비교할 때 순서에 차이가 있을 뿐 크게 다르지 않아 보인다. 그러나 '아래로부터의 기독교 세계관'은 연역적이지 않고 오히려 더 경험적이고 또 경험적 현실에 일치한다. 이 사실은 검증을 요구하는 사회에서 설득력 있게 작용한다.

영성

일상이 예배이기 위한 다섯 번째 조건은 영성이다. 하나님의 특별한 임재에 대한 표현이다. 달리 말해서 영성은 성령의 역사로 인간 안에 형성된 능력이다. 영성이 없이는 일상에서 타인과 공감하기 어렵고 하나님께 반응하는 삶이 쉽지 않다. 주로 자연 및 인간과 공감하는 능력이며, 또한 이 공감 능력을 바탕으로 하나님과 관계 맺고 유지하는 능력으로 사용된다. 일상이 하나님이 함께하는 일임을 깨닫게 하는 게 영성이다. 일상 예배는 영성에 달렸다.

영성에 대한 정의는 사람마다 달라 정의는 차치하고 간단하게 정리하기조차 어렵다. 이에 나는 영성을 새롭게 정의하기보다는 다만 어떤 정의를 따른다 해도 덧대면 영성의 의미가 두드러지는 그런 걸 소개하고자 한다(아랫글은 필자의 『대중문화 영성과 기독교 영성』을 참고한 것이다).

무엇이라 정의하든 분명한 건 영성은 성령의 역사로 인간 안에 형성된 능력이라는 점이다. 영성은 인간 안에 잠재해 있다가 자연 및 타인과 공감할 때 그리고 하나님께 반응해야 할 때 발현한다. 반응은 자동적이지 않기에 타인과 공감하고 또한 하나님께 반응할 의지가 필요하다. 사람의 책임이 없지 않다는 거다. 적극적인 의지를 가질 때 인간은 영성을 통해 자연 및 타인과 공감하고 하나님과 관계를 맺고 유지하며 그 관계 안에 머문다. 이걸 간단히 '관계 맺음의 능력'이라 말할 수 있다. 영성은 하나님이 주도하시는 관계에서 인간이 그 관계를 받아들이고 지속하고 또 그 관계 안에 머물 수 있게 한다. 만물 안에서 생명과 소통의 원리로 역사하시는 성령으로 말미암아 가능한 일이다. 만일 세상에서 인간이(정확하게 말하면 '인간에게 위임된') 하나님의 역사를 일으킨다면 그건 영성에서 비롯한다. 영성은 자연 및 타인과 공감하는 능력이고 하나님과 관계 맺음의 능력이다.

이런 의미의 영성은 여섯 가지 능력으로 이해된다.

첫째, 하나님의 사역을 인식할 수 있는 능력이다. 영성이 있는 자는 일상에서 일어나는 많은 일들 가운데서 무엇이 하나님의 행위에 따른 것이고 무엇이 그렇지 않은지 분별할 수 있다. 사람이 지식이 많고 고도의 인식 능력이 있어도 하나님의 사역을 인식하지 못하면 하나님과 관계를 맺을 수 없다. 얼마나 많은 지식인이 하나님을 부인하는지 그 현실을 보라. 지식이 오히려 하나님을 부인하는 이유가 되고 있다. 사도 바울에게서 볼 수 있듯이, 하나님은 인간의 지식을 무력하게 하며 지식이 있는 자보다 오히려 지식이 없는 자에게 당신을 나타내신다.

둘째, 하나님의 사역을 수용하는 능력이다. 터프팅 장병증(Tufting Enteropathy)이라 불리는 것으로 전 세계적으로 몇 명 안 되는 어린이들이 앓고 있는 병이 있다. 이 병을 가진 아이는 아무리 좋은 음식을 먹어도 영양소를 흡수하지 못한다. 태어나자마자 지속적인 설사에 시달리는데, 영양분을 강제로 공급하지 않으면 사망한다. 마찬가지로 하나님의 사역을 자기 안으로 수용하지 못하는 사람은 설령 하나님과 관계를 맺고 있고 아무리 많은 설교를 듣고 말씀을 읽어도 하나님의 다스림과 돌봄을 받지 못한다. 신앙 성장과 진보가 일어나지 못한다. 유혹에 쉽게 넘어지고, 쉽게 상처를 받는다. 비록 인정하기 쉽지 않고 받아들이기 힘들어도 하나님의 사역을 기꺼이 자기 안으로 받아들일 때 하나님의 역사가 일어나고 신앙 성장과 진보가 일어난다. 이 일을 가능케 하는 게 영성이다.

셋째, 하나님의 뜻을 분별하고 부르심에 응답할 수 있는 능력이다. 하나님은 인간을 통해 일하신다. 이를 위해 당신의 뜻을 계시하고 또 필요한 사람을 부르신다. 부르심에 순종하는 건 자기 원칙과 신념에서 벗어나 하나님의 이끄심에 내맡기는 일이다. 내가 원하는 것이 아니라 하나님이 원하시는 것에 순종하는 것이다. 오직 신실하신 하나님만을 의지하면서 미지의 세계로, 미지의 시간으로, 낯선 곳 낯선 사람에게로 나아가는 것이다. 영성이 있어야 부르심을 위한 뜻을 깨닫고 그 부르심에 응답하는 삶을 살 수 있다.

넷째, 하나님이 행하신 일과 내 안에서 일어나는 일을 공동체 언어로 혹은 공감적으로 표현하는 능력이다. 표현은 지각할 수 없는 것을 기호, 언어, 행위 혹은 모델을 통해 지각할 수 있도록 하는 것, 내면의 세계를 가시적으로 드러내는 것이다. 성경은 하나님을 경험한 사람들의 다양한 표현을 기반으로 형성된 책이다. 하나님이 행하신 일이나 그 일은 경험한 사람의 표현을 통해 지각할 수 있는 것으로 드러난다. 하나님께 반응하는 건 말과 노래와 행위와 그림과 춤 그리고 삶을 통해 표현되는데, 이걸 가능하게 하는 것이 영성이다.

다섯째, 기도의 능력이다. 기도함으로써 우리는 인간이 하나님이 아니라 인간임을 인정한다. 기도를 통해 하나님에게 의존해 있음을 표현한다. 모든 게 하나님 것이며 우리 자신 또한 하나님의 소유임을 인정한다. 그리고 기도는 모든 일들은 하나님에게서 비롯된다는 걸 환기한다. 섭리 신앙의 기초이며 열매이다.

그리고 여섯째는 공감의 능력이다. 공감은 역지사지의 심정을 말한다. 타인을 이해하는 일에서 공감은 근본에 해당한다. 스티브 테일러(Steve Taylor)에 따르면, 공감은 개인성을 초월하는 "공유된 의식"(『자아폭발』, 서스테인, 2024, 206)을 통해 작동하는데, "다른 사람들의 마음 공간으로 들어가 그들의 관점에서 세상을 보는 능력"(위의 같은 책, 358)으로 보았다.

공감 없는 이해는 자기중심적이며 일종의 폭력이다. 자연에 대한 공감이 없으면 훼손과 파괴를 서슴지 않고, 이건 인간이 자신을 무너뜨릴 뿐이다. 또한 타인에 대한 공감이 없으면 하나님의 부르심을 받아도 자기 생각과 뜻에 따라 인지한다. 교만의 출발점이다. 하나님의 부르심은 절대 자기 중심적으로 받아선 안 되는 것이다. 언제나 타자 지향적이다. 그런데 만일 타인에 대해 공감하지 못한다면 하나님의 부르심은 부르심이 아니라 자기 확신에 불과하다. 아무리 하나님과의 관계에서 뛰어난 능력을 보인다 해도 함께 있는 인간에 대해 공감하지 못한다면. 만일 그러면서도 영성이 있다고 말한다면 그건 거짓말이다. 보이는 사람을 사랑하지 못하고 하나님을 사랑한다면 거짓이라는 말과 다르지 않다. 하나님과 관계 맺음의 능력이 타인에 대한 공감 능력으로 뒷받침하지 못하면 그건 착지할 줄 모르는 채 공중 부양 기술을 과시하는 것과 같다. 이에 비해 공감은 미래를 전쟁이 없는 평화로운 사회, 차별이 없는 평등한 사회, 억압과 착취가 없는 정의로운 사회로 이끄는 동력이다. 미래학자 제러미 리프킨(Jeremy Rifkin)이 미래 사회를 이끄는 키워드로 '공감'을 제시한 건 매우 탁월한 안목에 따른 진단이다(『공감의 시대』, 민음사, 2010).

세상

세상을 보는 관점

성경에서 세상을 이해하는 방식은 존재론적이고 관계적이다. 존재론적으로 세상은 하늘과 땅 그리고 그 안에 있는 모든 걸 가리킨다. 물론 땅속과 바다와 하늘 위의 궁창도 포함한다. 좁게 보면 지구를 말하지만, 넓게 보면 우주를 가리킨다. 관계적이라는 건 하나님에 의해 창조된 피조물이라는 표현이 대표적이다. 사도신경은 좁은 의미에서 하늘과 땅을 하나님이 창조하셨다고 고백하고 있는데, 골로새서(1:16)와 니케아 신경은 보이는 것과 보이지 않는 것 모두를 말하고 있다. 그러니까 넓은 의미에서 세상은 보이는 것과 보이지 않는 것을 포괄하며, 하나님의 다스림과 돌봄을 받는다.

마르틴 루터(Martin Luther)는 두 왕국 이론을 통해 하나님의 통치 방식의 두 가지를 주장하면서 두 영역의 세상을 이해하였다. 교회에 위임된 영적인 통치는 인간의 구원을 겨냥하고, 국가에 위임된 세상의 통치는 세상의 보존을 목적으로 한다는 주장이다. 두 개의 통치는 비록 영역에서 구분되어 있으나 악의 나라(Reich des Bösen)에 대항하는 것을 공통으로 지향한다.

그런데 성경에서 '세상'이란 말이 사용된 맥락은 다분히 신학적인 판단에 따른다. 세상은 피조물을 지칭할 때, 그리고 하나님과의 관계에서 사용됐지만, 자주 하나님 나라와 대비되는 맥락에서 사용되었다. 다시 말해서 성경은 세상과 하나님 나라를 유비 관계로 혹은 대립 관계로 조명한다. 세상은 하나님에 의해 창조된 공간과 시간에 제한되고, 영원히 지속하지 못하는 특징을 갖는다. 이에 비해 하나님 나라는 시공을 초월하며 영원하다. 세상은 죄로 물들어 있고 인간을 지배하는 힘을 갖지만, 하나님 나라는 거룩하며 죄로부터 인간을 해방하고 자유롭게 한다. 세상은 옛사람이 머무는 곳이고, 세상에 사는 동안 인간은 죄의 권세에서 벗어날 수 없으나, 하나님은 세상을 당신과 "지속적이고 자유롭게, 기쁨으로 만나는 친교의 수단"(알렉산더 슈메만, 『죽음아, 너의 독침이 어디에 있느냐?』, 비아, 2022, 37)으로 삼아 인간을 구원하여 새 생명을 갖게 하면서 하나님 나라로 옮겨주신다. 세상은 자신의 자족성과 충만함을 주장하나, 하나님 나라가 임하면 사라진다. 종말에 세상은 새 하늘과 새 땅의 새로운 세상이 되면서 하나님 나라가 된다. 하나님 나라는 하나님이 다스리는 곳이며 무엇에 의해서도 파괴되지 않고 예수 그리스도를 믿음으로 중생한 사람에게 임한다. 이처럼 세상은 인간에 의해 하나님 나라가 되지 않으며, 하나님이 오심으로써 세상은 종말을 맞고 그 후에 하나님에 의해 하나님 나라가 세워진다.

말씀대로 된, 그러나 타락한 현실

하나님의 말씀대로 된 피조물: 이와 같은 신학적인 판단에 근거하여 기독교는 인간과 자연과 우주를 포함한 하나님의 피조물이며 그분의 다스림을 받는 세상에 이중적인 의미를 부여한다. 하나는 하나님이 창조하신 피조물로서 하나님이 보시기에 좋은 것이다. 타락 후 처음과 비교할 때 많이 달라지긴 했지만, 세상은 본질적으로 하나님의 말씀대로 된 피조물이다. 따라서 세상은 인간의 삶에서 물질적 정신적 필요를 공급하며, 또한 인간이 하나님을 알 수 있도록 한다. 전자는 하나님의 창조가 선하다(아름답다)는 사실을 위한 증거이고, 후자에는 보통 일반계시라는 말을 붙이는데, 하나님과 그분의 말씀을 환기하는 기능을 의미한다. 이것에 대해 최근에는 '성례전적(sacramental) 기능'이라는 말을 자주 사용한다. 특히 정교회 신학자 알렉산더 슈메만(Alexander Schmemann)은 『세상에 생명을 주는 예배』(복있는 사람, 2008)를 통해 이 주제와 관련해서 대표적이라 할 만한 주장을 내세우고 있다.

> "...모든 것의 의미(가치)는 오직 하나님 안에서만 발견될 수 있으며, 세상은 오직 하나님의 현존의 '성례'일 때 비로소 그 의미가 충만하게 되기 때문이다."(23)

세상이 하나님의 말씀대로 되었으니, 인간은 세상을 통해 하나님의 말씀을 들을 수 있고 또 그래야 한다. 그래야 세상의 의미와 가치가 되살아난다. 이를 위해선 무엇보다 믿음이 필요하다. 그렇지 않으면 세상은 단지 사라질 것이며 인간 탐욕의 대상으로 전락할 뿐이다. 예수 그리스도가 세상과 화목을 이루셨지만, 인간은 오히려 세상으로부터 스스로를 분리하거나 세상을 욕망의 대상으로만 보아 하나님과 화목한 세상을 상실한다.

제임스 스미스(James Smith)는 슈메만의 성례전 신학에 고무되어 집필한 『하나님 나라를 욕망하라』(IVP, 2016)에서 성례전 신학을 기독교 교육에서 어떻게 응용할 수 있는지를 탐색하였다. 물론 독일 신학자 파울 틸리히(Paul

Tillich)도 상징론을 매개로 세상의 성례전 기능을 강조하였다.

성례전 기능이란 성례를 그 작용에 빗대어 표현한 것인데, 다시 말해서 성례에서처럼 감각적인 지각이 가능한 것을 매개로 보이지 않는 하나님의 은혜를 알 수 있게 한다는 말이다. 그러나 세상이 스스로 하나님을 나타내기보다는 하나님이 세상을 통해 당신을 드러내되 인간이 감각기관을 통해 인지하게 된다는 말이 더 정확할 것 같다. 혹은 인간이 신학적인 틀을 바탕으로 세상과 세상에서 벌어지는 일에서 하나님을 재인식한다는 표현도 가능하다. 성경은 그 자체로 하나님의 말씀이지만, 세상은 하나님이 당신을 나타내시기 위해 감각적인 것을 사용할 때 혹은 인간이 신학적인 인지구조를 바탕으로 재인식할 때 비로소 하나님을 알게 하는 기능을 수행한다.

타락한 피조물: 이에 반해 부정적인 맥락에서 보는 세상은 인간의 타락으로 인간과 함께 공동의 운명을 가지며 하나님의 구원이 필요하다고 여겨진다. 세상은 하나님과 독립하여 자신의 가치관을 가지며, 자신을 주장함으로써 자동으로 하나님의 뜻이 이뤄지는 과정을 방해한다. 물론 모든 게 하나님의 뜻에 반하는 건 아니다. 과학 법칙이나 인문학적 지식은 하나님과 그분의 세계를 더욱 분명하게 밝혀주기도 한다. 다만 타락한 세상은 하나님과의 관계를 원천적으로 부정하고, 혹은 합리적이지 않거나 초월적인 것을 인정하지 않음으로써 부지중에 하나님의 행위를 부정함으로써 하나님의 뜻을 거역한다. 모르는 경우엔 알려줌으로써 신비를 받아들일 기회를 주어야 하지만, 알면서도 인정하지 않는 경우엔 회심 이외에 다른 방식이 없다. 그리스도인이 창조의 원리에 따라 서로 돕고, 예수님의 말씀대로 서로 사랑하고, 그리고 바울의 교회론적 권고에 해당하는 서로 세우는 삶을 보여줌으로써 세상이 인정하게 하는 길밖에 없다.

그런데도 하나님 사랑의 대상: 그러나 비록 세상이 부정적인 의미로 조명된다 해도 성경이 일관되게 유지하고 있는 관점에 따르면, 세상은 하나님 사랑의 대상이다. 그 핵심은 요한복음 3:16에 기록되어 있다.

"하나님이 세상을 이처럼 사랑하사 독생자를 주셨으니 이는 그를 믿는 자마다 멸망치 않고 영생을 얻게 하려 하심이라"(요 3:16)

요한은 요한일서에서 "하나님은 사랑"(요일 4:8)이라고 선언하는데, 이는 하나님과의 관계 안에 있는 모든 건 하나님의 사랑 안에 있다는 의미로 이해할 수 있다. 피조물로서 하나님의 다스림과 돌봄을 받는 세상은 하나님의 사랑 안에 있다.

세상에 대한 기대

이처럼 세상에 대한 이중적인 의미에도 불구하고 성경이 세상에 대해 한결같이 기대하는 바는 크게 두 가지다. 하나는 여호와가 창조주로서 참 하나님임을 인정하라는 것이며, 다른 하나는 세상이 여호와 하나님의 뜻과 말씀대로 변화되는 것이다. 전자는 무지한 상태에서 깨우침으로써 가능해지고, 후자는 하나님의 뜻이 자신에게 일어나게 함으로써 가능해진다. 이 두 가지는 새로운 창조를 기대하는 창조신앙을 통해 표현되었는데, 창세기 제1장은 하나님이 세상에 대해 원하시는 뜻이 무엇인지를 알 수 있게 하는 핵심 단서를 담고 있다. 다시 말해서 세상은 여호와 하나님이 창조하셨으며, 인간에게 세상을 관리하도록 위임하셨다. 따라서 세상을 인간의 뜻대로 창조하려거나, 인간에 의해 왜곡하려 해서는 안 된다. 세상은 오직 하나님이 말씀하신 대로 되어야 하고 인간은 오직 이 일을 위해 부름을 받았다. 이 일에서 마귀가 방해를 놓고 유혹한다 해도 인간이 순종할 때 비로소 세상은 하나님이 보시기에 좋다(혹은 아름답다)는 평가를 받는다.

세상을 향한 뜻

진, 선, 미: 진과 선과 미는 신학적으로 볼 때, 하나님의 뜻에 따라 된 것을 가리킨다. 지식이 하나님의 뜻과 일치하면 진리라 하고, 인간이 하나님의 뜻 대로 행하면 선하다 하며, 그리고 세상이 하나님의 뜻대로 되면 아름답다고 말한다. 진선미는 세상에 대해서 하나님이 원하시는 것을 가리키는 개념이다. 적어도 우리는 그렇게 믿는다.

따라서 그리스도인은 진선미가 자기 생각과 행동과 의지를 이끌도록 해야 한다. 진선미가 통합되어 세상에 나타날 때, 하나님의 영광이 나타났다고 말할 수 있다. 인간은 하나님의 뜻에 따라 말하고, 행하고, 또 변화될 때, 곧 순종함으로써 하나님의 영광을 세상에서 발견할 뿐 아니라 또한 다른 사람들이 볼 수 있도록 나타낸다. 세상은 하나님과의 관계를 맺고 사는 그리스도인에게 하나님을 만날 수 있게 하는 매개이며 또한 믿지 않는 사람들에게 참 하나님을 나타낼 매개이다. 세상 사람들은 그리스도인을 통해서 어떻게 세상에서 하나님을 알 수 있는지를 배운다.

문제는 하나님 나라에 대해 적대적으로 혹은 무관하게 보이는 세상에서 어떻게 하나님 인식이 이뤄지는가 하는 것이다. 성례전 신학을 주장하는 사람들은 세상은 하나님을 나타내는 하나의 상징으로 이해한다. 그러나 여기서 조심해야 할 것은 기독교 신앙을 전제할 때 비로소 하나님 인식이 가능하다는 것이다. 신앙이 우선이고 인식 행위는 그 후에 이뤄진다.

성례전 기능: 인간이 하나님의 형상으로 창조된 후 인간은 하나님을 세

상 가운데 나타내며 살도록 부름을 받듯이, 세상 역시 같은 목적을 위해 부름을 받는다. 이것을 성례전 기능이라 한다. 세상의 성례전 기능 때문에 때때로 인간은 하나님을 예배하기보다 오히려 세상을 예배하는 함정에 빠진다. 세상의 물질은 번영과 성공과 힘을 반영하기에 물질의 풍부함을 추구하고, 게다가 이것들이 하나님의 영광으로 포장되면, 인간은 세상을 예배하면서도 마치 하나님을 예배한다고 착각한다. 세상을 예배하면서도 유사 하나님 경험은 충분히 일어날 수 있기 때문이다. 이것은 기독교 신앙의 본질에 근거해서 세상을 대하지 않기 때문에 나타난 결과다. 하나님의 충만함을 세상의 번영이나 성공과 동일시해서는 안 된다. 동일시하는 순간 맘모니즘과 우상 숭배가 태동한다. 그러므로 누구나 세상에서 하나님을 인지하는 것은 아니다. 세상을 통해 하나님을 인지하는 것은 오직 하나님을 바르게 예배하는 자에게만 허락되어 있다. 바르게 예배하는 자는 세상을 통해서도 하나님을 인지한다. 이것에 관해 설명하는 게 바로 세상의 성례전 기능이다. 세상을 통해 하나님을 아는 것은 오직 신앙에 근거한 성례전(혹은 유비적인) 사고를 바탕으로 일어난다. 성례전 사고에서 볼 때(곧 신앙의 눈으로 세상을 볼 때) 세상은 하나님의 선물이며, 구원자이든 심판자이든 하나님을 나타내기 위해 존재한다.

세상인가, 하나님인가

인간이 세상에 속하는지 아니면 하나님의 세계에 속하는지를 알 수 있는 기준은 무엇일까? 성경은 여러 가지를 말하고 있는데, 첫째는 예수 그리스도의 믿음을 본으로 삼는 믿음이다. 믿는 자는 죄의 권세로부터 자유롭게 되어 하나님의 세계에 속한 사람이 된다. 곧 하나님의 통치를 받는 백성이 된다.

둘째는 무엇을 욕망하느냐에 따라 달라진다. 세상의 근심과 염려에 매여 있다면, 여전히 세상에 속해 있다는 증거다. 하나님 나라에 속한 사람은 그분의 통치와 의를 따른다. 사도 바울은 이를 두고 육체의 욕심을 따라 사는 자와 성령을 따르는 자로 구분하였다.

셋째는 결실로 알 수 있다. 사람이 어떤 열매를 맺느냐에 따라 어디에 속해 있는지를 알 수 있다. 육체의 열매를 맺는 자는 세상에 속해 있고, 성령의 열매를 맺는 자는 하나님 나라에 속해 있다. 육체적인 열매의 본질은 인간이 자기 자신의 영광을 추구하는 것에 있다. 성령의 열매의 본질은 하나님의 영광을 추구하는 것에 있다. 육체의 욕심을 따라 행하지 않고 성령을 좇아 행할 때 주어지는 결과이다.

마지막 넷째는 하나님과 이웃을 사랑하느냐 그렇지 않으냐에 따라 다르다. 사랑하는 자는 하나님께 속한 자이며, 사랑이 없는 자는 하나님에게서 떠난 자, 곧 세상에 속한 자다. 믿음이 없는 사람도 이웃을 사랑하는 사람이 없지 않은데, 이것은 인간에게 본질적인 일을 행하는 것이다. 칭찬받을 만한 사람임은 분명하고 아무리 이웃 사랑을 실천한다 해도 만일 하나님을 사랑하지 않는다면, 곧 하나님을 예배하지 않는다면, 하나님께 속해 있다고는 말할 수 없다. 이에 비해 하나님을 사랑한다고 하나 이웃을 사랑하지 않는 사람도 하나님께 속해 있다고 말할 수 없는데, 왜냐하면 하나님을 사랑한다고 말하면서 이웃을 사랑하지 않는다면 그것은 거짓말이기 때문이다.

'주의 기도'라 알려진 예수님의 기도는 세상에서 벗어난 혹은 세상과 무관하게 사는 사람을 가르치기 위한 것이 아니다. 세상 속에서 그리스도인으로서 혹은 제자로서 살면서 어떻게 기도할 것인지를 가르치신 것이다. 그것은 세상에서 살면서 하나님과 어떤 관계 안에 있어야 할 것인지를 가르치실 뿐 아니라 또한 세상에 대한 책임 있는 삶을 요구하신 것이다.

이어지는 글에서 나는 하나님께 반응하며 사는 걸 어렵게 하는 여러 상황에서 그럼에도 그리스도인으로서 하나님께 적합하게 반응하며 사는 길이 어떤 것인지 이에 관해 설명하고자 한다. 이 설명은 '신학의 위안'을 위한 것이며 지금까지 개괄한 일상이 예배이기 위한 여섯 가지를 전제한다.

2

하나님께
집중하지 못하는 때의 일상 예배

"그런즉 너희가 먹든지 마시든지 무엇을 하든지 다 하나님의 영광을 위하여 하라 유대인에게나 헬라인에게나 하나님의 교회에나 거치는 자가 되지 말고 나와 같이 모든 일에 모든 사람을 기쁘게 하여 자신의 유익을 구하지 아니하고 많은 사람의 유익을 구하여 그들로 구원을 받게 하라"(고전 10:31~33)@

고통을 겪을 때

"우리의 모든 환난 중에서 우리를 위로하사 우리로 하여금 하나님께 받는 위로로써
모든 환난 중에 있는 자들을 능히 위로하게 하시는 이시로다
그리스도의 고난이 우리에게 넘친 것같이 우리의 위로도 그리스도로 말미암아 넘치는도다"
(고린도후서 1:4-5)

예배는 영으로 임재하신 하나님에 대해 전인격적으로 반응하는 신앙 행위다. 그리스도인이 원치 않는 고통을 겪을 때 어떻게 반응해야 예배자로서 사는 걸까?

고통은 인체 내 경보장치로 병이 진행 중이거나 악화할 때 겪는 것이고, 또한 회복 과정에서 겪기도 한다. 후자는 진통제가 유효하게 작용하지만, 전자의 경우 병의 상태만 보고는 정확한 진단을 하지 못하기에, 만일 환자를 위한다며 무작정 진통제를 사용하면, 몸의 위험에 대한 경고 신호를 놓쳐 자칫 치료의 시기를 놓칠 수가 있다. 진통제를 사용할 적합한 시기를 판단하는 몫은 의사의 진단에 달려 있다. 무조건 고통을 억제하거나 피하려 하고, 타인의 고통을 은폐하려는 사회는 건강하지 않다.

고통에는 이유가 있나?

굳이 병이 아니어도 인간은 다양한 이유로 고통을 겪는다. 인생에서 겪는 고통의 문제는 쉽지 않아 많은 현자와 철학자들이 고통에서 벗어나는 법을 제시했고, 또한 그 일은 계속 반복되고 있다.

나치에 저항한 양심적인 신학자이며 목회자인 디트리히 본회퍼(Dietrich Bonhoeffer)는 히틀러 암살 혐의로 붙잡혀 옥에 갇혔다. 친구에게 보낸 옥중 편지에서 그는 감옥 생활을 '대림절의 기다림'에 비유하여 말한 바 있다. 철창 안쪽에서 아무리 발버둥 쳐도 밖에서 문을 열어주지 않으면 나갈 수 없는 신세라 '선한 힘이 문을 열어주기만을 기다리는 삶'을 이렇게 쓴 것이다. 고통을 겪는 사람에게 대림절 신앙이 어떤 의미인지를 잘 말해주는 촌철살인의 표현이다.

인간의 고통은 종말이 임하기까지 계속될 것이다. 살아있는 한 고통 없는 세상을 경험하는 건 불가능하다. 때와 장소, 상황과 정도의 차이일 뿐 누구도 비껴가지 못한다. 고통의 문제를 어렵게 하는 가장 큰 이유는 모든 사람이 고통 없는 세상을, 결단코 이루어지지 않을 세상을 바라기 때문이다. 이걸 전제로 하든 아니면 목표로 하든 이건 고통의 문제를 인생의 난제로 만든다. 만일 인생이 고통의 연속임을 인정하고 받아들인다면, 고통을 대하는 태도와 마음가짐에서 조금은 달라지지 않을까 싶다. 최소한 조급함이 사라지고 마음의 여유가 생긴다. 인생을 조금은 관대한 시선으로 볼 수 있다.

고통의 문제를 해결하는 일에서 기억할 일은 인간의 출생이 해산의 고통과 함께 시작되었다는 것이다. 생명의 기쁨이 고통을 통해 온다는 사실은, 항상 그렇지는 않아도, 고통이 생명을 낳는 문을 여는 열쇠일 수 있음을 의미한다. 적어도 창세기에 기록된 인간의 숙명은 그렇다.

그런데 고통 후에 영광과 기쁨이 있다는 걸 잘 알고 있음에도 고통의 문제로 고민하는 건 무엇 때문일까? 인내심의 부족일까? 대개는 인간이 육체를 갖고 있다는 데서 혹은 마음과 육체를 분리하는 데서 혹은 나와 세상을 분리하는 데서 원인을 찾는다. 때로는 각종 욕망을 고통의 진원지로 여긴다. 행복을 인생의 목적으로 삼을 때 특히 그렇다. 이런 원인에서 비롯하는 뒤엉킨 실타래와 각종 질병은 몸과 마음을 아프게 한다.

예컨대 불교적 가르침의 근본에는 "인생은 고통"이라는 믿음이 있다. 여기서 말하는 고통은 단지 육체적인 것에 제한하지 않는다. 정신적 혹은 영적 고통도 포함한다. 붓다에게서 시작한 불교는 고통에서 벗어나게 하는 각종 수행 방법을 제시한다. 목적은 인간을 고통으로부터 자유롭게 하는 것이다. 고통의 문제가 이토록 근원적임을 설명하기 위해 불교에서는 화살을 맞은 사람에게 시급한 건 화살을 뽑아 치료하는 것이지 화살이 어디서 왔는지 누가 쐈는지를 고민하는 것이 아니라는 비유를 든다. 우선은 인간의 고통을 해결하는 것이 관건이라는 말이다. 그 끝에 해탈이라는 경지를 두어 수행을 북돋는다.

한편, 인류의 영적 교사로 널리 알려진 에크하르트 톨레는 불교의 세계관을 따라 이렇게 말했다.

> "인간이 겪는 고통의 대부분은 불필요한 것들입니다. 분주히 움직이는 마음을 지켜보지 않는 한 고통은 저절로 만들어집니다. 지금 이 순간에 고통을 만들어내는 것은 '있는 그대로' 받아들이지 않기 때문이거나 '있는 그대로'에 대한 무의식적인 저항이 나타난 것입니다."(『지금 이 순간을 살아라』, 양문, 2001, 57)

지금의 순간을 제대로 판단하지 못하고 또 부정적으로 받아들이는 것이 고통의 원인이란 거다. 이 논리에 따르면 고통은 인지의 문제이면서 동시에 감정의 문제이다. 이 사실은 심리학과 철학 그리고 여러 종교의 지지를 받는다.

이에 비해 기독교는 어떠한가? 기독교가 집중하는 건 고통과 그것의 해결이 아니라 죄와 구원이다. 고통은 하나님의 말씀대로 살지 않은 인간에게 주어진 결과다. 자기 뜻대로 살고자 했으나 오히려 그것이 고통의 원인이 된 것이다.

그런데 놀랍게도 성경은 하나님의 영광을 위한 고통을 말한다. 설마 이런 의미의 고통이 있는지 그 이전에는-사실 욥의 경우가 없진 않다-아무도 생각하지 못했다. 그런데 나면서부터 소경이 된 이를 두고 사람들 사이에서 갑론을박이 이어졌을 때 예수님은 이것도 아니고 저것도 아니며 오직 하나님의 영광을 위해서라고 했다(요 9:1~3). 십수 년간 고통의 세월을 보내고 인간 이하의 대접을 받으며 살아온 날들이 하나님의 영광을 위한 것이었다? 쉽게 받아들이기 어려운 일이다. 그러나 이건 이미 욥의 이야기에서 선례를 찾을 수 있다. 무슨 말인가?

지금의 순간을 자기 생각을 따라 판단하거나 부정적인 감정으로 대하지 말고 하나님을 인정하며 받아들인다면, 누가 뭐라 해도 심지어 신체적 장애조차도 결단코 작지 않은 의미가 있는 일이다. 실제로 예수 그리스도의 고통은 세상의 죄를 용서하고 세상의 구원을 원하시는 하나님의 사랑을 세상에 나타내기 위함이었다. 이런 의미의 고통을 신학적으로는 '고난'이라 한다. 달리 말해서 관건은 고통을 당장 해결하는 것이 아니라 고통과 함께 드러날 하나님의 현현을 우선으로 여기는 일이다. 그래서 성경은 고통의 근절이 아니라 고통을 이겨낼 인내를 강조하고 또한 고통을 넘어 하나님의 뜻과 계획이 이루어지는 걸 중시한다.

하나님의 뜻에 따른 고통을 제외하면 대개 인간의 고통은 타락 후 세상이 하나님의 뜻대로 되지 않아서 겪는 아픔이다. 그래서 도상학에서 고통의 이미지는 대체로 추락이다. 적어도 그렇게 여겨진다. 산모의 고통과 노동의 수고에 따른 고통 그리고 심지어 피조물을 탄식하게 하는 고통 등이 대표적이다(창3:16~19). 자연재해로 말미암은 것이든, 아니면 어긋난 인간관계 때문이든, 아니면 병으로 인한 것이든, 그것도 아니면 내 뜻대로 되지 않아서 그런 것이든, 세상에서 일어나는 일들이 하나님의 뜻대로 되지 않을 때, 그리고 그것을 깨닫지 못하거나 받아들이지 못할 때 인간은 고통을 겪는다. 원인이 반드시 고통받는 이에게 있지 않더라도 하나님의 뜻대로 되지 않을 때-기독교에선 이걸 죄라고 한다-원치 않게 혹은 억울하게 혹은 부당하게 고통을 겪는다. 인간의 손에서 벗어난 고통의 고리는 인류의 타락과 함께 형성되었다. 관건은 하나님의 뜻과 일치하는 삶을 사는 것이다.

염세주의를 대표하는 쇼펜하우어(Arthur Schopenhauer)는 세상에 있는 한 모든 인간은 괴로움을 겪을 수밖에 없다면서, 심지어 "우리가 살아가는 직접적인 목적은 괴로움이다."(『철학적 인생론』, 동서문화사, 11)라고까지 말했다. 죄와 그 결과로 말미암아 고통을 피할 수 없는 건 사실이나 또 다른 가능성을 생각하지 않은 건 염세주의자의 치명적인 실수다. 왜냐하면 욥과 예수 그리스도 그리고 나면서부터 눈먼 자의 경우에서 볼 수 있듯이 하나님의 뜻에 따른 고통이 있기 때문이다. 이런 고통은 벗어나는 게 목적이 아니라 고통의 의미가 드러나기까지 인내하며 생각하는 것이 관건이다.

고통의 양면성, 은혜이면서 동시에 문제

그렇다면 고통이 없는 세상은 천국일까? 1960년대 미국에서 온 세계를 깜짝 놀라게 한 사건이 있었다. 어린 아들을 잠시 집에 홀로 두고 외출하고 돌아온 부모가 아이가 자기 손가락을 촛불에 태우고 있는 걸 발견한 것이었다. 선천성 무통성무한증(Congenital Insensitivity to Pain with Anhidrosis, CIPA)을 앓고 있음이 발견되었다. 이 병은 유전자 변이로 발생하는 선천성 질환인데, 고통을 전혀 느끼지 못하게 하는 질환이다. 뼈가 부러져도 통증을 느끼지 못한다. 뜨거운 것에 화상을 입어도 느낌이 없다. 땀을 흘리지 않아 체온 조절도 안 된다. 고통 없이 세상을 살지만 오래 살지 못한다. 고통이 없는 세상이라고 해서 천국인 건 아니다. 천국은 하나님의 뜻대로 되는 곳이고 모두가 그걸 인정하고 받아들이기에 무슨 일이 일어나도 그것으로 인해 고통을 겪지 않는다. 그러나 천국이 아닌 곳엔 기쁜 일이 아무리 많아도 상대적으로 고통을 겪는 이는 반드시 생겨난다.

적어도 우리가 살고 있는 세상에서 고통은 인간의 삶에서 떨쳐버릴 수 없는 현상이다. 고통은 감각적인 고통에서부터 심리적, 정신적, 그리고 영적 고통까지 다양하다. 이런 점에서 불교의 가르침이나 쇼펜하우어의 관찰과 주장에는 분명 옳은 점이 있다. 그러나 고통은 경보장치로서 없어서는 안 되는 것이 있고, 피하기보다는 인내해야 할 것이 있다. 하나님의 뜻에 따른 게 있기 때문이다. 관건은 내가 겪는 고통이 해결할 문제인지 아니면 은혜인지 분별하는 것이다.

고통을 피하고 싶은 이유

이렇게 다양하고 보편적인 고통은 모든 인간이 피하고 싶은 경험 가운데 하나인 건 부정할 수 없다. 왜냐하면 고통은 아프고 불편하고 불쾌함을 주기 때문이다. 현재보다 더 나은 삶을 추구하는 사람에겐 특히 그렇다.

또 다른 이유는 마음의 고통이든 육체의 고통이든 그것을 느끼는 순간 여러 부정적인 생각과 감정에 사로잡혀 다른 이를 원망하거나 자신의 형편에 불평하기 때문이다. 지금 진행하는 일이 중단되어 힘들어하고, 앞으로의 일이 걱정되어 마음이 무거워진다. 때로는 과거의 잘못들이 떠올라 죄책감이 더해진다. 계획이 어그러지고, 고통이 없었을 때 생각하고 염두에 두었던 삶의 의미가 고통의 정도와 시간에 비례하여 점점 퇴색한다. 나 자신은 물론이고 세상에 관한 생각들이 변한다. 다른 사람에 관해 생각할 여유를 갖지 못한다. 자기중심적인 태도로 바뀐다. 자신감이 현저히 떨어진다. 고통과 더불어 나타나는 이런 부정적인 현상으로 인해 고통은 더더욱 견디기 어려워진다.

여기에 더해 고통이 힘겨워지는 이유는 사람들의 무관심 때문이다. 처음에는 위로 차원에서나 관계 차원에서 관심을 보이다가도 이내 잊는다. 자기들의 일상으로 돌아갈 수밖에 없기 때문이다. 이로 말미암아 고통 중에 있는 사람은 극심한 외로움을 겪고 고통은 가중된다. 하나님께 반응하며 살기 어려운 여러 상황에 순서를 매긴다면 아마도 고통이 선두를 차지하지 않을지 싶다. 이런 점에서 고통은 선한 삶을 살면서 예배하려는 모든 이에게 큰 시험이다.

고통에 대한 적합한 반응

이런 고통의 상황에서 어떻게 반응해야 고통 가운데서도 예배할 수 있는가? 고통에서 유래하는 부정적인 생각을 피하고 정상적인 일상을 유지하고 싶은 마음에서 사람들은 고통을 피하거나 진정시킬 여러 방법을 고안해 내었다.

첫째, 진통제는 그 대표적인 것이지만, 술과 마약성 약물을 포함해서 쾌감을 자극하는 물질이 있고 또한 성인과 미성년자를 위한 유흥시설이 곳곳에 있다. 고통을 피하거나 진정시키는 데에만 강박적으로 전념한 결과이다. 이러다 보니 고통의 긍정적 측면은 철저히 무시되고, 고통을 겪으면서 단단해질 기회를 놓친다. 일시적인 진통 효과에 수시로 의지하다 보니 각종 중독이 발생한다. 이건 고통에 대한 잘못된 반응의 대표적인 사례다.

심리학 실험 도구로 쾌락 버튼이 있다. 누르기만 하면 도파민이 분비되는 환경에 있는 생쥐는 맛있는 음식이나 매력적인 암컷 생쥐가 공급되는 환경에 관심을 기울이지 않는다. 버튼만 누르면 행복할 수 있다는 걸 아는 생쥐는 오직 버튼을 누르는 일에만 전념하기 때문이다. 이 일은 결국 사망에 이르기까지 계속된다. 쾌락 버튼으로 얻는 행복감은 일시적일 뿐이며 금방 고통의 현실로 돌아온다. 이걸 반복하면 중독이 되고 죽음을 초래한다.

둘째, 고통을 진정시키는 방법으로 현대인이 추구하는 또 다른 것은 성공과 번영이다. 성공은 현재 겪고 있는 고통에 대한 충분한 보상이다. 일단 성공만 하면 지난 고통은 쉽게 잊힌다. 특히 다른 사람을 지배할 위치에 있게 되는 성공은-흔히 권력을 획득하는 일-고통을 와신상담의 기회로 삼으며 오히려 성공을 위해 필요한 과정으로 인지하게 한다.

셋째, 고통을 피하는 방법으로 내세에 대한 믿음을 빼놓을 수 없다. 각 종교에서 볼 수 있다. 기독교도 예외는 아닌데, 사후에 들어갈 천국에 대한 소망은 그 대표적이다. 현실 도피적이라는 비난을 받지만, 고통으로 가득한 현실 속에서 자신을 위로하려는 것 가운데 가장 오래된 방법이다.

무조건 고통을 줄이거나 제거하는 건 좋은 반응이 아니다. 손쉬운 방법에 손을 뻗게 하여 더 큰 고통의 수렁으로 빠뜨리려는 뇌의 관성에 따른 유혹일 수 있다. 고통은 증상이다. 원인이 밝혀지지 않았어도 문제가 있음을 드러낸다. 원인이 밝혀졌다면 진통제를 통해 고통을 완화할 수 있지만, 원인이 밝혀지기 전까지 고통은 감내해야 한다. 고통은 성장통이기도 하다. 성장 과정에서 혹은 익어가는 과정에서 통과의례처럼 반드시 거쳐야 하는 것일 수 있다. 고통을 통해 우리의 의식이 변하고 고양될 수 있다.

그러므로 고통에 적합하게 반응하기 위해 무엇보다 중요한 건, 고통이 반드시 피해야 할 것만은 아님을 인정하고 받아들이는 것이다. 고통은 한편으로는 고통 이후 더 나은 세상을 보지 못하게 하거나 심연으로 이어진 미끄럼틀에 오르게 하는 유혹이며(고통 때문에 더 나은 기회를 포기하는 사례처럼), 다른 한편으로는 증상이고, 또 다른 한편으로는 더 나은 의식 상태로 변화하기 위한 성장통 곧 정화 기능을 한다.

고통에 적합하게 반응하기 위해선 방금 언급한 고통의 다중적 의미를 염두에 두고 그 이유에 관해 생각해야 한다. 시편 기자는 고난이 오히려 자기에게 유익이라고 했다(시 119:71). 왜냐하면 고통을 겪을 때 하나님을 생각했고, 자신의 고통이 하나님과 무관하지 않음을 이해함에 따라 그것을 고난으로 받아들일 수 있었으며, 바로 이 고난으로 말미암아 주의 율례들을 배울 수 있었기 때문이다(시 119:71). 일종의 성장통으로 받아들이고 이에 따라 반응한 것이다. 같은 맥락에서 루이스(C.S.Lewis)는 널리 읽히는 『고통의 문제』(홍성사, 2002)에서 고통이 축복의 길이며, 고통을 통해 사랑받을 자격이 주어진다고 말했다. 고통의 이런 의미로 인해 독일의 낭만파 시인 노발리스는 고통을 감당할 수 있다는 사실에 대해 자부심을 느낄 수 있어야 한다고 말했다.

고통을 겪을 때 다양한 이유를 생각하며 그에 적합하게 반응하며 하나님을 인정하고 또 그의 약속의 성취를 기대하는 것, 이것이 바로 예배다. 고통을 겪는 때에도 하나님이 일하고 계심을 인정하는 일이기 때문이다.

고통의 의미: 연대의 기회, 신뢰의 기회

고통은 그동안 간과하며 지냈던 내면 깊은 곳을 찾아가는 동기이고, 또한 익숙하지 않은 걸 배우고 익히는 과정에서 반드시 경험되는 것이다. 그러므로 고통에 적합하게 반응하는 건 무엇보다 먼저 세상의 평화와 구원을 위해 섭리 가운데(providentially) 일하는 하나님을 인정하는 거다. 고통의 이유를 발견하고 적합하게 반응할 노력은 하지 않고 오직 고통으로 인해 괴로워하기만 하거나 고통의 무게를 줄이는 방법에만 눈을 돌리는 건 전혀 바람직하지 않다. 고통을 합리화하는 것도 마찬가지다. 특히 자기 고통을 이기기 위해 혹은 자기 고통을 피하려 다른 사람에게 고통을 주거나 다른 사람의 고통을 이용하는 건 죄이다.

고통이 문제인 건 아픔과 불편함을 주는 것 외에도 고통 중에 있는 동안에도 시간은 멈추어 있지 않기 때문이다. 특히 환경의 변화가 빠른 현대 사회에서 그리고 극심한 경쟁 사회에서 고통은 경쟁에 뒤져 낙오할지도 모른다는 미래에 대한 불안을 일으킨다. 생각하는 것조차 어려운 상황이라도 미래에 대한 불안과 근심은 쉽게 줄어들지 않는다. 오히려 어두운 미래에 대한 더욱 큰 불안과 염려가 엄습하여 현재 겪고 있는 고통을 더욱 가중한다. 고통은 부정적 감정을 유발하고, 이건 또 다른 고통의 원인이 되어 악순환이 일어난다. 진통제 없이는 도저히 견딜 수 없다는 심리적 압박을 받는다.

이런 악순환이 멈추기 위해 할 일이 있다. 무엇보다 곁에 있는 사람이 고통 중에 있는 사람이 어려운 시기를 이겨낼 수 있도록 돕는 것이다. 고통의 연대는 고통을 겪는 이에게 큰 위로가 된다. 인간은 경쟁을 통해 만들어지지 않는다. 경쟁이 성장에 어느 정도 기여는 해도 결정적이지는 않다. 승리했다고 해서 그것이 하나님이 원하시는 모습이라 볼 수 없고, 설령 실패했다고 해서 그것이 하나님이 원하지 않는다고 말할 수도 없다. 인간은 성공과 실패가 아니라 오직 하나님의 창조 혹은 새로운 창조 행위로 만들어진다.

그러므로 하나님이 원하는 대로 빚으시기를 기대하며 소망하는 삶으로 우리는 고통을 극복할 수 있다. 우리가 낙오하는 건 고통 때문이 아니라 고통에 굴복하기 때문이다. 고통의 시험에서 넘어져 고통의 의미가 밝히 드러나기 전에 포기하기 때문이다.

그러나 고통은 오히려 하나님을 더욱더 신뢰하길 배우는 기회다. 성장통의 기회를 잘 활용하면 고통에 굴복하지 않고 오히려 하나님과의 관계를 재정립할 수 있다.

시편 가운데 많은 부분은 고통과 관련해 있다(시편 6, 13, 14, 22, 46 etc.). 이들 시편은 고통을 호소하는 것으로 그치지 않는다. 고통을 호소하면서도 결국에는 하나님의 도움을 바라고 하나님을 신뢰하며 찬양한다. 고통의 때에 오히려 하나님께 적합하게 반응함으로써 예배자의 모범을 보여준 것이다.

고통과 일상 예배

인간이라면 누구도 결코 피할 수 없는 고통, 그것은 대체 우리에게 무엇인가? 앞서 언급한 고통의 다중적 의미와 관련해서 하나님께 적합하게 반응하는 방법에 대해 살펴보자.

증상: 첫째, 고통은 나의 몸과 마음에 문제가 생겼다는 증상이다. 고통은 지금 내가 어디에 서 있는지, 어떤 환경에 있는지를 환기한다. 그러니 나의 몸과 마음과 영적 상태를 돌아보는 기회이다. 고통을 방치하면 더욱 심각한 상황에 이를 수 있기에 고통은 몸 상태를 점검할 기회이다. 내면 깊은 곳으로 들어가는 계기다. 그래서 고통은 우리가 더욱 깊이 생각할 기회다.

고통의 원인이 발견될 수도 있고 또 욥의 경우처럼 그렇지 않을 수도 있지만, 고통을 피하는 것만이 상책은 아니다. 때로는 고통을 견디어 내는 일도 중요하다. 일상을 멈추고 그간의 삶의 궤도에서 벗어나 평소에 무심코 지나쳐 버린 일들을 돌아보는 기회로 삼을 수 있다. 고통은 죽음의 두려움을 일으키기에 견디기 쉽지 않으나, 그렇다고 해서 의료적 처방이 아닌 방식으로 고통을 해결하려는 건 옳지 않다.

타인의 고통: 둘째, 고통은 고통 중에 있는 다른 사람을 주목하도록 하는 사인이다. 급성 침샘 염증을 심하게 앓아 일주일 조금 넘게 입원 치료를 받은 적이 있었다. 얼굴이 크게 부어 원래 얼굴을 식별하기 어려울 정도였고 무엇보다 고통이 너무 컸다. 입원하는 동안 진통제와 항생제에 의존하며 지내야 해서 퇴원 후에는 위통으로 한동안 고생했을 정도다. 요즘 웬만한 대형병원에는 개인 침대마다 커튼이 드리워져 있고 컴퓨터 내지는 TV 모니터가 설치되어 있다. 한편으로는 환자 사생활을 지켜주지만, 다른 한편으로는 환자들끼리 서로 대화할 가능성이 거의 사라졌다. 과거 커튼으로 가려지기 전에는 입원한 환자나 보호자가 병명을 나누며 서로 격려하던 시절이 있었다. 하여간 나는 너무 고통스러워서 옆 침대의 환자를 생각할 겨를이 없었다. 내가 입원한 4인 병실에는 두 명의 환자가 더 있었다. 나이가 제법 드신 분은 나보다 더 고통스러웠는지 낮과 밤을 가리지 않고 고통을 호소하였다. 진통제 처방을 하지 못하는 이유가 무엇인지 모르지만, 간호사는 의사로부터 별도의 처방이 있기 전까지는 진통제를 주지 못한다며 환자에게 참으라고만 말했다. 나도 하루 세 차례나 진통제 주사를 맞고 진통제 약을 처방받는 처지라 공감할 수 있었다.

고통을 호소하며 주위를 환기하여 적절한 도움을 받는 사람들이 있지만, 그렇지 못한 사람들도 있다. 현대 사회는 의료시설과 상담시설이 잘 갖춰져 있어서 형편이 되기만 하면 언제든 도움을 받을 수 있다. 그러함에도 불구하고 사회적 약자들은 도움의 손길이 닿지 않는 사각지대에 놓여 있다. 이런 사람들은 도움을 줄 수 있는 시설을 방문할 형편이 못 될 뿐만 아니라, 또한 많은 경우 특별한 주의를 기울이지 않으면 도움을 베푸는 사람들에게 보이지 않는다. 아무리 좋은 일이라도 대개의 사람은 겉으로 드러난 것만을 보려고 하지 감춰져 있는 것을 자기 노력을 기울여 가며 찾아가려고 하지 않는다. 있어도 아주 드물다. 대체로 각종 미디어에 공개된 기관이나 사람들이 도움을 받을 가능성이 높다.

그러나 만일 고통을 겪으면서도 하나님께 적합하게 반응하길 원한다면 그리스도인은 달라야 한다. 드러난 것만이 아니라 숨겨져 있는 것, 드러나 있지 않은 것을 찾아 나서는 거다. 고통을 겪는 사람은 고통을 겪는 사람의 심정을 알아보기에 사각지대에 놓여 있는 사람들을 찾아내어 그들의 고통을 헤아리고 위로해 줄 수 있다. 예수님의 사역 가운데 흔히 간과되었던 '두루 다니시는 일(마 4:23)'에 교회가 주목해야 하는 까닭이다. 예수님이 두루 다니시며 복음을 전하셨고 이 과정에서 곳곳에서 뜻하지 않은 만남(사마리아 여인, 삭개오, 하혈하는 여인, 귀신 들린 자 등)이 있었듯이, 교회는 두루 다니면서 고통 중에 있는 사람들을 찾아내어 그들을 위로하며 도와야 한다. 아시아 일곱교회 중에서 가장 큰 책망을 받은 라오디게아 교회라도 예수님은 그를 직접 찾아오셔서 문을 두드리신다고 했다(계 3:20).

비록 작은 고통이라도 고통 중에 있는 사람이 가장 힘들 때는 나의 고통을 아무도 돌아보지 않는다고 생각할 때다. 위로도 없고 도움도 없다. 내가 고통 중에 있다는 사실조차 알지 못한다. 홀로 방치해 있는 느낌, 나를 돕는 자가 아무도 없다는 생각은 고통 중에 있는 사람들을 절망하게 만드는 이유이다. 외로움은 현대 사회에서 사회문제로 여겨지는 현상이다. 외로움에 갇힌 자는 고통을 이길 힘을 얻지 못할 뿐만 아니라 심지어 작은 고통임에도 불구하고 생을 포기하는 일도 일어난다. 그래서 우리는 애써 주위를 돌아볼 필요가 있다. 우리 눈에 보이는 것만 보지 않고 보이지 않는 걸 보기 위해 찾아 나서야 한다. 우리가 눈으로 볼 때, 우리 안의 성령께서 우리로 소원을 두고 일하게 하신다.

다른 사람들에게 고통을 안겨주는 일이 없어야 하겠지만, 설령 부지중에 그런 일이 일어났을 때는 만사를 제쳐두고라도 고통 중에 있는 사람을 위로 하기 위해 애쓸 필요가 있다. 또한 고통 중에 있는 사람들을 돌아보는 일은 인간이 돕는 존재로 만들어졌다고 고백하는 기독교인에게 주어진 과제다. 고통을 겪는 중에 고통을 겪는 사람을 찾아서 돌보는 것, 이것이 타자의 모습으로 임재하시는 하나님에 대한 반응이며 일상 예배다.

성장통: 셋째, 고통은 내가 하나님 행위의 대상일 때 겪는 일이다. 하나님 과 관계 안에서 성숙해지기 위한 것이니 말하자면 성장통이다. 하나님은 당신의 뜻을 이룰 사람을 선택하신다. 하나님의 뜻은 세상이 바라지 않는 것이 많기에 그 뜻이 자기에게 이루어지도록 순종하는 것에는 대개 고통이 따른다. 모든 게 검은 바탕일 때 하얀색은 비록 조그만 점이라도 두드러지는 법이다. 이런 고통을 두고 신학은 고난이라고 한다. 하나님이 행하시는 일이 내게 일어나게 할 때 겪는 어려움과 아픔이 고난이다. 나는 지금 이대로가 좋은데, 하나님은 내게 변화를 일으키려 하실 때, 나는 고통을 겪는다. 사회가 원하지 않고 또 누구도 나서려고 하지 않는 일을 하나님이 나를 통해 이루려고 하실 때도 고통을 겪는다. 내 안에 소원을 두고 행하시기 때문에, 내 몸과 내 생각이 원치 않는 일들에 순종해야 할 때도 고통은 일어난다. 신앙의 성숙을 위한 고통일 뿐이니 이런 때는 참고 견디는 것 외에 다른 방법이 없다. 이런 때 쓰는 독일어 표현에 erleiden(에얼라이덴)이란 동사가 있다. 고통을 참고 견디는 걸 표현한다. 고난이 있다면 기꺼이 erleiden해야 한다. 고

통 중에 기도해야 할 일이 있다면, 바로 이때다.

삶의 성화를 위한 인내

문제는 하나님이 하시는 일 때문에 고통을 겪는지, 아니면 나의 잘못이나 혹은 외부로부터 오는 것인지를 분별하기가 쉽지 않다는 사실이다. 그런데 알든 모르든 참아내야 하는 것은 같다. 고통은 내가 지금 하나님이 설정하신 한계(말씀을 통해 분명하게 드러나 있는 하나님의 뜻 혹은 인간의 정신과 육체의 한계)에 직면했다는 사인이기 때문이다. 인간은 한계를 넘었거나 혹은 한계에 직면하게 되면 고통을 겪는다. 한계를 넘었다고 판단되면 돌아서야 한다. 이에 비해 한계 안에 있으면서도 고통을 겪는다면 참고 견뎌야 한다. 하나님의 일로 고통을 겪을 때 인내하는 것, 이것이 일상의 예배다. 그뿐만 아니라 고통을 겪을 때 다른 사람의 고통을 돌아볼 기회로 삼으며 그들을 위해 기도하고 돕는 일을 실천하려 노력하는 것, 이것이 일상의 예배다. 삶의 성화는 어떻게 고통을 받아들이느냐에 좌우한다.

"하나님은 창문으로 들여다보듯이 외부에서 고통을 바라보지 않고 내부에서 고통을 바라본다. 하나님은 사람들의 고통과 내적으로 연관되어 있다. 하나님은 고통스러운 상황 속으로 완전히 들어가서 그것을 자신의 것으로 만든다."
(테렌스. E. 프레타임, 『구약에 나타난 하나님의 고통』, 시들지않는소망, 2024, 233)

실패했을 때

"우리가 사방으로 우겨쌈을 당하여도 싸이지 아니하며
답답한 일을 당하여도 낙심하지 아니하며"
(고린도후서 4:8)

예배는 영으로 임재하신 하나님에 대해 전인격적으로 반응하는 신앙 행위다. 실패는 하나님의 부재 경험의 하나로 꼽히는 것이기에 부정적 감정에 사로잡혀 하나님께 적합하게 반응하기가 쉽지 않다. 실패의 상황에서 어떻게 반응해야 예배자로서 사는 걸까?

실패의 현실

경험에 비추어 볼 때 실패는 현실이다. 사업의 실패, 연애 혹은 결혼의 실패, 투자의 실패, 입시 실패, 취업과 승진을 위한 시험의 실패, 선택과 결정의 실패 등은 숱한 경쟁 관계에서 생존해야 하는 현대인이 흔히 겪는 일이다. 성공하는 자가 있다면 그 그늘에는 반드시 실패하는 자가 있는 법이다. 양극화가 첨예한 상황에서처럼 항상 성공하는 자가 있고 늘 실패하는 사람이 없진 않아도, 대개 우리가 사는 사회에서는 성공하기도 하고 실패하기도 한다. 승자독식의 경쟁 지향의 사회에선 누구도 피할 수 없다.

그리스도인이 하나님께 적합하게 반응하기 어렵게 하는 요인 중 강력한 것으로 실패는 순위에서 뒤지지 않는다. 고통은 실패자가 흔히 겪는 일이다. 특히나 경쟁자가 성공한 경우엔 더더욱 그렇다. 극심한 고통이 찾아오고 극도의 스트레스 상황에 놓인다. 실망은 물론이고 절망하기도 한다. 기도에 아무 응답이 없는 현실로 여겨지고, 하나님께 버림을 받은 것 같은 느낌이 엄습한다. 그토록 바라던 영광이 다른 이에게 가고, 사람들의 관심과 추앙에서 점점 멀어질 때-비록 모든 실패자에게 나타나는 건 아니지만-열등감, 수치감, 좌절감, 절망감 등의 복합 감정으로 괴로워한다. 어떤 이에게는 너무 충격적이어서 자살로 이어지거나 심각한 트라우마가 되기도 한다.

실패의 현실을 인정하고 받아들이기도 어려운 상황에서 어떻게 하나님을 인정하고 찬양할 수 있겠는가? 쉽지 않은 일이며 멘탈 붕괴를 유발하는 대표적인 원인이다. 오직 한 사람에게만 성공이 주어지는 경쟁 관계를 의식하며 살아야 하는 현대인에게 실패는 절대 끝은 아니다. 한편으로는 전혀 경험하고 싶어 하지 않은 것이면서도 다른 한편으로는 평범한 일이다. 그렇다면 실패의 상황에서 어떻게 반응하는 것이 하나님을 예배하는 일일까?

예배하지 못하는 진정한 이유는?

실패로 인해 하나님께 제대로 반응하며 살지 못하는 이유는 여러 가지다. 물론 사회구조적인 원인이 없지 않다. 그러나 그리스도인에게는 무엇보다 성공과 실패에 대한 잘못된 이해 때문이고, 또한 하나님에 대한 오해와 절제하지 못한 욕망 때문이다.

목표지향적인 삶

실패와 성공은 대개 목표지향적인 삶에서 발생한다. 목표에 도달했으면 성공한 것이고 그렇지 않으면 실패한 것이다. 만일 혼자 경주하는 일에서 목표에 이르지 못했다면 방법을 바꾸거나 이전보다 더 노력하면 된다. 만일 그래도 안 되면 그건 한계이기에 받아들일 수밖에 없다. 포기하거나 아니면 목표를 수정하면 된다. 만일 한계가 아니고 상황 때문이라면 꾸준히 노력하는 가운데 재기를 위한 기회가 오기를 인내를 갖고 기다리면 된다. 물론 상황의 변화가 더디게 일어날 수 있고, 만일 현대 사회의 부익부 빈익빈이 구조적으로 작용하는 상황이라면 기회의 때가 한참 지연할 수도 있다.

이처럼 실패에 직면해서 자기 한계를 깨닫고 포기하여 다른 목표를 세우거나, 몇 번의 실패에도 포기하지 않고 목표에 이를 때까지 꾸준히 노력하는 것, 그리고 실패에 부정적으로 반응하지 않고 적합하게 반응하는 이것이 실패를 경험한 그리스도인의 일상 예배다.

만일 하나님의 뜻을 내 꿈으로 삼았다면 실패는 단지 과정에 불과할 뿐이다. 왜냐면 이것 자체가 하나님이 다스리고 돌보신다는 신앙을 기반으로 하기 때문이다. 실패에 대한 그리스도인의 가장 적합한 반응은, 내가 바라는 방식이 아닌 다른 방식으로 하나님이 세상을 다스리신다는 사실을 인정하는 것이다. 내가 노력하고 기대하는 것만큼 얻을 것이라는 건 세상의 기준이고 하나님은 전혀 다른 기준을 가지고 계신다.

그런데 만일 경쟁에서 진 것이라면, 사정은 달라진다. 물론 경쟁에서 진 것 자체가 실패는 아니다. 경쟁은 목표에 이르는 과정일 뿐이기 때문이다. 문제는 경쟁에서 이기는 걸 유일한 목표로 삼을 때 발생한다. 이 경우 경쟁에서 지는 건 당연히 실패한 거다. 만일 경쟁에서 진 걸 실패로 받아들이면 혼자 경주해서 목표에 이르지 못한 때보다 훨씬 더 큰 스트레스를 받는다. 경쟁에서 실패는 단지 졌다는 사실보다 다른 요인이 복합적으로 작용하기 때문인데, 이것이 실패자를 더더욱 힘들게 한다. 다른 요인이란 내 안의 감정과 그리고 타인의 편견과 차별의 시선을 말한다. 결국 경쟁에서 이기는 걸 꿈으로 삼았기 때문인데, 이런 오해는 대체로 성취욕으로 표현되는 인정 욕구와 명예욕에서 비롯한다.

문제의 핵심은 실패에 있지 않다

하나님께 적합하게 반응하지 못하게 하는 요인으로서 실패에 대해 좀 더 살펴보자.

관심에서 배제: 첫째, 패배자를 힘들게 하는 건 사람들이 오직 승리자에게만 관심과 시선을 집중하는 것이다. 단지 부러움을 넘어 시기와 질투를 불러일으키는 요인이다. 다윗을 대하는 사울 왕에게서 볼 수 있다. 다윗에게 사람들의 관심과 주목이 집중된 사실로 인해 사울은 불쾌해졌다. 심지어 다윗을 죽이려고까지 했다. 다윗이 이미 자기에게 어떤 충성을 보였는지 잘 알고 있었던 사울에게 사실 다윗은 경쟁의 대상이 될 수 없었다. 그런데도 사울 왕은 처음 부름을 받은 때 보였던 겸손의 모습과 달리 시기와 질투에 사로잡혀 사람들의 인정과 관심을 목표로 삼았기에 백성의 관심을 한 몸에 받는 다윗을 경쟁의 대상으로 보았고, 백성이 다윗을 칭송하는 소리를 들었을 때 사울 왕은 다윗을 승자로, 자신을 패자로 인지함으로써 위기를 느끼게 되었다. 이런 잘못된 관계 설정에서 형성된 패배 의식은 심한 우울증을 낳았고 다윗에 대한 공격적인 태도로 바뀌었다.

설상가상으로 패배자에 대한 편견 가득한 시선도 한몫한다. 편견은 실제로 다른 사람을 비교하면서 이루어지는데, 심하면 차별로 이어진다. 한 집안의 형제자매를 차별적으로 대하는 부모가 흔히 저지르는 실수다. 형이나 누나나 언니나 동생만 못하다느니, 이웃집 누구만 못하다느니 하는 말은 패배자의 마음에 대못을 박는 일이다. 불난 집에 기름을 붓는 것과 같다. 상황이 이렇게 되면 패배자는 시기와 질투와 극도의 우울감과 자괴감에 빠진다. 패배 자체보다 패배자를 대하는 주변의 차별과 편견이 패배자를 더 깊은 수렁에 빠뜨릴 수 있다. 이것이 자살로 이어진 사례는 너무나도 많다.

부정적 감정: 둘째, 소위 패배감은 패배의 판정 자체보다는 그 사실로 인해 내 안에서 솟구치는 복합 감정이다. 실망, 절망, 슬픔, 분노, 시기와 질투, 무력감, 무능감, 우울, 불안, 상실감 등 온갖 부정적인 감정들로 뒤죽박죽이다. 술, 약물, 게임, 심지어 폭력과 섹스에 기대어 상황을 잊고 부정적 감정을 이겨내려 하지만, 이렇게 해서는 대체로 성공하지 못한다. 부정적 감정에 사로잡히면 마치 늪에 빠진 것과 다름이 없어서 움직일수록 점점 더 깊이 빠져들 뿐이다. 다시는 일어서기 어렵게 된다. 이것에 대처한다고 말초신경을 자극하는 각종 유흥에 손을 대면, 잠시 해갈의 느낌은 받을 수 있으나 공허함을 심화할 뿐이며, 여기서 한 걸음 더 나아가면 중독과 자살로 이어진다. 경쟁에서 실패 후 삶과 인격이 망가진 사람들은 대개 실패감의 복합 감정에 압도되었기 때문이다.

실패자 본인이나 그 주변에 있는 사람이 실패의 현실에 적합하게 반응하지 못해 하나님을 예배하지 못하면 어떤 결과로 이어지는지를 엿볼 수 있는 사례는 셀 수 없이 많다. 사실 실패가 현실이 될 때 그에 적합하게 반응하며 예배하는 건 어렵다. 패배의 현실을 인정하고 사람들의 편견에 당당하게 맞서고 또한 패배감을 극복하면서 재기의 기회를 준비하는 건 쉬운 일이 아니다. 그러나 이를 위해 노력하는 건 모든 일을 주관하시는 하나님에게 반응하려는 것으로 그리스도인에게는 예배다.

실패에도 예배할 수 있기 위해선

그렇다면 실패의 현실에서 어떻게 하는 것이 하나님께 적합하게 반응하는 건가?

소명지향적인 삶: 무엇보다 먼저는 삶이 목표지향적이 아니라 소명지향적이어야 한다. 고 옥한흠 목사는 사명으로 사는 자는 지치지 않는다고 말했다. 왜냐하면 사명으로 사는 자는 하나님의 영광을 목적으로 삼기 때문이다. 투철한 소명 의식을 갖고 성령의 인도함을 받아 산다. 목적을 향해 가는 길에서 넘어질 수 있고, 잠시 멈출 수 있고, 때로는 그 기간이 기약 없이 길어질 수도 있고, 다른 길을 갈 수도 있다. 심지어 도중에 죽음을 맞을 수 있다. 그러나 그렇다고 실패했다고 말하지 않는다. 왜냐면 소명을 완수하기까지 하나님의 보호를 받으며 또한 이 모든 게 하나님의 뜻과 섭리 가운데 일어나는 일이기 때문이다(빌 3:12~16). 소명으로 사는 이에게 실패는 없다. 실패는 하나님의 소명이 아니라 자기 비전을 따라 사는 사람에게 있는 일이다. 어떤 상황이든 소명으로 사는 이는 하나님의 돌보심을 받는다.

공동체의 과제: 둘째, 어떤 상황이든 소명으로 사는 자는 자신을 실패자로 여기지 않지만, 주변인 역시 그렇게 보아서는 안 된다. 경쟁 사회에 익숙해져 있어서 아직 제대로 된 직장이 없는 사람이나 입시에 합격하지 못한 사람이나 승진하지 못하는 사람 혹은 치료가 어려운 병에 걸린 사람을 보거나 불행한 일을 겪는 사람을 보고 실패로 간주하는 이들이 많다. 이건 세상을 다스리시고 당신의 백성을 돌보시는 하나님에게 적합하게 반응하는 게 아니다. 하나님을 예배하는 삶이 아니다. 오히려 실패한 듯이 보이는 사람이

주 안에서 자기 소명을 찾아 잘 감당할 수 있도록 고무하고 돕는 것이 예배하는 삶이다. 도우시는 하나님이 자기를 통해 일하시도록 순종하는 일이기에 그렇다. 아무 도움도 주지 않으면서 실패로 간주하는 건 한 영혼을 시험에 빠뜨리는 일이며 하나님의 뜻을 가로막는 일이다. 베드로가 예수님의 죽음을 가로막으려 했을 때 무엇이라 했는지 기억해야 할 것이다.

실패에도 사명을 포기하지 않는 것: 셋째, 사실 주 안에서는 실패라는 게 없지만, 그런데도 실패라고 생각된다면, 그건 실수이며 미숙함이다. 그리스도를 믿는 이에게 이건 하나님께 내려놓아야 할 것들이고 또한 개발해야 할 것들이다. 하나님은 우리를 실패에 놓아두지 않으신다. 우리가 실패에 연연해하지 않고 오히려 실패를 하나님에게 맡기면 우리는 하나님 안에서 세움을 받는다. 그 모양이 어떠하든 실패 후의 삶을 하나님께 맡기면서 사명을 포기하지 않는 것 이것이 일상 예배이다. 사명을 포기하지 않는 삶은 하나님을 인정하고 찬양하는 일이기 때문이다.

엄밀히 말해서 예수님의 삶도 실패의 연속이었다. 물론 백성의 환호를 받고 수많은 군중을 몰고 다니셨기에 실패가 아니라고 말할 수 있다. 그러나 예수님의 목표는 명예나 자기 영광이 아니었기에 예수님에게 그런 것들은 성공의 지표가 아니었다. 오히려 예수님의 가르침은 배척받기 일쑤였고, 무엇을 하든 비난을 받았으며, 제자들로부터 오해를 받으셨다. 심지어 제자의 배신으로 붙잡혔고, 마침내 제자들도 모두 떠난 상태에서 홀로 십자가 죽음을 맞이하셔야 했다. 하나님 나라의 왕으로 오신 분이라고 볼 수 없는 참혹한 모습이었다. 그의 죽음만을 놓고 본다면 예수는 철저한 실패자였다.

그러나 예수님은 소명지향적인 삶을 끝까지 살아내셨다. 관건은 이런 상황에서도 실망하지 않고 포기하지 않았으며 하나님에 대한 신뢰를 결단코 잃지 않은 것이다. 그분은 하나님이 보내신 목적에 초지일관 순종함으로 모든 과업을 다 이루셨다.

사탄은 실패를 이용한다

우리의 예배를 방해하는 사탄은 우리가 실패감에 빠져 그 안에서 우울해하고 좌절하게 하며, 이것으로 우리가 하나님을 예배하지 못하게 방해한다. 사탄의 계략을 안다면 실패했다는 느낌을 강하게 주는 상황에 놓인 사람은 특히 자신의 감정을 통제할 수 있어야 한다. 하나님 안에서 정체성을 회복하고, 자기와 다른 사람과 비교하는 것을 삼가야 한다. 목표가 아니라 소명을 지향하는 삶으로 바꾸어야 한다. 하나님께 소망을 두어야 한다. 이런 것들을 개인의 덕목으로만 평가하지 말아야 하는데, 왜냐면 이것 자체가 실패의 상황에서 하나님께 반응하는 일이며 예배하는 자의 모습이기 때문이다.

주변에 실패했다고 생각하는 사람이 있다면, 그 사람 앞에서 성공담을 늘어놓기 전에 먼저 위로하고 도울 방법을 찾아 일어설 힘을 북돋아야 한다. 이것이 함께 예배하는 자의 태도다. 이 일이 우선이고 그 후에는 실패가 기회일 수 있다는 사실을 확인시켜 주어야 한다. 아무 위로도 도움도 없이 또 다른 기회를 기다리라고 말하는 건 공허할 뿐이고, 오히려 무거운 짐을 지우는 일이다.

마음의 상처를 받았을 때

"이 후로는 누구든지 나를 괴롭게 말라
내가 내 몸에 예수의 흔적을 가졌노라"
(갈라디아서 6:17)

예배는 영으로 임재하신 하나님에게, 그분의 행위와 뜻과 말씀에 전인격적으로 반응하는 신앙 행위다. 그렇다면 마음의 상처를 받았을 때, 어떻게 반응해야 예배자로서 사는 것인가?

상처

질병은 심신의 전체 혹은 일부가 장애를 일으켜서 정상적인 기능을 할 수 없는 상태를 가리킨다. 이에 비해 상처는 눈에 띌 정도로 피부가 손상된 상태를 가리킨다. 절상, 화상, 찰과상, 자상, 열상, 욕창, 타박상 등 다양한 형태가 있다. 이처럼 겉으로 드러나는 상처가 있지만 눈에 보이지 않는 내부 장기 손상도 있다. 흔히 외상과 내상을 말하는데, 후자의 경우는 시간과 함께 증상으로 드러나지만, 대개 전문 의료기기를 통해 검사하거나 진행 상황을 시간을 두고 지켜보아야 한다.

질병은 기능이 정상화되도록 치료해야 하고, 상처는 감염되지 않도록 치료한다. 소독하고 치료하여 상처가 덧나지 않도록 조치한다. 상처를 통해 감염되면 처음보다 더 큰 의료적 문제가 생길 수 있기 때문이다. 특히 눈에 보이지 않는 상처는 더 위험하다. 보이지 않을 뿐만 아니라 자각 증상이 없을 수도 있어서 의료기 검사를 통해서만 발견할 수 있는데, 만일 발견이 늦으면 돌이키기 어려운 국면을 맞을 수도 있다. 상처는 한편으로는 아픔을 주지만 다른 한편으로는 각성하게 하여 자신을 돌아보게 하며, 타인의 돌봄을 받아 건강한 삶을 위한 계기가 된다.

마음의 상처

마음의 상처란 말은 의료적 의미의 상처에 대한 은유이다. 감정이 심하게 상한 상태를 말한다. 몸의 상처와 같이 마음의 상처 역시 외부적으로 드러나는 게 있고 그렇지 않은 것이 있다. 마음의 상처를 자주 호소하는 사람은 내적으로 성숙하지 못했거나, 어린 시절의 학대나 가정폭력과 성폭력 등으로 인해 트라우마가 있는 경우가 많다. 이런 사람들은 약간의 자극만으로도 쉽게 상처를 입을 수 있다.

그러나 상처에 대한 감성은 사람마다 다르기에 상처를 유발하는 일의 강도를 특정할 수는 없다. 작은 일에도 상처를 받는 사람이 있는가 하면 큰일임에도 아무런 동요를 보이지 않는 사람이 있기 때문이다. 상처의 문제에서 관건은 그런 정도의 일로 상처를 받는다고 힐난할 수 없고, 또 그 정도 큰일을 겪었는데도 아무렇지 않다고 해서 의아하게 여길 이유가 없다.

마음에 상처를 입을 때 흔히 마음이 아프다, 마음에 생채기가 났다고 말한다. 마음이 아프면 힘과 의욕이 없고, 우울감에 젖고, 극심한 외로움과 고독감과 소외감을 느끼고, 까닭 없이 신경질을 부리거나 짜증을 내고, 매사에 비관적으로 생각하고 쉽게 좌절하고 절망한다. 심하면 자해한다. 거식으로 영양공급을 중단해 생명이 위태로워지고 혹은 폭식으로 거대비만이 되어 각종 고위험성 질병의 희생자가 되기도 한다.

마음에 입는 상처의 원인은 다양하다. 첫째, 트라우마 같은 상처는 전쟁, 자연재해, 억압, 납치, 각종 폭력 등으로 형성된다. 둘째, 외연이 넓어져 스트레스성 심리 장애도 트라우마에 포함한다. 셋째, 마음의 상처는 대개 대인관계에서 비롯한다. 말과 폭력적 행동에 의한 피해가 대부분이나 특히 가시 돋친 말과 남을 배려하지 않는 말 그리고 강압적인 행동으로 인한 것들도 가볍게 볼 일이 아니다. 여기에는 특정하기 쉽지 않은 원인이 작용한다. 사람과 사람 사이에서 기본 신뢰가 무너지고 안전감에 대한 요구가 거절되었을 때 혹은 강압적인 방식으로 특정 행동을 해야 했을 때 등이다.

상처에 적절한 대처를 하지 않으면 강박증, 우울증, 분노조절 장애, 스트레스 장애 등 심리 정신 질환으로 진행된다. 특히 상처의 원인이 특정인과 관련되어 있으면 분노하고 원망하며 심하면 보복으로 표현된다.

인생의 나이테

현대인은 서로 얽혀있는 수많은 관계 속에서 상처를 주고받으며 살아간다. 그 모양새를 보면 정말이지 진흙탕에서 살고 있는 것 같다. 먼지에 불과한 존재이니 당연하다 싶지만 노력하면 얼마든지 피할 수 있다.

마음에 입는 상처의 특징은 나 혼자선 치유할 수 없고 깨끗할 수 없다는 거다. 불가능하진 않아도 쉽지는 않다. 예컨대 자녀의 상처는 친구 관계와 형제자매 관계는 물론이고 부모와의 관계에서 치유되어야 한다. 이런 점에서 상처의 치유는 피해자 자신만을 치유하는 것으로는 안 되고 공동체적일 때 참 효과를 볼 수 있다.

그러나 공동체 치유 역시 그 나름대로 어려움이 있기에 우선은 개인 치유만이라도 최선을 다하는 게 좋다. 상처는 하나님을 예배하지 못하게 방해하는 사탄의 도구가 될 수 있기 때문이다. 건강한 사람의 상처는 감염을 조심하기만 하면 어느 정도 스스로 치료가 되지만, 그렇지 못한 경우 상처는 방치해선 안 되고 덧나기 전에 반드시 치유돼야 한다. 하나님은 우리의 영과 혼과 몸의 온전함을 원하신다.

> "평강의 하나님이 친히 너희를 온전히 거룩하게 하시고 또 너희의 온 영과 혼과 몸이 우리 주 예수 그리스도께서 강림하실 때에 흠 없게 보전되기를 원하노라 너희를 부르시는 이는 미쁘시니 그가 또한 이루시리라"(살전 5:23~24).

언젠가 특별한 나이테에 관해 들은 적이 있다. 캐나다에 있는 삼나무 나이테에 관한 것이다. 이 나무의 나이테는 가물었을 때의 모양과 번개가 내리쳤을 때의 모양 그리고 정상적으로 성장했을 때의 모양이 각각 다르다고 한다.

이와 마찬가지로 인생의 나이테는 나무의 성장 이력처럼, 우리 마음 깊은 곳에 남아있다. 겉으로 보이지 않는다고 해서 없는 게 아니다. 대개는 무의식으로 있어 드러나 있지 않지만, 언제라도 자극을 받으면 격한 감정으로 돌출할 수 있다.

마음의 상처는 치유되지 않으면 언제 어디서 폭발할지 모르는 뇌관이 된다. 과거에 입은 상처보다 더욱 큰 부정적인 결과로 이어지는 경우가 허다하다. 특히 어릴 때 입은 상처는 무의식 상태로 있어서 겉으로 드러나지 않는다. 대개는 치명적인 결과로 나타날 때 비로소 그 상처가 얼마나 깊었는지 알게 된다. 그러므로 상처를 주지 않고 또 상처를 입지 않는 게 가장 바람직하지만, 살면서 그런 경우는 불가능하다.

세상에 상처 없는 사람은 없다. 성장 과정에서 누구에게나 적어도 한 번 정도는 일어나는 일이다. 가능하면 상처받지 않는 사람이 되려는 노력이 필요하고, 만일 상처를 피할 수 없다면, 상처는 어떻게 해서든 치유되어야 하고, 설령 아무 상처가 없다고 여겨지는 사람도 깊숙이 숨겨진 것이 있는지 평소에 자기 마음을 돌보는 자세가 필요하다. 자기 마음을 돌보는 건 물론이고 자기 마음 상태를 객관적으로 볼 능력을 길러야 한다.

마음의 상처가 문제인 이유

상처는 그리스도인에게 무거운 짐이 된다. 상처로 인해 왜곡된 마음과 시선으로 세상을 보게 되어, 하나님을 예배하는 마음이 사라질 수 있다. 상처의 고통과 상처의 원인에 집중하느라 하나님의 말씀이 잘 들리지 않는다. 아니 상처로 인해 들을 마음 자체가 사라진다. 속으로는 미움과 원망이 끓어올라도 겉으로는 전혀 그렇지 않은 척하며 겉과 속이 전혀 다른 행동을 하고도 그 심각성을 인지하지 못한다. 이런 상처는 설교를 통해 은혜를 받는다고 해서 쉽게 낫지 않는다. 좀 더 오랜 시간이 걸리는 문제다.

경험적으로 볼 때 교회의 일반 목회 사역으로 쉽게 고쳐지지 않는 영역이라서 특별한 관심과 접근 그리고 지속적인 교육과 치료를 위한 돌봄이 필요하다. 아무리 오랫동안 신앙생활을 했어도 사람이 변하지 않는 이유는 대개 무의식에 갇혀 있는 상처 때문이다. 상처가 치유되지 않는 한 건강한 신앙생활이 어렵다.

상처를 안고 지내는 사람은, 설령 하나님과 사람에게 정상적인 반응을 보인다 해도 비뚤어진 경우가 많다. 비사회적이고 반사회적인 말과 행동에 대한 인지 능력이 현저히 떨어진다. 그러니 가정을 돌보지 않고 직장을 포기하며 오로지 교회와 기도원 출입에만 온 힘을 기울인다. 교회에선 다소 지나치다 싶은 정도로 큰 소리로 기도하고 찬송을 부른다. 인격의 정상성을 상실한 결과 대인 관계가 원만하지 않다. 교회 모임에서 다툼과 갈등이 잦다. 설령 원만한 것 같이 보여도 그 관계는 극히 제한된 사람에게만 해당한다. 상처로 인해 정상적인 인간 및 사회관계가 힘들고 교회에서도 문제가된다. 상처 입은 감정에 매여 의사결정 과정을 왜곡하거나 방해하여 교회를위기로 몰아가기도 한다. 교회에서와 교회 밖의 삶이 전혀 다른 이중적인삶을 살아도 아무 문제의식을 느끼지 못한다. 무의식에 잠재해 있는 상처에 압도되어-대체로 부정적인 감정에 사로잡혀-인지와 판단 능력이 흐려졌기 때문이다.

트라우마가 스티그마(성흔)로

우리의 관건은 마음에 입은 상처에도 불구하고 어떻게 하나님과 사람에게 적합하게 반응할 수 있는지에 있다.

상처 입은 치유자냐, 트라우마를 가진 피해자냐: 상처는 어떻게 대하느냐에 따라 다른 사람의 상처를 치유할 수 있는 원동력이 될 수 있고, 영광의흔적이 될 수 있으며, 또한 상처 입은 자로서 평생 후유증을 안고 살아가는이유가 될 수 있다.

상처는 원인에 따라 다르지만 아프다는 건 공통이다. 그 아픔으로 인해나타나는 증상은 원인에 따라 또 사람에 따라 다르다. 자각하지 못하고 있다가 갑자기 상처의 심각성을 깨닫는 경우가 흔하다. 있을 때 잘하라는 말이 있듯이, 있을 때는 전혀 모르고 또 인정하지 않고 지내다가 없거나 사라질 때 비로소 그 가치를 깨닫는 경우와 같다. 상처가 아닌데도 상처로 받아들이는 건 심약하든가 인지 과정에 문제가 있는 것이다. 마음을 담대하게 하고 또 올바른 인지 활동이 이루어지도록 상담 내지는 치료를 받아야 한다.

굳이 상처 입을 필요가 없는 일인데도 상처를 받는다면 이는 처음부터 다른 문제에서 기인한 것이든가 아니면 사건과 상황에 대한 바른 인지를 돕는 치료를 통해 치유 받을 수 있다. 예컨대 스승은 제자의 실력을 평가한다. 당연한 일이다. 이건 학생을 독려하기 위함이지 인격을 무시하는 건 아니다. 대학 입시에서 원하는 성적을 얻지 못한 건 내 실력에 대한 평가일 뿐이다. 항상 그런 건 아니지만 그래도 마음에 큰 상처가 되는 건 사실이다. 회사원은 인사이동이나 연봉의 차이에서 상처받는다. 그것이 자기 인격에 대한 평가로 주어지는 대가가 아니라는 건 잘 알아도 그것 때문에 큰 상처를 입는다. 부모의 갈등은 자녀의 잘못 때문이 아니다. 그런데 자녀들은 부모의 갈등이 자기 때문이라고 생각한다. 설령 부모의 갈등이 자녀 양육에 관한 의견 차이 때문에 비롯한 것이라도 이건 부모 자신의 문제이지 결코 자녀의 문제는 아니다. 게임에 참여하는 자는 패배를 통해 상처를 입는다. 이것 역시 더욱 분발하라는 의미일 뿐이다. 사업하는 자에게 실패는 경영을 비판적으로 성찰할 기회일 뿐이다. 물론 권모술수로 남보다 우위를 차지하는 사례가 없지 않기에 항상 그런 것은 아니라도 대체로 그렇다. 선의의 경쟁 관계에서 발생하는 상처는 사실 그것을 상처로 느끼는 것 자체가 문제다.

상처받을 일이 아니라도 이 일이 상처가 되었을 때 이에 대한 적합한 반응은 일단 인정하고 받아들이는 거다. 오히려 지금보다 더 나아지는 기회로 삼는 것이 관건이다. 이것이 상처와 관련해서 하나님을 예배하는 일이다. 상처에 부정적으로 반응하지 않고 상처로 인해 하나님께 나아가는 기회로 삼는 것이기 때문이다. 시편 기자의 고백처럼 고난을 유익으로 받아들여 오히려 감사할 수 있다(시 119:71).

문제는 잘못된 인지: 굳이 상처받을 일이 아닌데도 상처를 받는 건 사안을 잘못 인지했기 때문이고 잘못된 반응이 습관으로 굳어졌기 때문이다. 곧 사안을 오해했기 때문이고 감정 통제를 잘 못했기 때문이다. 실패와 좌절과

낙방과 승진 누락 같은 일이 사람의 마음을 움츠리게 하는 건 사실이다. 그러나 이것에 감정으로 반응하는 건 문제다. 감정적으로 반응하지 않아야 하지만, 설령 감정이 일어난다 해도 사태를 바르게 인지함으로 통제해야 한다. 이런 것들에 감정적으로 반응하지 않으려 하고, 설령 일어나는 감정을 피할 수 없는 상황에서는 감정을 통제하는 노력 자체가 예배다.

상실로 인한 상처: 한편, 이것들과 양상이 다른 관계에서 받는 상처가 있다. 상실로 인해 받는 상처다. 결혼 전 남녀의 만남에서 이별하는 건 충분히 있을 수 있는 일이다. 그러나 이별과 함께 오는 상처는 의외로 깊다. 만남의 연수가 길면 길수록 그렇다. 그건 상실의 아픔이다. 누군가의 이별 통보로 상처를 입지만 그렇다고 이별을 통보하는 사람을 상처를 준 사람으로 정형화해서는 안 된다. 이별 통보 역시 상대에게 상처를 입은 상태에서 이루어질 수 있기 때문이다. 연인의 이별 통보는 어느 정도는 자기 보호를 위한 방어기제이다. 따라서 자기를 보호하기 위한 것으로 받아들이고 상대를 배려하는 마음으로 받아들이는 것이 바람직하다. 다른 사람이 생겼다며 이별을 통보할 때 자신을 버렸다거나 배신했다고 생각할 소지가 크다. 그 상처는 말로 다 표현할 수 없다. 무시당한 것 같고, 인격이 낮게 평가되는 것 같고, 상대와 비교해 평가 절하된 것 같고, 심지어 배신당한 느낌을 심하게 받는다. 죽음으로 인한 상실이 아니라도 이별로 인한 상실은 거의 같은 수준의 고통을 가져온다. 그러나 비록 상처가 깊고 오래가도 이별의 현실을 받아들이는 게 바람직하다. 그래야 감정회복력이 빠르다. 이별을 받아들이지 못해 집착하거나 스토커가 되는 건 옳지 않다. 슬픈 현실을 인정하고 받아들이며 하나님의 위로를 기다리는 것 이것이 일상 예배자로서의 모습이다.

폭력에 의한 상처: 때로는 상대의 공격이나 배려하지 않는 말과 행동 때문에 상처를 받기도 한다. 심한 욕설이나 가시 돋친 말이나 무심코 던진 말이지만 듣는 자에게 큰 고통이 되거나 과거의 아픔을 건드려 긁어 부스럼 만드는 말을 가리킨다. 이런 말을 듣는 사람은 아픔을 느끼는 건 물론이고, 만일 그 말을 문제 삼고 사과를 받아낼 마음이 들지 않으면, 그 말을 한 사람을 미워하고 자연스럽게 거리감을 두게 되어 나중에는 존재 자체를 의식하지 않으려 한다. 이건 그리스도인에게 바람직하다 볼 수 없다. 성경은 악을 악으로 갚지 말고 오히려 선으로 악을 이기라고 말하고 또 할 수만 있다면 서로 화목하라 권고하기 때문이다. 따라서 상처를 준 자에게 거리를 두는 것만이 상책은 아니다. 오히려 시간을 두고 만남의 기회를 가져 상처가 되었던 말을 되새겨 줌으로써 사과할 기회를 주는 게 좋다.

"지난번에 네가 했던 말로 상처를 받아 그동안 내가 말도 못하게 고통스러웠다. 이제는 마음이 정리되어 너와 나의 관계가 좋게 계속되기를 원한다. 그 전에 네가 이점에 대해 사과했으면 좋겠다. 설령 네가 사과하지 않는다 해도 난 더 이상 너를 미워하지 않아. 그러나 네가 사과하면 더 좋은 관계로 발전할 수 있을 것 같다."

이렇게 말했는데도 정작 상대는 사과할 의도가 전혀 없을 수 있다. 그러함에도 불구하고 더는 그 말이 내 안에서 상처로 남지 않게 털어버려야 한다. 다시 말해서 그 사람을 미워하기보다는 가능한 한 자기 말과 행위가 끼친 부정적 영향력을 깨달아 돌이킬 때까지 기도하며 기다려 주는 것이 적합한 반응이다. 이것이 일상에서의 예배이다.

고난의 상처: 하나님의 부르심을 받고 일하다 얻는 상처들이 있다. 오해와 비난과 조롱과 가난과 질병 등 그 양상이 매우 다양하다. 건강한 신앙인은 이런 일로 상처를 받지 않으나 연약한 자는 오해받은 일로 상처를 받는다. 곤궁한 삶으로 말미암아 상처를 받는다. 실패자로 여겨지거나 다른 사람들에 비해 훨씬 못한 삶을 살아 상대적으로 박탈감을 느끼거나 가난한 삶으로 몸을 제대로 관리하지 못해 얻은 질병 같은 것이다. 현대 사회에서 드물긴 해도 핍박과 박해로 인해 몸에 상처를 입기도 한다. 몸의 상처는 아니라도 스트레스로 질병에 시달릴 수 있다. 이때 상처는 예수 그리스도의 흔적이 된다. 상처(trauma)가 그리스도의 상흔 곧 스티그마(Stigma)가 되는 것이다. 고난의 삶 자체가 예배다.

억울한 일을 당할 때

"너는 그가 내게 행함같이 나도 그에게 행하여
그가 행한 대로 그 사람에게 갚겠다 말하지 말지니라"
(잠언 24:29)

예배는 영으로 임재하신 하나님에 대해 전인격적으로 반응하는 신앙 행위다. 억울한 일을 당했을 때 어떻게 반응해야 예배자로서 사는 걸까?

억울함은 상처의 주원인 가운데 하나다. 당연히 상처에 포함할 수 있는 주제이지만, 그리스도인 중에는 유독 억울한 일 때문에 예배하지 못하는 일이 많아 이 주제를 별도로 다룬다.

누적된 억울함

최근 들어 사적 제재를 다룬 드라마들이 많이 제작되었다. 〈모범택시〉, 〈더 글로리〉, 〈약한 영웅〉, 〈비질란테〉 등이 그 예다. 이 드라마들은 법적 해결책보다는 사적 제재를 통해 억울함을 해소하려는 내용을 담고 있다. 이 드라마들이 인기를 끈 것은 많은 국민이 억울함을 느끼고 있다는 증거다. 유전무죄 무전유죄의 현실을 폭로하면서 대리만족을 제공하지만, 억울함이 실제로 해결되는 건 아니다. 그런데도 법적 해결을 자극하고 사회적 양심을 일깨우는 긍정적 영향이 없지 않다.

억울한 일을 제대로 해소하지 못하면 화병에 노출되고, 신경증 같은 각종 신체 이상 증상을 겪기도 하고, 심하면 자살로 이어진다. 특히 여성에게서 화병이 많이 나타나는 것은 그만큼 우리 사회에서 여성의 활동과 표현이 많이 제한되어 있기 때문이다.

억울함이란?

억울함은 부당함의 원인을 외부에서 찾을 때 일어나는 감정이다. 공정하지 못한 대우를 받았다고 느낄 때 생긴다. 기대와 전혀 다른 결과에 불만을 품었을 때도 생긴다. 때로는 승리에 과도하게 집착하여 공정한 경쟁에서 패배해도 (불필요하게?) 억울한 감정에 사로잡힌다. 그런데 공정하지 못해 억울하다고 말하는 건 실제 그럴 수 있지만, 대개 나의 기준에서 볼 때 그렇다. 다른 사람의 기준에서 볼 때는 그렇지 않은 것인데도 본인만 억울하다고 느낄 수 있다.

억울함은 실패와 패배의 원인을 타인에게 돌릴 때 흔히 발생한다. 이는 주로 경쟁 관계나 갑을 관계에서 일어난다. 직장에서 부당하게 책임을 떠안거나 저임금에 시달리는 경우, 성별에 따른 임금 차별 등에서 억울함을 느낀다. 직장 관련 질병에 시달리면서도 산업재해로 인정받지 못하거나, 직장에서 같은 일을 하는데도 여성이라는 이유로 급여가 낮게 책정되는 경우 역시 억울함의 원인이다. 가정에서도 맞벌이 부부임에도 여성이 대부분의 가사를 책임져야 하는 상황에서 억울함이 발생한다. 물론 반대의 경우도 없지 않다. 직장에서나 가정에서 남성들 역시 같은 이유로 억울함을 호소한다.

사회적으로 억울함은 불평등과 불의에서 발생하며, 이는 정의와 평등을 위한 노력을 통해, 특히 약자들의 연대를 통해 극복할 수 있다. 대개 사회 지도층 인물의 경우, 공감 능력이 형성될 때 타인의 억울함에 대해 책임감을 느낀다. 이점을 고려하여 지도자를 양성하고 또 이런 덕목을 갖춘 자를 지도자로 선택해야 할 것이다.

이에 비해 개인적 억울함은 자기가 평가 절하되거나 자기 행위와 수고가 정당한 인정과 대가를 받지 못했다고 여길 때 발생한다. 이런 억울함은 대체로 남과 비교하는 상황에서 일어나지만 주로 자기중심적인 사고에 뿌리를 둔다. 그러니까 개인적 억울함은 내가 남보다 더 못한 대우를 받을 사람이 아니라는 생각에 뿌리를 둔다. 실제로 그럴 수 있고 그렇지 않고 오직 자기 느낌이나 생각에 불과한 것일 수도 있다. 따라서 억울함을 느낄 때는 자기 가치 판단의 기준을 비판적으로 돌아보는 것이 중요하다.

사람이 억울함을 느낄 때는 대개 그 억울함에 압도하여 사람과 하나님에게 적합하게 반응하지 못한다. 오히려 분노하거나 치솟는 화를 삭이기 위해 술을 마시든가 약물을 복용하든가 일탈 행위를 할 가능성이 크다. 이런 상황에서 일상의 예배를 기대하는 건 무리이다.

진짜 억울함: 사실 진짜 억울함이 있다. 살인과 폭력의 피해자로서 억울하게 죽은 사람들, 행정 기관의 실수로 불이익을 받고도 아무런 보상을 받지 못해 억울함을 호소하는 사람들, 그리고 공정하지 못한 판결로 인해 억울한 일을 겪은 사람들 등이다. 찰떡같이 믿었던 사람에게 속아서 억울한 일을 겪기도 한다. 억울한 자를 외면하거나 혹은 아무런 대책도 없이 방치하는 것도 사회적으로 억울함을 유발한다. 지도자의 잘못으로 사망에 이른 사건에서 아무도 책임지는 이가 없을 때도 그렇다. 국가 폭력의 피해자 본

인이나 폭력에 의해 죽임을 당한 사람의 유족이 겪는 억울함이 있다. 성경에도 하나님 앞에서 억울함을 호소하는 일이 많다. 악인은 부당한 일을 행하고, 의인은 억울함을 겪는다.

이런 사람들에게는 이유를 따지기 전에 공감과 위로가 필요하다. 그러나 위로가 모든 걸 해결해 주는 건 아니다. 그들과 함께 있어 주어야 하지만, 같은 일이 다시는 발생하지 않도록 조치를 마련하는 일에서 연대하는 것이 중요하다. 이들과의 연대는 억울함을 합리적으로 해결하도록 돕는 길이다.

억울함은 감정: 억울함은 감정이다. 깊이 느끼고 특정 행동을 유발하는 동력이다. 감정에 휘둘려 복수를 시도하는 것은 옳지 않다. 쉬운 일은 아니지만, 시편 기자는 스스로 억울함을 풀려 하기보다 하나님이 억울함을 풀어 주실 것을 기대한다. 원수 갚는 일은 하나님께 속한 것이기 때문이다.

억울함과 예배

억울한 마음이 가득한 상황에서도 우리는 어떻게 하나님을 예배할 수 있을까? 억울함을 극복하고 정의를 바로 세우려는 노력도 중요하지만, 이것은 반쪽만 옳은 일이다. 이것에 전적으로 의존하는 건 이해관계가 지배하는 조직 사회에서 올바른 해결책이 못 된다. 왜냐하면 현실적으로는 갈등과 원망을 초래할 수 있기 때문이다. 억울함을 해결하려다 공연히 다른 악을 만나는 부조리한 상황을 만난다. 쓰레기를 피하려다 똥을 밟는 격이다. 그렇다고 가만히 있어야 하는가?

앞서 억울함은 자기중심적 사고에 뿌리를 둔다고 했다. 따라서 억울한 마음이 들 때는 자기중심적 사고를 비판적으로 돌아봐야 한다. 자기 가치 판단의 기준에는 문제가 없는지. 사안을 상대의 관점에서도 충분히 검토한 것인지, 반대편에서 볼 때 어떻게 느껴질 것인지, 억울하다고 생각하기 전에 먼저 살펴보아야 한다. 또한 하나님의 기준에서 볼 때도 여전히 억울한지를 생각해 보아야 한다.

억울한 상황에서 감정을 조절하면 자신을 비판적으로 점검하고, 타인의 시선에서 자신을 돌아볼 수 있다. 진짜 억울한 일이어도 하나님을 신뢰하며 다르게 반응할 수 있다. 심지어 사람의 생각과 기준을 넘어서는 하나님의 생각과 기준에 관해 생각할 수 있다. 억울함을 갚으시는 이는 오직 하나님임을 인정하고 신뢰하며 기대하는 것이 일상의 예배다.

돈

예배는 영으로 임재하신 하나님에 대해 전인격적으로 반응하는 신앙 행위다. 전도자는 돈은 우리를 보호해 주며(전 7:12) 범사에 이용된다고 말했다(전 10:19). 그런데 사도 바울은 돈을 사랑함이 일만 악의 뿌리라고 말했다(딤전 6:10). 현대인에게 삶의 능력으로 여겨지는 돈에 관한 사안에서 어떻게 반응해야 예배자로서 사는 걸까?

돈의 위력과 위상

자본주의의 동력: 누구의 말인지 기억나지 않으나 '돈 있는 사람은 순풍을 타고 항해하는 것과 같다.'라는 말이 있다. 자본주의 사회에서 돈의 위력과 위상을 잘 말해주는 표현이다. 돈은 자본주의 사회의 동력이다. 돈 자체가 아니라 돈이 제대로 순환되는 것이 그렇다는 말이다. 돈은 가치이며 힘이며 능력이다. 돈으로 모든 게 해결되는 건 아니지만 대체로 그렇다. 여기에 만일 '진정한'이란 형용사를 붙이면 사정이 달라지겠으나, 일단 돈으로

해결되지 않을 일은 아예 시도조차 하지 않을 것이라는 점을 생각한다면, 사실 돈으로 많은 게 해결된다는 건 부정할 수 없다. 돈으로 진정한 사랑을 얻을 수는 없지만, 돈 없이 진정한 사랑을 얻는 일 역시 쉽지는 않다. 그렇게 생각하는 이가 의외로 많다. 돈으로 누리고 싶은 것을 누릴 수 있고, 하고 싶은 걸 할 수 있다. 심지어 의료기술의 범위 내에서 모든 병을 치료할 수 있다. 돈으로 해결하지 못하는 것은 병의 원인과 치료 기제를 발견하지 못했기 때문이지 돈의 부족 때문이 아니다.

능력: 돈이 모든 걸 해결한다고 믿는 현대인에게 돈은 단순한 교환 가치 이상이다. 돈은 마음먹은 걸 실행에 옮길 수 있게 하며, 돈이 있는 곳에는 사방팔방으로 길이 열린다. 중세 교회는 면죄부를 판매하면서 돈에 신학적인 가치를 부여했다. 돈은 상상을 현실로 바꾸고, 계획을 실행하게 한다. 돈이 없으면 행동이 극도로 제한된다. 돈이 없는 사람이 무엇을 할 수 있기 위해선 은행 대출이나 지인의 도움을 받아 수중에 돈이 있어야 한다. 돈이 없으면 불편한 삶을 각오해야 하며, 때로는 무력함에 빠지고 무능하다는 비난을 받는다. 돈이 없다고 해서 가오(품위)마저 없는 건 아니라는 말은 힘이 아예 없는 사람이 할 건 아니다. 돈이 없으면 용기나 힘이라도 있어야 한다. 이런 점에서 돈은 사람됨의 품위를 유지하는 능력이다. 비록 돈에 국한한 경우는 아니지만, 욥의 아내는 모든 걸(자녀들과 재물) 잃은 후 남편 욥을 향해 차라리 하나님을 욕하고 죽으라고 말했다. 돈이 없는 건 인간을 가장 치욕적인 상태로 이끈다.

힘: 돈은 힘으로 작용한다. 돈에 가치가 부여되고 돈에 대한 비중이 커지면서 그에 비례하여 돈에 힘이 더해진다. 돈과 힘은 현대 사회에서 떼려야

뗄 수 없는 관계에 있다. 힘이 있는 자에게 돈이 몰리고 돈 있는 자는 더 많은 권력을 추구한다. 돈 많은 자가 자동으로 권력을 차지하진 않아도 돈에 굶주린 권력자를 매수하여 주무른다. 권력을 굴복시키고, 사랑조차도 살 수 있음을 과시하면서 돈은 전능한 힘을 입증한다. 권력자는 더 많은 돈을 가지려 더 큰 권력을 추구한다.

삶의 필요를 채우기 위한 교환 가치에 불과한 돈은 어느새 사람을 구속한다. 사람 위에 군림한다. 자본주의 사회에서 사람은 돈에 매이고 돈에 의존한다. 돈을 매개로 서로 관계를 맺는다. 돈이 위로한다. 일상에서 행복의 우선적 조건으로 등장한다. 돈의 명령을 따르고 돈 있는 곳에 사람이 모인다. 돈이 사회적 아젠다를 결정한다. 수중에 돈이 있으면 안정감을 느끼고 그렇지 않으면 불안해진다.

가장 불행한 건-면죄부 판매에서처럼-종교가 돈에 종교적 가치를 부여해 종교심의 깊이와 진정성까지도 돈으로 평가하는 거다. 탐욕의 불씨에 종교가 기름을 붓는 셈이다. 이렇게 해서 돈은 우상의 자리를 차지한다. 돈이 신으로 등극하는 것이다. 세상을 다스리는 건 돈이라는 인상을 준다.

종교적 우상: 돈을 벌기 위해 살고, 돈을 위해 죽고, 심지어 생명을 돈과 교환한다. 인간 최고의 가치를 돈으로 대체하니, 이걸 두고 돈을 숭배한다고 말해도 과언은 아니다. 맘몬사상은 돈을 종교적 대상으로 삼는 사람들의 태도를 일컫는다. 그건 사상체계이기보다는 단지 돈을 숭배하여 돈을 좇아 사는 사람들의 태도다. '돈은 일만 악의 뿌리'라는 건 돈 자체가 문제라기보다는 돈에 대한 잘못된 반응이 일반화된 현실을 전제하는 말이다.

그렇다면 그리스도인은 돈에 대해 어떻게 반응하며 살아야 돈을 무시하지 않으면서도 예배하는 삶을 사는 걸까?

자본주의 사회에서 돈의 의미

'돈의 맛'을 두고 씁쓸하다는 영화 속 대사가 있고(《돈의 맛》임상수 감독, 2012), 돈은 천사와 악마 두 얼굴을 가지고 있는 야누스와 같다는 말도 있지만, 일단 현실을 인정하자. 돈을 무시해서는 안 된다. 교환 가치인 돈은 현대인의 필요를 채워준다. 재물(돈)은 하나님의 선물(전 5:19)이며 복(신 28:2~6)이다. 하나님은 복으로 재물을 얻을 능력을 주신다(신 8:18). 예수님의 달란트 비유에서 짐작할 수 있듯이 하나님도 당신의 사역을 위해 돈 혹은 물질을 사용하신다. 교회 행위를 위해서도 돈은 필요하다(행 2:44~45, 롬 15:26~27, 고전 16:1~2, 고후 8:2~5). 물질적 욕구는 물론이고 정신적 심리적 욕구를 충족한다. 비록 잘못된 사례이긴 하지만, 심지어 기복적 종교의 욕구를 만족시킨다.

돈이 없으면 여러 가지 면에서 불편하다. 이걸 부정할 수는 없고 또 그래서도 안 된다. 돈을 하찮게 여기는 건 옳지 않다. 돈 없이 살 수 있다고 자신하는 사람이 있다면 어딘가에 숨겨둔 돈이 있거나 자급자족의 기반을 갖추고 있거나 정기적인 수입원이 확보한 경우다. 그렇지 않다면 곧 엄습할 곤궁함에 대비해야 한다. 죽음을 각오하지 않고 그렇게 말할 수는 없다.

이런 점에서 돈은 최소한 기본 생활을 유지하기 위해 있어야 한다. 먹고 살 만큼만 있으면 된다는 말인가? 그렇지 않다. 돈 없이 살아보고, 무엇보다 결혼하여 자녀를 키워보면 아는 일이지만, 먹고 살 만큼 있다고 해서 살 수 있는 게 아니다. 자녀가 없어도 마찬가지다. 돈은 최소한 기본 생활을 위해 필요하다. 생명을 유지하는 건 기본이고, 예기치 않은 질병과 사고를 대비해야 하고, 비록 풍성한 삶까지는 바라지 않아도 어느 정도 의미 있는 삶을 위해서도 필요하다. 여기에 더해 빈궁한 자에게 구제할 것이 있기 위해 수고하여 벌어야 한다(엡 4:28).

돈, 하나님의 복인가 저주인가?

하나님의 복으로 여긴다는 것: 돈의 의미와 가치를 안다면, 돈에 대한 적합한 반응은 돈이 많든 적든 돈에 종속되지 않는 것이다. 돈에 종속되지 않기 위해선, 돈을 무시하는 태도로는 안 되고, 오히려 돈에서 새로운 가치를 발견해야 한다. 밭에 감추어진 금을 보고 금에는 아무 관심을 두지 않고 밭에 집착하는 사람은 없다. 일단 돈은 하나님이 주신 복이다. 곧 돈이 복이 되는 건 하나님의 도움을 기다리는 자를 위해 돈이 사용될 때 그렇다. 그렇지 않고 자기만족만을 위해 사용된다면 아무리 많은 돈을 가지고 있어도 그건 더는 하나님의 복이 아니다. 적어도 기독교적 의미에서는 그렇다. 복은 하나님의 뜻을 이루기 위해 주신 능력이다(신 8:18 "네 하나님 여호와를 기억하라 그가 네게 재물 얻을 능력을 주셨음이라 이같이 하심은 네 조상들에게 맹세하신 언약을 오늘과 같이 이루려 하심이니라"). 따라서 돈이 있다는 것 자체가 하나님의 복은 아니다. 곳간을 가득 채우고 스스로 만족해하는 부자의 결말을 보라. 그리고 부자와 나사로에 대한 비유를 떠올려보라. 복이라 말할 수 있으려면 돈이 필요한 자가 하나님의 능력을 경험할 수 있도록 사용되어야 한다. 복으로서 돈은 가진 자가 누리기 위한 것이 아니다. 오히려 돈이 없는 자가 하나님을 만날 수 있게 하는 일에 사용하라고 하나님이 주신 것이다. 돈으로 서로 돕고 사랑하며 세우는 일을 함으로써 돈은 하나님의 복으로서 정체성을 드러낸다.

돈이 많으면 그것은 나누기 위한 것이고, 돈이 적다면 자족할 수 있어야 한다. 적은 자가 많기를 바라는 건 욕망이다. 많은 자가 나누려 하지 않는 것 역시 욕망의 노예가 되는 것이다(눅 12:16~21). 돈은 공동체 안에서 나눔으로써 돌고 돌아야 한다(행 4:32~37). 공동체가 가난한 자를 돌보는 일에 돈을 사용하지 않으면 돈이 적은 자는 돈을 욕망할 수밖에 없다. 욕망은 죄를 낳게 되니 본의 아니게 공동체가 죄를 짓는 일이다(약 1:15). 교회는 이런 점에서 어느 정도는 경제공동체다.

회사를 뜻하는 company는 원래 빵을 함께 나눈다는 말이다. 말처럼 그렇게 되는 건 아니지만. 교회가 회사만 못하다는 말을 들어서 되겠는가? 교회는 빵을 함께 나누는 것을 넘어 생명을 나누는 공동체다. 돈보다 생명을 귀히 여긴다면 교회는 당연히 생명을 위해 돈을 나눌 수 있어야 한다. 부자 청년에게 예수님이 하신 말씀을 기억하자. 가난한 자에게 다 나누어주고 그 후에 예수님을 따르라고 하셨다(마 19:21). 청년에게 주신 말씀을 보편적인 원칙으로 삼아선 안 된다. 이 이야기는 돈을 신뢰하는 자에게 주신 경고이며, 생명이신 예수님을 따르되 재물을 나눌 수 있는 사람들이 모인 공동체를 염두에 두신 말씀이다. 돈에 대한 태도는 우리가 무엇에 가치를 두고 또 누구를 신뢰하며 사는지를 알게 하는 시금석이다.

돈에 매이지 않기: 직장인 가운데 회사의 불의를 알아도 자기에게 돌아오는 이익을 포기하지 못해서 혹은 생계를 염려하여 조직에서 생존하기 위해 한마디 이의도 제기하지 못하고 불의에 연루되는 사람들이 있다. 그 수가 적지 않으니 참으로 안타깝다. 이게 다수라서 정의가 오히려 배척받는다. 생존하기 위해 어쩔 수 없다거나 혹은 산다는 게 다 그런 거라는 말로 핑계를 댄다. 불의를 정당화하는 것이다. 그러나 이건 돈에 매수되는 일이고 돈에 힘을 실어주는 일이다. 그러니까 불의가 힘을 얻는 건 돈에 매인 사람들의 굴종 때문이다. 이게 사회에서 다수이다 보니 전혀 문제로 여겨지지 않는다. 목회자는 자신이 책임질 수 없는 일이어서 성도에게 단호한 결정을 권고하

지 못한다.

직장의 고용 관계에서 흔히 볼 수 이런 태도는 아무리 많은 수의 사람이 이런 삶에 어쩔 수 없이 연루되어 산다 해도, 분명히 말하지만, 그리스도인에게는 예배하는 태도가 결단코 아니다. 최소한 지혜롭게 이의를 제기할 수 있어야 하며, 그렇지 않다면 다른 사람이 불의에 연루하지 않도록 해야 하고, 그것도 안 되면 최소한 자신이 불의에 연루하지 않도록 노력해야 한다. 만일 자신조차 불의에 연루되지 않고는 직장 유지가 불가능하다면 과감한 결단이 필요하다. 당장에 그만두라는 게 아니라 제도 개선을 위해 창의적인 노력이 필요하다. 이 일과 관련해서 뜻을 같이하는 사람과 연대하고 각종 짐을 서로 지는 것이 중요하다. 어디를 가나 마찬가지라고 해서 마냥 묵인할 일은 아니다. 직장에서도 하나님의 인도하심을 인정한다면 그럴 수 없다.

조직 내 불의에 항거하는 사람이 끝까지 가지 못하고 중도에 포기하는 경우 대부분 가족의 생계 때문이다. 공감하며 연대하는 사람이 없기 때문이다. 혹시라도 직장에서 쫓겨나는 경우 누구도 도와주는 사람이 없기에 생존의 위기에 내몰릴 수밖에 없다. 불의에 굴복하게 하는 요인이다. 어쩔 수 없이 타협하게 되는데, 이렇게 되면 겉으로 내색은 안 해도 돈에 굴복했다는 생각에 심한 스트레스를 받는다. 아무 도움을 주지 않았고 그럴 생각조차 없었던 사람들은 불의에 타협했다며 비난한다. 신앙생활이 시큰둥해지고, 심하면 교회와 거리를 둔다.

돈에 대한 적합한 반응

돈, 이것에 대한 적합한 반응은 첫째, 매이지 않는 거다. 비록 돈을 하찮게 볼 순 없어도 돈을 매개로 이루어지는 관계에서 인격을 담보로 잡지 않아야 하고 돈에 종속되지 않아야 한다.

둘째, 하나님이 주신 것으로 감사하며 받는 거다. 쓰고도 남을 정도로 많이 받았다면 나누어야 하고, 부족하다면 하나님의 도우심을 기대하며 살아야 한다. 왜냐하면 돈에 적합한 반응을 하도록 훈련된 공동체는 은혜가 어떻게 나누어져야 하는지 잘 알기 때문이다. 서로 돕는 일은 공동체의 원리이다.

셋째, 하나님이 주신 것이니 필요한 자와 나누는 걸 당연하게 생각하는 거다.

넷째, 자족하길 배워야 한다. 반드시 없이 살아야 하는 건 아니지만, 돈에 매이지 않는 삶을 위해 필요하다면 적은 것으로도 자족할 수 있어야 한다.

그리고 다섯째, 돈을 목적으로 삼지 않아야 하지만, 돈을 죄악시하지도 말아야 하고, 무엇보다 돈을 버는 일에서 게으르지 않아야 한다.

관건은 나눔의 양이 적고 많음이 아니라 실제로 나누느냐 그렇지 않으냐 하는 거다. 해야만 한다고 생각하고 말하기만 할 뿐 실제로 나누지 않는 사람이 많다. 이런 태도는 예배하는 모습이 아니다. 예배는 하나님께 반응하는 구체적인 행동이다.

재물은 하나님의 피조물이기에 인간이 그것에 매여서는 안 되고, 하나님이 주셨기에 성실하게 일하여 벌고, 많든 적든 주신 것을 감사함으로 받고, 적은 돈이라도 나누고 자족하며, 많은 돈이 있다면 더더욱 나누는 삶을 사는 것, 이것이 돈에 대한 적합한 반응이며 일상 예배다. 돈은 하나님께 영광을 돌리는 방법으로 사용되고, 성도와의 관계에서 서로 돕고, 서로 사랑하며, 서로 세워주는 매개로 사용되며, 그리고 세상을 구원할 도구로 사용되어야 한다.

가족이 불의한 일을 행할 때

"누구든지 하나님의 뜻을 따르는 사람이 네 형제요, 자매요, 어머니이다"
(마가복음 3:35)

예배는 영으로 임재하신 하나님께 전인격적으로 반응하는 신앙 행위다. 가족 중 한 사람이 불의한 일을 행할 때 다른 가족은 어떻게 해야 할지 난감해할 때가 많다. 이런 때 어떻게 반응해야 예배자로서 사는 걸까?

가족 이기주의의 유혹

가족이 법을 위반할 때, 마치 남의 일처럼 여기고 아무 고민도 없이 경찰에 신고하는 사람은 없지 싶다. 가족은 속성상 대개 위법을 방조하거나 공범이 된다. 법도 어느 정도 정상을 참작한다. 설령 신고한다 해도 시간을 두고 고민한 후에 그것이 어느 정도 유익이 된다고 판단할 때 그렇게 한다. 정의심에 불타서 가족의 위법을 확인하자마자 신고하거나 고발하는 경우는 없다.

문제는 그런 상황에서 고민하고 염려하며 하나님에게 뜻을 묻지만, 명확한 대답을 얻는 일은 대단히 드물다는 것이다. 만일 가족이 행한 불법이 가족에게 유익이 되는 것이라면, 그래서 숨겨주어야 한다면, 특히 그리스도인의 경우 신앙 양심이 깨어 있지 않다면 하나님에게 반응하며 사는 것에 큰 장애가 생긴다. 다른 사람이 전혀 눈치채지 않게 교회 예배에 참여할 수 있고, 심지어 이웃에게 선을 베풀며 살 수 있다. 그러나 이건 단지 포장된 삶일 뿐 하나님에 대한 올바른 반응이 아니다. 영과 진리로 예배하는 태도라볼 수 없다. 사람은 겉을 보고 판단하지만, 하나님은 중심을 보시기 때문이다. 관건은 아무리 가족이라도 불의에 대해 깨어 있는 것이다. 힘든 일이지만 절대 간과할 수 없는 사안이다.

집단 이기주의의 하나로 가족 이기주의가 있다. 가족이라는 집단과 이기주의가 결합한 형태인데, 사고하고 행동하는 게 가족의 이익을 증진하는 걸중심으로 이루어지는 걸 일컫는다. 이것이 신앙과 결합하면 기복신앙이 된다. 내 가족의 미래와 편리만 생각하다 보니 자연스럽게 다른 사람이나 다른 가족을 배려하지 않게 된다. 가족 이기주의가 사회 공동체에 자리를 잡게 되면 가족을 위한 생각과 결정과 행위라면 무엇이든 관용되는 사회적 분위기를 형성한다. 가족이 일종의 면죄부로 작용한다. 경찰이 범죄 수사 과정에서 해당 가족이 연루되었다는 정황이 포착되면 당사자는 수사에서 배제되는데 이런 결정은 가족 이기주의 성향의 인간 이해를 전제한다. 반드시 그렇지는 않아도 그럴 가능성이 있기에 처음부터 배제하려는 것이다.

가족을 위해서라면 불의도 서슴지 않고 행하는 건 다반사로 일어난다. 사회 범죄자 가운데는 가족의 생계를 위해 어쩔 수 없었다고 말하는 사람들이 많다. 가족이 입은 피해에 대해 복수하는 일도 마찬가지다. 물론 이런 일이 어떤 이유에서든 자기 욕망에 이끌린 결과라는 점은 부정할 수 없다. 부모는 자식을 보호하고 자식은 부모를 보호하고 형제자매간은 서로를 보호한다. 예컨대 회삿돈을 유용하고 발각되면 자녀 유학비나 아픈 가족의 치료비

마련을 위해서라고 말한다. 이 사실을 알고 있어도 가족이기에 묵인하거나 관용한다. 왜냐하면 만일 그래서는 안 된다고 말하면 자기가 그 피해를 고스란히 떠안아야 하기 때문이다. 돈이 없어 생활이 궁핍할 수 있고, 기회를 포기해야 할 수 있고, 힘든 삶을 감내해야 한다. 어쩔 수 없는 상황이라고 생각하며 행하다 보니 가족의 비행이나 불의를 묵인해도 종종 죄책감이 무뎌진다. 불의를 인지하지 못하거나 불의에 연루된 가족과의 관계가 어색할까 염려해서 일부러 외면한다. 그리스도인 가족이라고 해서 예외는 아니다.

세금을 탈루하는 경우, 가족의 취직이나 승진을 위해 신분이나 권력을 이용하는 경우, 서류를 조작하거나 위조하는 경우, 자녀의 일로 교사에게 폭언하는 경우, 치료비나 유학비를 위해 불법적인 일을 하는 경우, 남을 속이는 일 등. 가족 중 한 사람이 이런 일을 행하거나 혹은 가족을 위해 행한다고 생각할 때 가족 이기주의가 작동하면 이 모든 일을 가족을 위해 묵인하도록 한다. 가족 이기주의가 지배적인 곳에서는 내부고발이 가능하지 않다. 문제는 다른 이의 가족에게 똑같은 일이 벌어지면 부당하고 불의하다며 비판하는 것이다. 가족 이기주의는 대개 전형적인 내로남불 태도로 이어진다.

가족 이기주의와 예배

가족이 가족을 위해 불의를 행하는 걸 보거나 혹은 불의에 연루되는 상황을 만날 때 그리스도인은 어떻게 반응해야 할까? 사회에서는 어떤 범죄자로 비난을 받아도 가족에게는 대단히 좋은 사람으로 평가받는 일이 흔하다. 가족을 위해 살다가 저지른 실수라고 보기 때문이다. 한국 기독교와 그리스도인이 사회적 비난의 대상으로 전락한 상태를 넘어 사회의 근심을 유발하는 요인이 된 건 바로 이런 이유 때문이다. 이렇게 된 건 사람들이 그리스도인에게서 거룩한 삶을 기대하였지만, 그리스도인이 오히려 비그리스도인보다 더한 잘못을 저지르는 걸 보았기 때문이다. 교회에서는 훌륭한 교인이나 교회 밖에서는 그렇지 못한 사례가 많았기 때문이다. 사회적 영성이 부족하고 신앙의 공적 기능을 무시한 결과다. 이런 까닭에 많은 이가 오늘날 한국 기독교는 자정 능력을 상실했다고 본다. 그러니 사회를 정화하기 위한 동력을 교회에 기대하는 건 무리다. 만일 이런 상황에서 어떻게 반응해야 하는지 물어본다면, 하지 말라는 말이 정답처럼 오간다. 슬픈 현실이 아닐 수 없다.

문제가 이토록 간단하면 얼마나 좋겠는가. 현실에선 전혀 그렇지 않은 일이 다반사로 일어나니 안타깝다. 하지 말라고 말하는 게 당연하지만, 그렇다고 해서 가족이 짊어지고 있는 고민이나 문제가 해결되는 것이 아니기에 더더욱 어렵다. 평소에는 그렇지 않은 사람이 가족을 위해 불의를 감행하는 건 다른 곳으로부터 해결책을 얻지 못할 것에 대해 불안해하기 때문에 그렇다. 특히 돈이 궁핍할 때, 도움이 절실할 때, 문제 해결 능력이 부족하다고 느끼지만, 주변에서 아무 도움을 발견하지 못할 때 그렇다. 자신의 어려운 형편과 사정을 알고 선뜻 나서는 사람이 없다고 생각할 때—물론 실제로 그런 경우일 수도 있다—어쩔 수 없이 상황 논리에 따라 불의와 타협한다. 그러면서도 아무렇지도 않게 교회에서 예배하고 맡은 직분을 수행하며 봉사한다. 심지어 하나님의 은혜에 감사하다고 말한다.

가족 이기주의에 근거한 이런 불의한 상황에서 단지 노(No!)를 말하는 대신에 어떻게 반응해야 일상에서 예배자로서 사는 걸까? 예컨대 가장이 가족을 위해 불의에 연루되는 상황에선 다른 가족 구성원의 결연한 의지를 보여주는 것이 필요하다. 내부고발자가 되라는 말은 아니지만, 불의가 아닌 다른 방법으로 살아갈 의지를 표현하는 것이다. 실제로 살 수 있는지는 나중 문제이고 일단 불의가 가족을 위해 하는 일이어서는 안 된다는 걸 서로에게 확인시켜 줄 필요가 있다. 가족을 위한 일이라고는 해도 사실 가족은 전혀 바라지도 않음에도 불구하고 개인의 욕망에 따른 결과일 수 있기 때문이다. 개인의 욕망 때문인지 가족을 위해서인지 스스로 분별하기 위해서라도 가족의 의지를 보여주어야 한다. 가장이 짊어져야 할 가계의 부담을 나눌 각오도 해야 한다. 이를 통해 그렇게 살지 않아도 충분히 살 수 있음을 분명하게 보여야 한다. 이렇게 하면 계속되는 불의의 고리를 끊을 수 있으며 적어도 가족을 핑계로 불의를 정당화하려는 노력은 막을 수 있다. 자기가 짊어질 책임의 무게에 대한 부담감에 아무 말도 하지 않고, 가족을 위한 것이니 어쩔 수 없다고만 생각하는 건 일상 예배자의 모습이 아니다. 어떤 이유로도 결코 정당화할 수 없는 일이다. 현실 경험에 따르면 이 일을 실천하기란 정말 힘들다. 그러나 바로 이런 일이 일상의 예배이다. 비록 힘들고 고통이 따르는 일이어도 이 일로 인해 하나님이 영광 받으시고 가족은 회복이 된다. 적어도 인내하며 기대할 수 있다.

상담 사례 가운데 하나다. 여자 집사님이 찾아왔다. 다소 빠듯한 살림에도 아이들 교육을 위해 뜻한 바가 있어 남편과 합의하여 전업주부로 지내는 분이었다. 남편이 직장에서 공급되는 물품을 집으로 가져와 쓰는 일 때문에 상담하러 왔다. 남편이 가져온 건 A4용지는 물론이고 볼펜이나 기타 작은 규모의 소모품인 사무용품이 대부분이었다. 회사 물건이지만 회사에서는 다소 여유롭게 비치되어 있어 집에 있는 아이들을 위해 가져온 거였다. 덕분에 적지 않은 지출을 줄일 수 있었다. 처음에는 특별한 반감 없이 시작한 일이 점점 그 품목이 다양해지면서 집사님에게 의문이 생겼다. 이래도 되는 건가? 직장에서 귀가한 남편에게 이래도 괜찮은 거냐고 회사에서 다 아는 일이냐고 조심스럽게 물었다고 한다. 남편은 괜찮다고, 회사에서 남아도는 것이라고 말했다. 공부하는 아이들이 필요로 하는 것이니 가져온 것이라고 했다. 아내 집사님은 그래도 회사 것이니 담부터는 가져오지 않았으면 좋겠다고 말했다. 남편은 생활이 빠듯하다는 핑계로 괜히 문제 삼지 않아도 된다고 말했다. 이 말을 듣고 고민이 되어 상담을 요청한 거다. 질문에 직접적인 대답을 주기 전에 먼저 이렇게 물었다. "집사님의 생각은 어떠세요?" 이 질문에 집사님은 이미 대답을 다 아는 것처럼 말했다.

"그러니까요, 그래서 상담하러 온 것인데, 오면서 내가 직장을 구해야 하는 건 아닌가 이런 생각을 했어요."

"저도 같은 생각입니다. 만일 남편이 월급이 적어서 그런 일을 당연하게 생각한다면, 그 문제를 함께 고민해 보는 것이 좋을 것 같습니다. 그리고 집사님도 진짜 직장을 구하는 건 나중의 문제이고 먼저는 경제활동을 할 의지를 보이셔서 다시는 생활의 궁핍함 때문에 회사 물건을 집으로 가져오는 일을 하지 않도록 하는 것이 좋겠습니다."

상담 후 얼마간의 시간이 지나 집사님에게 연락이 왔다. 남편이 그동안 자기가 잘못 생각하고 행동한 것 같다고 말했다고, 그 후로 다시는 회사 물건을 가져오지 않는다고. 물론 집사님은 동네 마트에서 알바를 하게 되었다고. 몸은 힘들어졌지만 보람된 일이었다고 덧붙였다.

가족은 모든 행복과 불행의 원천이다. 그래서 혹자는 국가의 숙명은 가족의 상태에 달려있다고 말한다. 가족이 바로 서야 국가가 바로 선다. 가족이 불의한 일에 연루되었을 때 가족 이기주의에 빠지지 말고 눈을 좀 더 크게 뜨고 또 멀리 보면서 대처해야 한다. 게리 토마스는 가족은 행복하기 위해서가 아니라 거룩함을 위해 세워지는 것이라고 말했다. 가정 예배는 의식을 갖춘 예배이기 이전에 서로 돕고, 서로 사랑하고, 서로 세우는 삶이 가장 먼저 실천되는 곳이고, 이것이 가정 예배의 실제다.

목회자나 교회의 중직을 맡은 이가 불의를 행하는 걸 보았을 때

"미쁘다 이 말이여,
곧 사람이 감독의 직분을 얻으려 함은 선한 일을 사모하는 것이라 함이로다"
(디모데전서 3:1)

예배는 영으로 임재하신 하나님에 대해 전인격적으로 반응하는 신앙 행위다. 일반 사회보다 더 엄격한 도덕과 윤리를 중시하는 교회에서 목회자나 교회의 중직을 맡은 이가 불의를 행하는 걸 본다면, 교회에서는 물론이고 일상에서도 많은 고민을 안고 살아간다. 심지어 중직을 맡은 자도 그러니 괜찮은가보다고 착각하는 경우가 없지 않다. 잘못된 일이지만 현실이다. 이런 현실에서 어떻게 반응해야 예배자로서 사는 걸까?

가나안 성도에겐 이유가 있다

교회를 떠난 그리스도인(소위 가나안 성도)을 만나 대화해 보면 그들 나름대로 교회를 떠난 이유가 있었음을 알게 된다. 교리적인 면보다는 주로 목회자의 비리나 장로 권사 집사 같이 교회의 직분을 맡은 이들이 교회에서 보이는 모습과는 달리 일상에서 불의를 저지르고도 아무렇지도 않게 지내는 걸 알게 되었을 때다. 특히 새벽기도에 한 번도 빠지지 않고 참석한다고 알려진 사람이 불의를 행했을 때, 교회에서는 경건한 교인으로 인정받는 사람이 극단적인 이분법적 논리를 따를 때, 그리고 설교할 때와 전혀 다른 모습을 목회자에게서 보았을 때, 이때 교인들이 받는 충격이 얼마나 큰지를 가나안 성도들과의 대화를 통해 종종 듣는다. 그리고 교회의 직분을 맡은 사람들이 교회에서 보이는 친절과 관용과 사랑에 비해 일상에서 전혀 그렇지 않고 오히려 배제와 차별을 서슴지 않고 드러내는 모습을 보았을 때도 마찬가지다.

기대와 전혀 다른 것을 현실에서 혹은 교회에서와 일상에서의 모습을 경험하면서 충격을 받아 교회를 떠났던 거다. 물론 교회에 대한 불만이 누적되다가 겉과 속이 다른 모습에 큰 충격을 받고 결심을 실행했다고 보는 것이 옳을 것이다. 어찌 되었든 목회자를 포함해서 책임이 있는 주요 직분을 가진 교인들이 교회에서 보이는 모습과 일상에서의 모습이 다르다는 사실로 인해 교회 예배를 포기하게 된 것이니 안타까운 일이다.

사실 일상에서 기대와 전혀 다르거나 혹은 교회에서와 전혀 다른 모습을 경험한 경우, 충격과 실망을 극복하고 하나님을 예배할 마음을 갖는 일은 쉽지 않다. 인간은 다 그렇다는 말로 위안 삼아 지내기에는 짐이 너무 무겁다. 기대가 무너지고 실망할 때 교회의 가르침이나 성경의 진리마저 의심하는 건 흔한 일이다. 심지어 신의 존재마저도 의심의 대상이 된다.

어떤 CEO 장로님: 모 교회 장로님에 관한 이야기다. 장로님은 사업체를 운영하시면서 많은 헌금으로 교회를 섬기셨다. 개척 후 얼마 지나지 않은 교회라서 장로님의 헌금은 교회 운영에 큰 도움이 되었다. 장로님은 교회를 돕는 의미에서 성도들을 자기 사업체에서 일하도록 배려까지 해주셨다. 그런데 그곳에 취직하여 몇 달을 보낸 성도가 담임목사와 한마디 상의도 없이 갑자기 교회를 떠났다. 그 후 목사님은 심방을 통해 교회를 떠난 성도와 대화를 나누면서 진솔한 마음을 나누었다. 처음에는 주저했지만, 마침내 밝힌 이유는 장로님에게 있었다. 교회에서의 모습과 회사에서의 모습이 너무나 달랐다는 것이다. 처음에는 교회와 회사가 다른 성격의 곳이니 정황상 그럴 수 있겠다고 생각했다고 한다. 장로라고 해서 특별히 다를 것이라 기대하는 건 바람직하지 않다는 생각도 했다고 한다. 그러나 시간이 갈수록 겉과 속이 다른 사람임을 알게 되었다고 한다. 대표적인 게 직원에 대한 태도가 매우 거칠어서 사내 불만이 많다는 거다. 직원을 위한 복지도 형편없고, 동종업종에서 주는 월급보다 적었다고도 한다. 게다가 더 심각한 건 회계와 관련해서 이중장부를 갖고 있다는 것이다. 결국 알아선 안 되는 걸 알게 됨으로써 크게 실망하여 교회를 떠날 수밖에 없었다고 했다. 떠나는 직원들은 적어도 사장님이 믿는 하나님을 믿고 싶지 않다고 말했다는데, 본인도 같은 이유에서 떠났다는 거다. 적어도 앞으로 같은 교회에서 신앙생활을 하는 건 없을 것이라고 했다.

목회자: 목회자로 인해 실망한 경우는 훨씬 더 많다. 불륜이 발각된 상태에서도 아무 반성도 없이 계속 목회하는 목사, 돈을 너무 밝히거나 교회 돈을 유용한 목사, 부 교역자를 종처럼 부리는 목사, 가족 이기주의에 사로잡혀 교인을 돌보지 않는 목사, 성도의 형편은 전혀 아랑곳하지 않고 외모와 자기 관리에만 큰 금액을 지출하는 목사, 설교를 표절하는 목사, 가짜 뉴스를 만들어 내고 퍼뜨리는 목사, 교회에는 기도원 간다고 말하고는 휴양지에서 시간을 보내다 발각된 목사, 교인의 뒷담화를 즐기는 목사, 신분과 빈부에 따라 교인을 대하는 태도가 다른 목사, 정치적 진영논리를 추종하며 교인에게 강요하는 목사 등 그 사례를 일일이 다 나열하기가 어렵다. 목회자의 불의는 교회를 분열하는 요인이며, 성도의 불의보다 훨씬 더 심각한 결

과를 낳는다.

이런 현실을 경험하면 누구나 가슴 아파하지만, 교회에서 겪는 일상이니 피한다고 해서 피해지는 일도 아니다. 성도에게 관건은 이런 현실에서도 하나님을 예배하는 거다. 이것이 어떻게 가능한가?

자발적 불편함으로 예배하다

어느 한 성도의 이야기다. 그는 회계사로 중견 기업에 취직이 되었다고 한다. 보수도 좋고 사장이 모 교회 장로라서 주일 성수 문제로 고민하지 않아도 되겠다고 생각해서 하나님이 인도하셨다고 고백하며 기쁨으로 다녔다고 한다. 그런데 1년이 채 못되어 심각한 고민이 생겼다. 회사 비자금을 만들 계획을 세워야 한다는 지시를 들은 거다. 회계 책임을 지고 있으니 해야 한다면 당연히 자신이 해야 할 일이었다. 이 일로 인해 그 성도는 오랜 고민 끝에 목회자와 상담하게 되었다. 목회자는 성도와의 대화에서 회사 사장과 대화로 해결할 수 없는지, 그리고 비자금이 아니면 조달할 수 없는 건지 물었다고 한다. 매출 수익은 모두 세무서에 신고하게 되어 있어서 신고되지 않은 돈을 따로 마련한다는 게 쉽지 않다는 대답을 들었다. 만일 한다면 개인 기부 같은 헌신을 통해서만 가능한 일인데, 그 많은 양의 돈을 누가 기부하겠는지 의문이라고 했다. 사실상 가능하지 않다는 거다. 이에 목회자는 성도에게 그래도 사장과 대화를 해보고 다른 대안을 찾아보다가 그래도 안 되면 결정을 내리는 이는 당사자 본인임을 알고 가족과 상의하면서 책임 있는 행동을 할 것을 제안했다. 또한 결정으로 인한 부정적 결과를 감수할 수 있는지, 수입이 없어지면서 겪는 어려움을 극복할 대안은 있는지, 이에 관해 가족과 함께 상의할 것을 권고했다. 끝으로 대체로 많은 회사가 비자금을 조성하고 있는데, 같은 직종의 다른 회사에 가도 마찬가지 일을 겪게 될 것임을 재차 확인하여 주었다. 이 대화를 마친 후 성도는 사장과의 대화를 끝으로 사표를 제출했다고 한다. 그 후 한동안 취직을 하지 못한 채 지내야만 했고, 그동안 회계업무를 돕는 일로 알바를 하며 지냈다고 한다. 당연히 경제적인 어려움을 겪어야 했다. 그런데도 성도는 하나님의 인도하심을 기다리며 적합한 직장을 찾고 있다고 한다.

사람들이 이 성도의 고민과 결단을 어떻게 보든지(얼마나 다양한 의견이 있겠는가. 그러나 중요한 건 남의 이목이 아니라 하나님과 당사자의 관계가 아닐까), 성도는 고민하고 상담하고 결정을 내리는 시간을 보냈는데, 이건 신앙 양심에 적극적으로 반응한 것이며 궁극적으로는 하나님에 대한 반응으로 볼 수 있다. 그건 단지 고민의 시간만이 아니었고 하나님을 예배하는 시간이었다. 비록 정해진 예전은 없으나 자기가 누구 앞에서 살아가고 있는지를 인정했기에 불의의 주체가 될 수 없었고, 오히려 하나님의 인도를 구하며 어려운 상황에서도 신앙을 잃지 않고 불이익을 감수하면서까지 일상을 살아간 것이다. 이로써 하나님이 옳음을 인정한 것이다. 비록 리듬은 없으나 그의 삶에서 울리는 찬양을 듣고 있는 것 같다. 그는 현실과 타협하지 않아 삶이 힘들고 고달파도 하나님을 예배하는 삶이 어떠한 것임을 보여주었다.

기대에 어긋나는 불의를 경험하게 되었을 때 이에 반응하여 무조건 교회를 떠나기보다는 그것과 관련해서 기도하며 당사자와 대화하며 또 목회자와 대화의 시간을 가지면서 좋은 길을 찾아보는 것 자체는 불의를 넘어선 하나님께 반응하는 일이며 일상에서 하나님을 예배하는 것이다.

죽음

예배는 영으로 임재하신 하나님에 대해 전인격적으로 반응하는 신앙 행위이다. 죽음의 문제 앞에서 어떻게 반응해야 예배자로서 사는 걸까?

죽음도 일상

죽음은 인간에게 부정할 수 없는 현실이지만, 생명의 그림자일 뿐이다. 죽음을 등지고 돌아앉아 마주하는 실제는 생명이다. 생명은 눈이 부시지만, 눈이 멀게 할 정도는 아니고 오히려 하나님의 시선으로 세상을 보게 한다. 햇빛보다 더 밝은 빛을 보았던 바울은 일종의 부활 경험을 한 것인데, 죽음 너머(beyond death) 하나님의 생명을 본 것이다. 이런 의미에서 그동안 죽음 교육이 죽음을 잘 맞이하는 의미에서만 이루어진 건 단편적이다. 외연을 더욱 확장할 필요가 있다. 죽음 교육은 오히려 예수 그리스도의 죽음을 기억하는 가운데 죽음 너머 부활 생명을 보는 수행이고 또한 생명을 더 풍성하게 하기 위한 생활 양식을 제시하는 것이어야 한다. 이럴 때 마음은 더 평화로워지고 세상을 보는 시각은 더 확장되며 행동은 더 자유로워진다. 그건 일종의 깨닫는 자가 경험하는 상태이다.

『몸짓의 철학』에서 일상을 스케치하며 일상의 의미를 탐구한 이동영은 일상에 죽음을 포함하지 않았다. 일상에서 죽음은 배제된다는 의미로 들린다. 정말 그럴까? 사실 많은 이에게 일상은 사는 일이고, 사는 일에서 발생한 문제가 가득한 현실이다. 일상은 눈을 뜨고 눈을 감을 때까지 사는 일과 힘겹게 씨름하는 현장이다. 그래서 죽음은 특별한 일이고 일상에서 가능한 한 만나지 않아야 할 사건이다. 전쟁이나 팬데믹 상황이 아니라면 죽음은 일상에서 많이 벗어나 있으며 또한 반드시 그래야만 한다. 죽음을 맞는 경우라도 오늘날 집에서 일어나는 경우는 드물고, 설령 있어도 시신은 병원과 장례식장으로 옮겨진다. 장례 절차를 위해 필요한 사망진단은 병원에서 행해진다. 일상에서 죽음을 대하는 일은 뉴스 보도 외에는 별로 없다.

그러나 쇼펜하우어(Arthur Schopenhauer)는 삶과 죽음을 인생의 모든 현상에 작용하는 두 극단의 조건으로 보았다(『철학적 인생론』, 동서문화사, 2016, 107). 양자는 서로 의지하여 하나가 다른 하나의 조건으로 작용한다는 것이니 틀린 말은 아니다. 삶만을 일상으로 보는 건 분명 단편적이다.

개인적인 생각이지만, 죽음이 일상에서 벗어나면서부터 유족이 기울여야 할 수고와 부담은 상당히 덜어졌다. 그러나 이에 비례하여 삶에 대한 무례함은 더 커진 것 같다. 생존을 최우선으로 생각하다 보니 죽음의 의미를 간과하는 이가 많아졌다. 지인이나 가족의 죽음으로 상실의 고통을 겪는 사람의 마음을 깊이 공감할 기회도 줄었다. 이러다 보니 죽음에 대해 함부로 말하는 사람들이 많아졌다. 정치인들의 입에서 나오는 혐오적 언어나 일상에서 소통하는 언어에서 흔히 들을 수 있다.

무엇보다 인간이란 존재는 살아있는 한 죽음을 경험할 기회가 전혀 없기에 죽음은 모든 게 낯설 뿐인 나라이다. 그러니 살면서 죽음을 생각하지 않고 살다가 갑자기 맞는 죽음에 대한 두려움은 상상을 초월한다. 이건 죽음의 문제에서 적합하게 반응하길 주저하게 하는 요인이다. 여기에는 죽음의 의미에 대해 잘 모르는 것도 포함한다. 죽음 교육(death education)의 부재로 인한 결과라 할 수 있다. 죽음 교육과 관련해서는 다음의 책을 참고하면 좋겠다.

> 황명환 편, 『우리는 왜 죽음을 두려워하는가?』, 이폴연구소, 2020.
> -, 『죽음교육의 필요성과 방법』, 이폴연구소, 2021.
> -, 『인간 죽음과 자살에 대한 연구』, 이폴연구소, 2024.
> 최성수, 『햇빛보다 더 밝은 빛을 보는 삶』, 한국학술정보, 2024.

네이버 웹툰 원작 "이제 곧 죽습니다"(스토리: 이원식, 작화: 꿀찬, 총 66화)를 바탕으로 만든 드라마 연작 "이재, 곧 죽습니다"(하병훈 연출, 시즌 1)는 죽음을 하찮게 여긴 한 청년의 12번의 죽음 끝에 새로운 삶을 얻는다는 이야기다. 2023년 12월에 시작해 2024년 1월 첫 주까지 총 8부작으로 제작 방영되었다. 주인공 최이재는 어려운 형편에도 열심히 살아보려고 했지만, 거듭되는 실패에 희망을 잃고 자살한다. 그 후 그는 죽음을 하찮게 여겼다는 죄에 대한 형벌로 12번의 환생을 경험한다. 죽음의 의미를 간과한 사람이 죽음을 거듭 경험함으로써 역설적으로 죽음의 의미뿐만 아니라 또한 산다는 것의 의미를 깨닫는다는 이야기다.

드라마에서 특이한 건 자살자가 생명의 가치를 무시한 게 아니라 죽음을 하찮게 여겼다고 판단을 받는다는 점이다. 죽음은 사는 일이 힘들다고 아무렇게나 선택해도 되는 것이 아니라는 메시지로 들린다. 죽음은 자살로, 살해당하는 일로, 사고로, 병으로 인해 겪는 일이지만, 삶이 힘들다거나 희망을 잃었다고 해서 대안으로 선택할 건 절대 아니라는 뜻이다. 살아가는 동안 죽음은 존중받아야 한다. 의미가 있기 때문이다.

그러나 죽음은 모든 게 낯설게 여겨지는 세계

죽음이 무엇인지는 철저히 베일에 가려져 있다. 분명 일상의 한 면이지만 미지의 영역이다. 그야말로 모든 게 낯선 세계다. 기독교 관점에서 말한다면, 계시가 없이는 도무지 알 수 없는 일상의 또 다른 면이다. 죽음을 알기 위해 철학이 아니라 성경으로 돌아가야 할 이유다. 기독교는 예수 그리스도의 죽음 계시를 말한다. 죽음에 관해서도 알아야 할 것이 있다는 말이다. 이에 반해 죽음에 대한 무지는 죽음을 함부로 여기게 하면서도 또한 두려워하게 하는 요인이다.

물론 임종을 맞는 사람이 죽음에 이르는 고통을 두려워할 수 있고 가족을 두고 떠나는 슬픔은 클 수 있다. 그렇다고 해서 두려워할 대상은 아니다. 오히려 용기를 갖고 자연스럽게 맞이할 대상이다. 또한 사는 게 힘들다고 해서 쉬운 대안으로 선택할 정도로 죽음은 함부로 여겨서도 안 된다. 쉽지 않은 일이라도 거듭되는 교육을 통해 죽음의 의미를 숙지해야 한다.

기독교에서 죽음 교육이 충분히 가능한 건 죽음의 본질이 이미 예수님의 십자가 죽음을 통해 계시했기 때문이다. 죽음은 비록 하나님에게서 온 것은 아니지만(지혜서 1:13), 죽음을 이기신 예수 그리스도의 부활로 말미암아 하나님을 만나는 한 계기가 된다. 기독교에서 죽음은 궁극적인 패배나 절망이 아니라 예수 그리스도의 승리 곧 부활을 말할 한 계기이다. 원수로 표현되고 또 종말 사건의 대표적인 사안이긴 해도 하나님의 사랑을 절대 넘어설 수 없다. 이런 점에서 종말 이전 사건이다. 종말 이후 승리를 장식하는 건 하나님의 사랑이다.

그러므로 정작 두려워해야 한다면 죽음이 아니라 생명과 죽음의 주님이신 하나님이다(시89:7, 마 10:28). 죽음에 대한 두려움이 심판하시는 하나님에 대한 두려움일 수도 있으나 그건 죽음을 이기시고 믿음의 용기를 주시는 예수 그리스도 안에서 극복된다. 왜냐하면 그의 죽음을 통해 계시한 건 하나님의 사랑이기 때문이다.

따라서 그리스도인은 더는 죽음을 두려워할 이유가 없다. 그러나 죽음이 일상에서 멀어짐으로써 죽음은 그리스도인 여부와 상관 없이 모두에게 두려움의 대상이 되었다. 예수님을 통해 계시한 죽음에 관해 깨닫지 못해 모든 게 낯선 나라로 여겨지니 결국 죽음은 두려운 나라가 된 것이다.

물론 죽음에 대한 두려움이 항상 부정적인 건 아니다. 사람은 죽음을 두려워하기에-보다 정확히 말하면 죽음의 심판을 두려워하기에-삶을 의미 있고 바르게 살려고 노력한다. 모세가 태어날 때 이집트 왕은 태어나는 사내아이를 모두 죽이라고 명령했으나, 히브리 산파들은 하나님을 두려워하여 명령을 거역하였다. 바로에 대해 반응하기보다 하나님께 반응하는 걸 우선한 것이다. 두려움이 없는 삶은 무례할 뿐이다. 그러나 죽음의 두려움은 말씀대로 살지 않을 때 오는 것이다. 말씀을 따라 사는 이에게 두려움은 사랑에 의해 내쫓겨진다(요일 4:18).

한편, 엄밀히 말해서 삶이 하나님에 대한 반응이듯이, 죽음에 대한 반응 역시 하나님에 대한 반응이다. 죽음을 직면해서 하나님을 예배하지 못하는 건 그것이 하나님에 대한 반응임을 알지 못하기 때문이다. 하나님은 삶과 죽음의 주님이시기에 죽음 역시 하나님의 사건이다. 죽음에 어떻게 반응하느냐 하는 건 하나님께 어떻게 반응하느냐에 버금하는 일이다.

죽음과 예배

그렇다면 그리스도인은 죽음에 어떻게 반응해야 하는가? 죽음의 문제에서 어떻게 반응해야 예배가 되는가?

앞서 죽음에 대한 반응으로 두려움을 말했는데, 이는 살아있는 자에게 나타나는 일이다. 사랑하는 이의 죽음을 상상하거나 예상할 때 나타난다. 그러나 죽음에 대한 반응은 두려움이 아니라 상실의 고통이며 흔히 애도로 표현된다. 애도에는 슬픔, 우울, 분노, 절망, 무기력 등 다양한 반응이 있으나 애도에서 가장 우선적인 정서는 놀라움과 슬픔이다. 애도자라면 상실로 인해 놀라고 슬퍼하는 게 당연하며, 상실로 말미암아 놀라움과 슬픔으로-만일 이 것으로 끝나지 않는다면-하나님께 반응하는 건 애도자에게 일상의 예배다. 삶과 죽음을 다스리시는 하나님을 인정하고 그분 앞에서 슬퍼하는 것이기 때문이다.

애도는 예배다

그런데 여기서 조심해야 할 일이 두 가지가 있다. 성경에 나오는 두 가지 사례를 통해 살펴보자.

무엇을 애도해야 하는가?: 하나는 애도자는 죽음과 관련해서 진정으로 애도할 것이 무엇인지 알아야 한다는 거다.

예수님은 마리아와 마르다의 오빠인 나사로의 죽음 앞에서 눈물을 흘리셨다(요 11:35). 사랑하는 나사로의 죽음에 나름대로 애도를 표현하신 것이다. 그런데 성경을 자세히 들여다보면(요 11:1~44) 예수님이 나사로의 죽음을 애도하신 건 상실의 슬픔 때문이 아니었을 것이란 생각이 든다. 만일 그게 상실의 슬픔이었다면 나사로가 죽은 것이 아니라 자는 것이라고 말씀하신 사실을 스스로 부정하는 것이기 때문이다. 따라서 나사로의 죽음을 애도했다고 볼 수 없다. 오히려 예수님이 눈물을 흘리신 건 나사로가 잔다고 말씀하신 걸 사람들이 믿지 않았기 때문이다. 그러니 나사로의 죽음에 대한 예수님의 반응은 한편으로는 슬퍼하는 자와 함께 슬퍼하는 것이며 다른 한편으로는 당신의 기도를 하나님이 들어주실 것을 믿고 기도하신 것이다. 예수님은 죽음 때문에 애도한 것이 아니라 나사로의 죽음 때문에 슬퍼하는 두 자매를 공감하며 측은히 여기셨다. 나사로의 죽음 앞에서 비통해하신 건 잔다는 당신의 말을 믿지 못하고 죽었다고 믿는 사람들의 불신 때문이다. 그들은 예수님이 삶과 죽음을 다스리시는 분임을 믿지 않았다.

예수님의 죽음과 고난은 애도의 대상이 아니다: 다른 하나는 예수님의 고난과 죽음은 애도의 대상이 아니라는 거다.

예수님은 골고다로 가시는 길에 자기를 따르는 여인들이 슬퍼하는 걸 보시고는 자기를 위해 울지 말고 너희와 너희 자녀들을 위해 울라고 말씀하셨다(눅 23:28). 여인들의 애도에서 무엇이 문제였던 걸까? 이어지는 구절을 보면(눅 23:29~31) 장차 일어날 환난을 염두에 둔 말씀이지만, 엄밀히 말해서 그건 예수님의 고난과 죽음은 애도의 대상이 아니라는 것이다. 하나님의 뜻에 따라 겪는 일이니 그건 슬퍼할 일이 아니라는 거다. 오히려 슬퍼해야 한다면 고난의 이유인 인간의 죄 때문이고 또한 그 죄의 결과가 자녀들에게 미칠 것이기 때문이다.

하나님 앞에서 애도하기: 상실의 슬픔으로 하나님 앞에서 애도하는 것은 죽음의 문제에서 하나님께 반응하는 것으로 사별자에게 일상의 예배다. 애도를 막아서도 안 되지만 설령 막는다고 해도 멈추어지는 것이 아니다. 조문하는 자나 위로하려는 자는 애도자가 하나님 앞에서 맘껏 슬퍼하게 해야 한다. 누구도 사별자의 애도 곧 하나님 앞에서 슬픔으로 반응하는 예배를 방해해서는 안 된다.

그런데 많은 경우 애도 기간은 상실을 이해하려는 노력이며 또한 과정이다. 그러나 도대체 누가 죽음을 온전히 이해할 수 있을 것이며, 상실의 의미를 설명해 줄 수 있을 것인가? 죽음에 관한 수많은 철학과 신학 언어가 있으나 그 무엇으로도 온전한 이해에 이르긴 쉽지 않은 일이다. 설령 예수 그리스도의 죽음을 이해하고 있어도 상실의 슬픔 중에 있는 사람은 그것을 쉽게 받아들이지 못한다. 어느 정도 시간이 필요하다. 그러나 슬퍼하는 것 곧 죽음을 이해하려는 노력은 어느 선에서 멈출 수 있어야 한다. 멈출 때 비로소 보이는 것들이 있다. 비록 누구도 그 시기를 특정할 수는 없지만 애도하는 당사자가 하나님의 위로를 기대하며 용기 있는 결단을 내려야 한다.

죽음에 대한 반응은 더는 상실의 아픔만이 아니라-예수 그리스도의 죽음 이해에 근거해서-우리의 죄와 그 결과 때문에 슬퍼하는 것이기도 해야 한다. 물론 이 말이 고인을 잃은 가족에게 아무런 위로가 되지 않음을 안다. 오히려 애도자의 상황을 고려하지 않은 채 고인과 죄를 연결하는 설명으로 인해 유족을 분노하게 하고, 심하면 기독교 신앙을 포기하게 하는 이유가 되기도 한다. 슬픔은 신앙마저 압도할 수 있다. 이건 오직 죽음 교육을 통해서 기대할 수 있다.

설령 누구도 애도자에게 죽음이 죄와 그 결과라고 말하지 않아도 그리스도인 애도자는-죽음교육을 통해-상실을 슬퍼하면서도 인간의 죽음이 죄와 그 결과임을 잊지 말아야 한다. 이것이 죽음에 반응하면서 예배하는 모습이다. 이런 예배를 통해 애도자는 죽음을 이기게 하신 하나님을 찬양할 수 있다.

애도를 통해 하나님에게 반응이기

여기서 말하고자 하는 건 오직 죽음에 대한 반응이 단지 상실을 슬퍼하는 애도로 끝나선 안 된다는 거다. 애도와 더불어 죽음에 대한 반응이 하나님에 대한 반응임을 안다면 죽음에 대한 반응이 예배이기 위해 적합한 반응을 할 필요가 있다.

그리스도인에게는 죽음에 대한 반응이 단지 슬퍼하는 것만으로는 부족하다. 이것이 우선이고 무엇보다 중요한 일이며 이것 자체가 예배이긴 해도, 이것만으로 애도의 기간을 보내는 건 하나님의 뜻이 아니다. 그것은 미지의 낯선 세계이므로 상실의 슬픔을 하나님에게 맡겨야 한다. 그분은 우리를 온전히 공감하시고 무엇보다 죽음을 이길 뿐만 아니라 또한 다스리시는 분이기 때문이다.

그리스도인이라면 애도를 넘어 죽음을 살아 있는 자의 죄와 죄의 결과를 슬퍼하고 회개할 기회로 삼아야 한다. 죽음을 애도하면서 동시에 십자가 앞에서 나를 돌아보는 기회를 얻는 것이다. 스크루지 영감이 각성하여 회개한 건 아무리 재물을 많이 쌓아도 결국 자신이 죽을 것이라는 사실을 알게 되었기 때문만은 아니었다. 현실 같은 꿈을 통해 자기가 심판받아 어떠한 죽음을 맞이하게 될 것인지를 알게 되었을 때 그는 깊은 깨달음을 얻고 회개했다. 애도하면서도 이런 기회를 간과한다면, 참으로 안타까운 일이다.

여기에 더해 애도 후 죽음을 넘어 부활의 삶을 인도하시는 하나님에 대한 기대와 또한 새롭게 전개할 삶의 단면에 직면할 용기가 필요하다. 살아있는 동안에는 사람과의 관계에서 하나님의 돌보심을 받고 또 하나님께 반응하며 지냈으나, 이제 죽은 후에는 부활함으로써 직접 하나님과 친밀한 관계를 누릴 수 있게 된 것이다. 죽었으나 오히려 하나님을 증언하는 음성을 듣는 기회로 삼는 게 죽음에 적합하게 반응하는 것이며, 이것이 예배다.

배우자의 부정을 알게 되었을 때

"무엇보다 중요한 건 부정한 배우자가 상대에게 어떤 이유를 대든
부정의 동기가 내게서 비롯한 건 아니라는 확신을 갖는 게 중요하다."
(본문 중에서)

예배는 영으로 임재하신 하나님에 대해 전인격적으로 반응하는 신앙 행위다. 평생의 반려자로 선택한 배우자의 부정을 알게 되었을 때 하늘이 무너지는 것 같은 느낌을 받는다. 상대적으로 다른 충격에 비해 벗어나는 시간이 길고 회복이 더디다. 자신을 지키기도 쉽지 않은 때 어떻게 반응해야 예배자로서 사는 걸까?

배우자의 부정을 알게 된 후로 이혼하였고, 이혼 문제에서 교회가 보인 경직성 때문에 교회 출석만을 포기한 게 아니라 신앙을 아예 포기한 한 여성을 만났다. 물론 배우자의 부정 때문에 신앙에 위기를 맞아 상담을 요청했던 여성 집사님과 함께 왔기에 알게 된 분이다. 당시 집사였던 그분은 자신을 더는 교회 직분으로 부르지 않았으면 좋겠다고 했고, 자기는 친구의 고민을 듣고 그녀에게 용기를 주기 위해 함께 왔을 뿐이라고 했다. 자기가 해 줄 최선의 말은 이혼인데, 친구는 혹시 다른 가능성이 있을지 알고 싶다고 해서 따라왔다고 했다. 내게 상담을 요청한 친구와 나와의 대화를 끝까지 지켜보더니, 교리의 문제가 아니라 감정의 문제로 상담하는 걸 보고 신

앙 문제에서 다소 긍정적인 사인을 남기고는 떠났다. 그 후로 더는 소식을 접하지 못했다. 다음의 글은 그때의 경험을 반추하며 쓴 것이다.

일상이 된 배우자의 부정

이혼 사유에서 배우자의 부정이 차지하는 비율이 과거에 비해 현저히 높아졌다. 방송 드라마 소재 중 으뜸이 불륜이다. 드라마 〈굿 파트너〉는 이혼 변호사들의 이야기다. 당연히 이혼이 주 테마로 다뤄진다. 우리 사회에서 얼마나 많은 부부의 이혼이 배우자의 부정에서 비롯하는지 잘 보여주는 드라마다. 단골 메뉴인 출생의 비밀도 대개는 불륜과 연결된 소재다. 그만큼 불륜 소재가 시청자에게 통한다는 뜻이다. 근본적으로는 인간의 욕망에 원인이 있지만, 욕망을 부추기는 자유로운 성 문화가 만연하고 성적 규범이 완화하면서 나타난 결과다.

배우자의 부정을 알게 된다는 건 억장이 무너지고 신뢰가 산산이 깨지는 일이다. 감정적으로나 정신적으로 큰 충격을 받는다. 그래서 어떤 배우자는 상대의 부정을 충분히 짐작할 만한 상황에서도 의도적으로 아무것도 모른 척하고 굳이 알려고도 하지 않는다. 알고 나서 받을 충격을 두려워하기 때문이고, 또 알고 난 후에 갈등 관계에서 괴롭게 지내는 것보다 차라리 아무것도 모르고 사는 것이 마음은 더 편하기 때문이란다. 때로는 복수할 의도로 상대에게 같은 고통을 안기기 위해 맞바람을 피우기도 한다. 그러면서도 자녀의 미래나 남의 이목을 생각해 어떻게든 가족 관계는 지키려 한다.

아마도 결혼 생활에서 이걸 바람직하다고 보는 사람은 없을 것이다. 배우자는 서로 신뢰를 지켜야 하고 또 신뢰를 지키도록 서로 힘쓰고 격려해야 한다. 가족 관계만 유지하면 된다면서 배우자의 부정을 모르는 척하거나 맞바람을 피우는 건 옳지 않다.

배우자의 부정을 알게 되면 신실한 그리스도인이라도 하늘이 무너지고 땅이 꺼지는 것 같은 경험을 한다. 따지고 싸우고 원통함을 호소해도 이미 벌어진 일이기에 상처 입은 마음의 회복은 쉽지 않다. 설령 이혼까지는 가지 않아도 부부관계의 회복이 쉽지 않다. 사건 이전 상태로는 절대 돌아가지 못한다. 용서한다고 해서 잊히는 것도 아니고 참는다고 해서 쉽게 참아지는 일도 아니다. 분노는 차치하고 슬픔, 고통, 불면, 원망, 자괴감, 자책감, 열등감, 배신감, 심한 우울감 등 온갖 고에너지의 부정적 감정이 한꺼번에 쏟아진다. 장기간 스트레스에 노출되어 건강에 치명적이다. 감정의 굴곡이 심해져 혼자서는 감당하기가 힘들 정도다. 따라서 술과 약물에 의지하려는 경향이 강해진다.

매우 공격적인 성향의 사람은 상대에게 폭력을 행사하고 심지어 살인도 불사한다. 어떤 이는 부정을 아는 즉시 이혼을 준비한다. 그렇다고 사랑이 없었던 건 아니지만, 사람은 변하지 않는다는 확신과 그리고 주변의 경우를 반면교사 삼아 외도라는 현실에 대처하는 결과가 너무나도 뻔한 것이라 여긴다. 당장에는 불필요하고 비생산적인 감정에 의해 휘둘리지 않으려는 것이고, 무엇보다 배우자의 부정은 이혼 사유로 충분하기 때문이다. 변호사를 선임하고 부정의 증거를 찾고 재산 분할을 위해 준비한다. 자녀들? 힘겨운 일이긴 해도 만일 자녀가 선택하지 않는 한 대체로 귀책 사유가 있는 사람에게는 자녀 양육의 기회가 주어지지 않는다. 다만 경제적으로 책임이 있는 자에게 양육비 책임만 주어질 뿐이다.

총체적인 붕괴 경험

그리스도인에게 가장 큰 문제는 이 일로 인해 하나님에 대한 신뢰가 무너지고, 신앙마저 위태롭게 된다는 거다. 배우자에게 이끌려 신앙생활을 했다면 배우자의 부정은 신앙에 치명적인 결과로 이어진다. 부정으로 인해 심한 갈등을 겪는 동안 교인들이 눈치채지 못하도록 교회 모임에서 마치 아무러한 일도 일어나지 않은 것처럼 지내는 모습이 피해자인 상대 배우자에겐 가증스럽기만 하다. 배우자의 부정을 용인한 하나님을 더는 믿고 싶어 하지 않는다. 당연히 하나님의 돌보심을 의심하고, 내게 왜 이런 일이 일어났는지 물어도 대답을 들을 수 없으니 답답함만 가중할 뿐이다. 교인들 보기에 부끄러워 교제에서 조금씩 멀어지고 결국 교회 출석을 중단한다. 물론 반대의 경우가 없지 않다. 물론 적은 경우이긴 해도 이런 일로 하나님을 더욱 신뢰하는 성도가 없지 않다. 그러나 그건 정말 드문 일이고, 설령 있어도 시간이 많이 지난 후에나 기대할 일이다.

도대체 이런 상황에서 어떻게?

배우자의 부정을 알게 되어 하나님에게 도무지 집중할 수 없을 때, 그리스도인은 어떻게 해야 이런 상황에서도 하나님을 예배하는 자가 될 수 있을까?

믿음의 줄을 놓지 않기: 배우자의 부정을 알게 되었다는 현실에서 이런 질문은 사실 아무 의미가 없을 수 있다. 왜냐하면 극도로 흥분한 상태이거나 우울하고 무기력한 상태일 수 있기 때문이다. 자기 외의 다른 일과 관련해서 생각하고 싶지 않고 또 실제로 그러한 상태이기에 질문 자체가 아무 의미가 없을 수 있다. 그러함에도 불구하고 그리스도인은 슬프나 기쁘나, 불행한 일이든 행복한 일이든 모든 일에서 하나님 앞에서 사는 사람이다. 따라서 만일 이런 일로 믿음을 포기하지 않을 것이라면, 무방비 상태로 있기보다는 애써 어떻게 반응해야 할지 생각하는 것이 옳다.

무조건 용서가 답인가?: 부정한 배우자가 떠날 결심을 한다면 그 후의 문제와 관련해서도 어떻게 반응해야 할지 생각해야 한다. 만일 배우자가 잘못을 시인하고 용서를 구하면 무조건 용서해 주어야 할까? 물론 배우자의 부정을 무조건 용서해야 한다고 생각하며 자기 자신에게 구속을 주는 건 바람직하지 않다. 주변 사람들도 무조건 용서해야 한다고 말하지 말아야 한다. 용서 전에 반드시 거쳐야 할 단계가 있기 때문이다.

자신을 가장 먼저 돌보라: 배우자의 부정을 대하는 일에서 가장 먼저 챙겨야 할 일은 상대를 무조건 용서하는 일이 아니라 자기 자신을 돌보는 일이다. 자기가 감정회복력이 크거나 혹은 정신적으로나 영적으로 건강하면 그 이후의 일 처리는 사실 큰 문제가 되지 않는다. 이혼하든, 용서하고 받아들여 결혼 관계를 계속 유지하든, 아니면 다른 길을 선택하든 크게 영향을 받지 않는다. 그러나 자기가 건강하지 못하면 어떤 결정을 내리더라도 큰 상처로 남을 뿐이다. 과도한 스트레스로 인해 암이나 각종 심리 장애나 신경증을 앓을 가능성이 크다.

It's not your fault: 무엇보다 중요한 건 부정한 배우자가 상대에게 어떤 이유를 대든 부정의 동기가 내게서 비롯한 건 아니라는 확신을 갖는 게 중요하다. 자기 잘못이 아니라는 거다. 상담 사례에 비추어 보면 부정의 이유와 책임을 상대 파트너에게 돌리는 경우가 허다하다. 정신력이 약한 사람은 오히려 가스라이팅을 당한다. '너 때문이야!'라는 말로 인해 피해자가 가해자가 되고 가해자가 피해자가 되는 어처구니없는 일이 흔하게 일어난다. 부정의 이유는 여러 가지나 어떤 연유에서 일어났든, 외도는 자기 욕망에 따른 것이다. 그러니 무엇보다 너 때문에 부정을 저질렀다고 말해도, 또 이런 말을 거듭 반복해도 절대 마음에 두지 말아야 한다. 설령 불만의 요인이 되는 것이 상대에게 있었더라도 그것이 부정의 원인은 될 수 없다. 대화로 풀어야 할 것을 풀지 못한 책임은 본인에게 있기 때문이다.

감정을 폭발하지 말고 표현하라: 따라서 배우자의 부정에 화낼 수 있고 분노할 수 있고 감정적인 폭발이 일어날 수도 있다. 그래도 된다. 그건 슬픔과 고통의 표현이다. 반사회적이거나 비정상적으로 폭발하지 않는다면 감정 표현을 굳이 억누를 필요가 없다. 내가 얼마나 슬퍼하는지 상대에게 보여주고, 배우자의 부정으로 인해 얼마나 큰 고통을 겪는지를 상대가 충분히 인지할 수 있을 정도로 표현해야 한다.

경우에 따라선 분노에 압도되어 전혀 예상치 못한 격한 감정으로 인해 상대가 놀라 오히려 관계를 끊으려는 경향을 보이기도 한다. 그래서 배우자가 부정했어도 이혼만은 피하고 싶은 사람들 가운데는 감정을 애써 절제하려는 사람들이 있다.

피해자는 애도 중인 거다: 그러나 명심해야 한다. 배우자의 부정 경험은 당사자에게 상실 후 애도 경험과 비슷하다. 충분히 애도하지 못하고 강제로 억누르거나 중간에 멈추게 되면 잘못된 결과로 이어질 수 있다. 마찬가지로 부정에 대한 감정을 억누르면 나중에 걷잡을 수 없이 더 크고 위험하게 폭발할 수 있다. 그러므로 고통과 슬픔은 충분히 표현돼야 한다. 그 일로 인해 상대가 관계를 정리하고 싶은 마음이 든다 해도 그렇다. 관건은 배우자의 부정을 알게 되었을 때 가장 먼저 할 일은 자기 자신을 지키는 거다.

잘못을 반복하지 않기 위해: 이런 고통과 슬픔에 상대가 어떻게 반응하느냐에 달려있지만, 만일 잘못했다고 말하고 결혼 생활을 계속 유지하길 원한다면, 그 의지를 분명히 확인받는다. 그리고 자신과의 관계에서 어떤 문제가 있었는지 확인한다. 잘못했다는 말을 듣고 용서로 간단하게 정리하면 부부 관계에 잠재해 있는 문제를 해결할 기회를 놓친다. 이 상황은 평소에 말하기 어려웠던 부부관계의 문제를 해결할 기회이다. 평소에는 오랫동안 함께 살면서 상대의 장단점을 잘 파악하고 있는 터라 말해도 소용없을 것이라는 선입견이 부부의 소통을 가로막는다. 소통의 단절은 배우자를 유혹하는 말과 행위에 쉽게 넘어지게 하는 요인이다. 이런 기회를 통해서 소통 단절의 원인을 파악해야 한다. 배우자가 잘못했음을 시인했을 경우 다시는 반복하지 않겠다는 다짐을 받는다.

한편, 만일 용서하고 받아들이면 다시는 그 일로 상대를 다그치는 일이 없도록 한다. 사건 이전으로 다시 돌아가는 건 쉽지 않은 일이다. 이미 깊은 상처를 입었기 때문이다. 설령 이전처럼 돌아가지는 못하더라도 서로 노력하면 뜻하지 않게 이전과는 전혀 다른 관계를 세워나갈 수 있다.

피해자로서 감정 표현은 일상 예배다

배우자의 부정을 알게 되었을 때 나타나는 감정 표현이나 그 후에 화목한 관계를 위해 대화를 통해 풀어가는 모든 과정은 하나님께 반응하는 것으로 일상 예배자의 모습이다. 감정 표현이 예배라는 게 이상하게 들릴 수 있다. 하나님도 당신의 백성이 죄를 지었을 때 감정적 반응을 보이셨다. 인간에 대한 반응에서-폭력을 행사하는 등의 죄를 범하지 않는 한-부정한 배우자에 대해 분노하는 건 고통을 당하는 자가 하나님 앞에서 자기를 표현하는 일이며 일상 예배의 한 모습이다. 그건 하나님과의 관계를 놓지 않았고 또한 상대를 포기하지 않았다는 사실을 말해준다. 하나님이 고통을 넘어 관계의 전환을 이루어 주시길 기대하며 반응하는 것이다. 배우자의 부정을 알고도 아무렇지 않게 지내는 건 자신을 속이는 일이며 배우자에게 돌아올 기회를 빼앗는 일이다. 참 예배자의 모습이 아니다.

병들었을 때

예배는 영으로 임재하신 하나님에 대해 전인격적으로 반응하는 신앙 행위다. 병으로 인해 하나님께 집중하기 힘들 때 어떻게 반응해야 예배자로서 사는 걸까?

병들었다는 것

여기서 다루는 병은 간단히 치료할 수 있는 게 아니다. 당장 사망에 이르게 하는 건 아니라도 삶의 질을 현저히 떨어뜨리는 병, 치료가 더는 가능하지 않아 장차 죽음을 예상해야 하는 병, 신체에 치명적인 장애를 가져오는 병, 환자 본인은 물론이고 가족까지도 소진하게 하는 만성적인 질병을 말한다.

병들었다는 사실은, 비록 그것을 알게 됨으로써 환자와 가족에게 충격이 된다 해도, 대개 신앙을 위협하진 않는다. 질병은 한편으로는 하나님을 더욱 신뢰하게 하는 이유다. 더욱 기도하게 되고 그동안의 삶을 반성하게 되고 하나님과의 관계에서 자신을 더 깊이 돌아보게 된다. 건강할 때 지나쳤던 일들을 되돌아보고 가족의 소중함과 삶의 의미를 깨닫기도 한다. 이로써 하나님께 한 걸음 더 나아가는 계기가 된다.

그런데 다른 한편으로는 하나님에 대한 신뢰를 무너뜨리는 요인이다. 치료하시는 하나님이란 표현에 대해 아무 설명도 없이 세뇌된 경우이다. 어떤 병이든 낫기만 한다면 신앙을 강화하는 데 공헌하지만, 만일 그렇지 않으면 그토록 간절히 드렸던 기도가 아무 소용이 없음을 알고 신앙의 위기로 이어질 수 있다. 더군다나 그것이 죄 때문이라는 말을 들으면 한편으로는 지푸라기를 붙잡는 심정으로 하나님에게 더 가까이 가는 기회가 될 수 있으나 다른 한편으로는 신앙을 떠나는 이유가 된다.

특히 환자가 어린아이라면 그 가족이 겪는 심리적 충격과 고통은 다른 어떤 경우보다 더 크다. 그래도 죽음에 이르지 않는 한 소망을 갖고 기도하지만, 만일 치료를 위한 의술이 없어 죽음에 이르게 된다면 부모가 겪는 슬픔과 고통은 말로 다 표현할 수 없다. 신앙의 관점에서 가장 큰 위기는 바로 이때 엄습한다.

신앙을 버렸다고 말하는 사람들 가운데 병으로 자녀를 잃은 부모들이 적지 않다. 하나님의 돌봄과 보호를 받지 못했다고 생각하기 때문이다. 그토록 간절한 기도에 아무 반응을 보이지 않았다고 여겨 하나님의 존재마저도 믿지 못하게 된 것이다. 드물긴 해도 시간이 지나 회복하는 사람이 있는가 하면 평생 회복하지 못하는 사람도 있다. 언제까지 이어질지 모르는 침묵의 시간을 감내하지 못한 것이다.

병과 하나님의 부르심

병들었을 때 우리는 어떻게 하나님께 반응해야 할까? 침묵하시는 하나님께 어떻게 반응해야 하는가?

　과거 유방암이 상당히 진행된 상태에서 병원에 입원한 권사님이 계셨다. 교회 내 온갖 궂은일에 늘 앞장서서 일하시는 분이기에 암 소식은 대부분 교인에게 큰 충격이었다. 유방 절제 수술과 항암치료 그리고 방사선 수술까지 마지막 할 수 있는 건 다 해볼 결심으로 입원하셨다. 살아서는 더는 병원 밖을 못 나올 것이라는 소문이 무성하였기에 병문안 간 교인들은 물론이고 권사님마저도 울어 병실은 금방 눈물바다가 되었다. 교인이 모두 병실 밖으로 나갔을 때 나는 홀로 남아서 권사님에게 이런 말씀을 드렸다.

　"권사님, 권사님에게도 암이 찾아왔군요. 정말 충격적이고 슬픕니다. 그런데 권사님, 지금 상태가 어떠하든지 한 가지만 말씀드리고 싶어요. 권사님은 지금 암 환자로 하나님의 부르심을 받은 겁니다. 우리는 건강할 때만 하나님의 부르심을 받는 게 아니라 아픈 몸으로도 하나님의 부르심을 받기도 합니다. 권사님은 지금 암에 걸리셨으니 암 환자로 하나님이 부르신 겁니다. 하나님의 부르심은 생명을 위한 것이고 복음을 위한 겁니다. 성령께서 인도하셔서 이 부르심이 권사님에게 무엇을 의미하는지 병실에서 혹은 치료를 받으면서 잘 생각해 보시고 선한 인도를 받으시면 좋겠습니다."

　이 말과 함께 위로와 치유 기도를 드리고 병실 문을 나왔다. 얼마의 시간이 지난 후 권사님은 퇴원하셨는데, 제일 먼저 내게 전화하신다면서, 당시 내 말을 듣고 처음에는 의아해했는데, 투병 생활에서 그 의미를 깨닫고 위로를 받았다고 말씀하셨다. 그래서 먼저는 자기 현실을 인정하고 받아들이니 병 때문에 슬퍼하거나 고통스러워하지 않게 되었다고 했고, 자기도 아픈 몸이지만 함께 병실을 쓰는 암 환자를 섬기는 일을 할 수 있었다고 했다. 몇 명의 환자를 돌보는 간병인 혼자만으로 감당하기 어려운 일이 있었는데, 자기가 도와 환자가 편안하게 병실 생활을 할 수 있도록 도왔다고 한다. 수술과 항암치료를 두려워하는 환자에게는 자기 경험을 나누어 힘과 용기를 주었다고 했다. 결과적으로 권사님 자신의 병이 호전되어 수술하고 항암치료와 방사선치료를 잘 받으셨고 그 후 9년 정도 더 사시다가 돌아가셨다. 당시 권사님 병 상태로 이 정도 기간을 살았다는 건 거의 기적이라는 말을 들었다.

예배하기 어려운 건 부정할 수 없는 사실

많은 경우 병으로 극심한 고통을 겪을 때 우리는 하나님께 합당한 반응을 보이지 못한다. 놀라움과 충격으로 시작해서 원망과 분노와 실망과 근심과 염려로 가득한 나날을 보낸다. 오히려 부정적인 반응이 잦다. 이건 병에 대한 신학적 이해가 부족한 결과다.

그리스도인에게는 한 가지 분명한 사실이 있다. 건강한 상태든 아픈 상태든 하나님의 자녀라는 거다. 하나님의 돌봄을 받는다. 건강을 제대로 관리하지 못한 책임이 없지 않으나 그리스도인은 건강하면 건강한 대로, 아프면 아픈 대로 하나님의 부름을 받고 살아간다. 문제는 하나님의 돌봄과 보호를 받으면 당연히 건강하고 평안한 삶을 살 것으로 보고 기대하는 태도이다. 이렇게 생각하는 사람은 병이 들면 크게 실망한다. 바울은 평생 눈의 질병을 지니고 살았다. 치료가 어려운 만성 질병이었다. 하나님께 간절히 기도했으나 그가 들은 말씀은 네 은혜가 네게 족하다는 것이었다. 여기에 더해 온갖 고초를 겪었고 옥에 갇히기도 하고 죽을 만큼 매를 맞기도 했다. 그래도 하나님의 부르심을 받은 자로서 정체성을 잃지 않았다. 예수님은 제자의 배신으로 인해 유대 관원에 붙들려 가셨다. 로마 군인에 넘겨져 온갖 채찍을 맞고 십자가에 못 박혀 돌아가셨다. 제자들마저 모두 자기 곁을 떠났음을 아셨다. 그런데도 홀로 남아 마지막 순간을 맞이하기까지 하나님에 대한 신뢰를 포기하지 않았다.

그러함에도 불구하고 예배하기 원한다면

그리스도인은 사나 죽으나 주의 것이다. 병들었어도 주의 것이며 건강해도 주의 것이다. 설령 만성적인 질병을 앓아도, 치료가 더는 가능하지 않은 말기 환자라도 하나님은 그 상태에 있는 사람을 부르신 것이다. 병에서 기적같이 회복해 하나님의 놀라운 일을 증언하기 위함도 있겠으나 전혀 그렇지 않을 수도 있다. 건강해지기 위한 부르심이 아닐 수도 있다는 말이다. 오히려 당신의 자녀를 아픈 자의 몸 상태로 부르셨으니 아픈 자의 하나님으로 당신을 나타내시기 위함이다. 그 깊은 뜻을 알 수 없으니 다만 주의 이름을 찬양할 뿐이다.

앞서 언급한 권사님은 처음에는 인정할 수도 없고 받아들일 수도 없는 현실을 하나님의 부르심으로 인정하고 받아들였을 때 마음의 평안함을 느껴 놀랐다고 했다. 하나님의 위로를 경험했고, 그 결과 자기 몸을 돌보기도 힘든 상태에서도 같은 병실의 환자들을 위로하고 힘을 주고 도와줄 수 있었다고 했다.

하나님의 부르심에는 병들었을 때나 건강한 때나 상관하지 않는다. 병들었다면 하나님은 병들어 고통을 겪는 이의 하나님으로 당신을 나타내실 것이다. 현실을 인정하고 받아들여 병든 이의 하나님이 어떤 일을 행할 것인지 기대하며 그 일이 자기를 통해 이루어지길 바라는 것, 이것이 바로 일상의 예배다. 병들었기에 하나님을 예배하지 못하는 것이 아니다. 오히려 병들었기에 하나님을 예배할 이유가 생긴 것이다.

병 들었다면 먼저는 의사의 치료를 꾸준히 받아야 한다. 하나님은 의사를 통해 일하시기 때문이다. 다스리고 돌보시는 일을 인간에게 위임하셨다. 그러나 병이 악화하여 치료가 어렵다고 해서 하나님에 대한 신뢰를 포기한 다면 하나님을 과학에 매이게 하는 일이다. 과학을 넘어 행하시는 하나님에 대한 기대는 물론이고, 설령 그것이 아무 치료 효과를 가져오지 않는다 해도 아픈 자를 통해 일하시고 심지어 죽음을 넘어 행하시는 하나님을 신뢰하는 것, 이것이 일상 예배이다.

죄를 지었을 때에

> "그러므로 나의 사랑하는 자들아 너희가 나 있을 때뿐 아니라
> 더욱 지금 나 없을 때에도 항상 복종하여
> 두렵고 떨림으로 너희 구원을 이루라"
> (빌립보서 2:12)

예배는 영으로 임재하신 하나님에 대해 전인격적으로 반응하는 신앙 행위다. 내가 타인에게 혹은 타인이 내게 죄를 지었음을 깨닫고 상대가 고통스러워하는 걸 볼 때 마음이 무너진다. 어떻게 회복해야 하는지 몰라 낙담한다. 하나님께 나아가기보다는 어떻게든 이런 국면에서 벗어날 기회만을 찾으려 한다. 이런 상황에서 어떻게 반응해야 예배자로서 사는 걸까?

죄와 죄인

죄를 지었을 때, 더는 하나님을 찾고 싶지 않고, 오히려 하나님 앞에서 숨어버리고 싶을 때, 하나님께 어떻게 반응해야 할까? 이에 관해선 두 방향에서 생각해 보아야 한다. 하나는 내가 죄를 지었을 때와 누군가가 내게 잘못을 범했을 때다.

주님은 우리가 우리에게 잘못한 사람을 용서하여 준 것 같이 하나님이 우리의 죄를 용서해 주시길 기도하라고 말씀하셨다. 이 말씀은 두 가지를 보여주는데, 그리스도인은 자기 잘못에 대한 태도에서 어려움을 느끼는 만큼

이나 다른 사람의 잘못을 대하는 데도 어려움을 느낀다는 거다. 용서를 구하라는 말씀에 함의된 의미다. 목회에서 죄를 용서하지 못해 힘들어하는 성도들의 이야기를 종종 듣는다. 괴롭고 힘들다고 한다. 너무 힘들어서 주의 기도를 더는 드리지 못하겠다는 하소연도 들었다. 왜냐하면 주의 기도에서 '내게 잘못하는 자의 잘못을 용서해 줄 것'을 먼저 앞세웠기 때문이다. 용서하지 못하니 주의 기도를 드리기가 주저되는 건 당연하다.

우리는 흔히 하나님의 용서를 앞세우고는 이처럼 우리도 우리에게 잘못한 사람을 용서해 주어야 한다고 말한다. 그런데 예수님은 이걸 뒤집어 말씀하셨다. 적어도 표현에서 그렇다. 그렇다고 이걸 오해하여 우리의 용서를 전제로 하나님의 용서가 있을 것이라고 말해선 안 된다. 하나님은 우리가 우리 죄를 고백하기 전 그러니까 우리가 아직 죄인이었을 때 이미 예수 그리스도의 십자가를 통해 우리 죄를 용서하셨기 때문이다.

그러함에도 불구하고 우리가 하나님에게 죄 용서를 구하라는 건 죄를 용서해 주시는 분은 하나님이시기 때문이다. 이걸 인정하라는 말이다. 그리고 그 전에 먼저 우리에게 잘못한 사람을 용서하라는 건 하나님에게 용서를 구하기 전 잘못에 대해 용서를 구하는 사람의 비탄한 마음을 헤아릴 필요가 있다는 것이다. 거기다가 용서하는 자가 겪는 고통도 헤아리라는 뜻이다. 남의 잘못을 용서해 주는 일이 얼마나 어려운 일인지 먼저 헤아려 보고 하나님에게 우리의 죄를 용서하길 구하라는 것이다. 이 일에서 실패한 사람에 대해서는 마태복음 18장에서 확인할 수 있다.

빚을 탕감해 주는 이의 마음을 헤아려야

일만 달란트 빚을 탕감 받은 사람은 일백 데나리온 빚진 자를 용서하지 못했다. 그는 일백 데나리온 빚을 진 사람에게 빚을 갚기를 독촉했고 결국 빚을 갚지 못한 채무자를 옥에 가두었다. 일백 데나리온 빚진 자에게 그런 태도를 보인 건 빚을 탕감해 주는 일이 얼마나 힘든 일인지 스스로 보인 것이다. 이 이야기는 두 가지 사실을 가리키는데 하나는 빚을 탕감 받은 것이 얼마나 가치 있는 일인지 깨닫지 못한 것이며, 다른 하나는 빚을 탕감해 준 주인의 마음을 전혀 헤아리지 못했다는 것이다. 그 결과 그는 빚 탕감의 가치와 탕감해 주는 이의 마음을 깨닫기까지 옥에 갇혀 있어야 했다.

그리스도인은 자기 죄와 관련해서 하나님께 대해서는 물론이고 자기에게 죄를 지은 사람에 대해 적합한 반응을 보여야 한다. 이게 어떻게 가능한가?

죄에 대한 적합한 반응

다윗이 성경에서 높이 평가되는 건 죄를 지었을 때, 아니 죄가 폭로되었을 때 하나님께 돌아서서 참회하고 회개했기 때문이다. 당시 왕의 권력으로 선지자 나단을 제거하고 죄를 은폐할 수도 있었으나 다윗은 그렇게 하지 않았다. 시편 51편은 죄가 폭로된 후 다윗이 하나님께 어떻게 반응했는지 보여주는 글이다. 죄의 무게와 죄에 대한 하나님의 진노를 알고 있는 사람의 참회와 회개의 기록이다. 다윗은 죄를 은폐하기보다 하나님께 나아가 오직 하나님께만 죄를 지었다고 고백하면서 죄 용서를 구했다.

죄를 지었어도 이 일로 말미암아 하나님이 다윗을 버리시지 않은 건-이건 사울 왕의 잘못에 대해 보이신 하나님의 반응과 비교할 때 두드러진다-다윗이 자기가 잘못했음을 깨달았을 때 진술한 마음으로 하나님께 반응하는 걸 우선시했기 때문이다. 자기 죄와 관련해서 하나님을 예배하였다 이렇게 말할 수 있다. 사실 이렇게 하는 건 말처럼 그렇게 쉬운 일이 아니다. 죄를 지었을 때나 폭로되었을 때 하나님께 진솔하게 반응하기란 쉽지 않다. 사회 유명 인사들이 범죄 사실이 폭로되었을 때 어떻게 변명하는지 보라. 그들이 이렇게 반응하는 건 소중하게 여기는 걸 잃을 수 있고, 그동안 쌓았던 공든 탑이 한꺼번에 무너질 수도 있다는 두려움 때문이다.

인간은 방어기제로 할 수 있는 한 온갖 방법을 동원하여 잘못을 은폐하거나 변명하는 경향이 있다. 사실 죄를 지었을 때보다는 폭로되었을 때 반응의 양상이 조금 다를 수 있다. 어차피 더는 숨길 수 없을 정도로 드러났기 때문에 참회하며 용서를 구할 수 있기 때문이다. 물론 끝까지 변명하며 은폐 혹은 축소하려는 노력이 적지 않다. 심지어 어떤 이는 더욱 거세게 공격하든가 정당화를 시도하기도 한다. 외도가 배우자에 의해 알려졌을 때 보이는 태도를 보면 된다. 인정하기보다는 부정하거나 축소하거나 정당화한다. 심하면 가스라이팅을 통해 자기 행위를 상대 탓으로 돌려 피해자를 가해자로 둔갑시키기도 한다.

그런데 죄를 지었고 아직 이 사실이 알려지지 않았을 때 자기 행위나 말과 관련해서 사람과 하나님에 대해 반응을 보인다는 건 생각하기 쉽지 않다. 끝까지 자기 죄를 인정하지 않는 이가 있다. 하나님 앞에서는 죄인임을 고백하고 용서를 구하면서도 사람들의 시선과 평가가 두려워 고백하지 못하는 이도 있고, 처음부터 자기 죄와 관련해서 신앙과 무관하다고 생각하는 이가 있고, 비록 용서를 구하면서도 회복을 위한 노력은 기울이지 않고(참회도 없고 회개도 없이) 하나님이 자기의 죄를 묵인해 주실 것이라 믿고 아무렇지 않게 지내는 이도 있다.

자기 죄가 나단 선지자에 의해 폭로될 때까지 다윗이 그랬다. 성경에는 그가 밧세바의 임신 사실을 숨기기 위해 충신 우리아를 죽인 후 어떻게 지냈는지 아무런 설명이 나와 있지 않아 자세히 알 수 없다. 그러나 다윗이 선지자 나단이 오기까지 큰 동요 없이 지냈다는 건 충분히 상상할 수 있다.

죄를 지은 인간은 아담과 하와처럼 두려워서 하나님 앞에서 숨거나, 동생 아벨을 죽인 가인처럼 마치 하나님이 자기 악행을 전혀 알지 못하시는 것처럼 태연하게 지낸다. 그러니까 그리스도인이라도 죄를 지었을 때 하나님께 반응하며 산다는 건 어려운 일이다. 사람에게 숨길 수는 있어도 하나님에게는 숨길 수 없기 때문이다. 진정한 마음으로 하나님께 반응할 수 있는 정도면 처음부터 죄를 짓지 않았을 것이기 때문이다.

내가 죄를 지었다면

그런데 이미 죄를 지은 상황에서-이에 대해 하나님이 즉각적으로 반응을 보이시지 않은 경우-그리스도인은 어떻게 하나님을 예배할 수 있는가?

죄를 지었고 이 사실이 이미 널리 알려져 있음을 알면서도 예배의 자리에 나와 있을 때 사람들은 가증스러워하고 혐오한다. 이런 사람들이 정말 많다. 한 번 죄를 지은 게 알려져 여론의 주목을 받으면 더는 교회에 나올 수 없다. 이건 교회와 신앙에 부정적 영향을 미치는 요인이고, 가나안 성도를 양산하는 주요 이유이다. 심하면 자살 동기가 된다.

문제는 죄인의 신분으로 교회 예배에 참석했느냐가 아니라 참회하고 회개했느냐이다. 회개했다면, 다시 말해서 죄를 뉘우치고 고백한 후 피해자에게 용서를 구한 후라면 교회 예배에 참석하는 것은 아무 문제가 안 된다. 누구도 비난할 수 없다. 교회는 그런 곳이어야 한다. 교회 예배 참석은 피해자의 용서를 받았느냐 하는 것과는 무관하다. 아직 참회하는 마음이라면 그게 이루어질 때까지 예배에 참석할 수 있다. 물론 아직 용서받지 못했다면 피해자의 마음을 고려해서 잠시 다른 교회 예배에 참석하거나 집에서 자숙하는 기회를 가질 수 있다. 그러나 만일 죄를 고백하고 참회하였어도 진심으로 회개하지 않았다면 설령 피해자의 용서가 있고 또 모든 예배에 참석한다

해도 무의미하다. 시간이 지나면 잘못을 반복할 것이기 때문이다.

죄를 지었을 때, 혹은 아직 지은 죄가 겉으로 드러나지 않았을 때, 그리스
도인은 어떻게 예배할 수 있는가? 하나님과 사람에게 어떻게 반응해야 하는
가?

자기중심적 사고에서 벗어나야: 죄를 죄로 여기지 않는 건 범죄자의 자기
중심적 사고에서 비롯한다. 내로남불의 태도로 이어진다. 이런 태도에서는
다른 사람이 행하거나 말한 건 죄이고, 이에 비해 자기가 행하거나 말한 건
죄로 여기지 않는다. 따라서 죄를 지었을 때 하나님께 적합하게 반응할 수
있기 위해선 첫째, 자기중심적 사고에서 벗어나야 한다. 내 행위를 객관적으
로 볼 수 있어야 한다. 설령 자기에게는 아무렇지 않게 여겨지는 일이라도
다른 사람의 관점에서 보면 잘못으로 여겨지는 일일 수 있기 때문이다. 단
순한 명상이 아니라 매일 말씀을 묵상하며 자기를 돌아보는 건 그리스도인
에게 필수다.

잘못을 시인하고 용서를 구하기: 둘째, 말과 행위의 결과 때문에 고통을
당하는 피해자에게 잘못을 시인하고 용서를 구해야 한다. 두려움이 압도하
는 상황이지만, 이걸 미루거나 포기해서는 안 된다. "예물을 제단에 드리려
다가 거기서 네 형제에게 원망들을 만한 일이 생각나거든 예물을 제단 앞에
두고 먼저 가서 형제와 화목하고 그 후에 와서 예물을 드리라"(마 5:23~24)
했다. 중요한 건 예배 행위 자체가 아니라 사람과의 화목이다.

공동체 앞에서 용서를 구하기: 셋째, 만일 공동체와 관련한 죄라면 공동
체 앞에서도 용서를 구해야 한다. 공동체가 정한 원칙에 따르는 것이다. 공
동체와 무관한 죄라도 공동체에 알려져 소란이 일어났다면 용서를 구하는
것이 옳다. 그러나 공동체에 알려지지 않았고, 또 공동체와 직접적으로 관련

이 없는 것이라면, 굳이 공동체 앞에서 죄를 고백하고 용서를 구할 필요는 없다. 회개하고 다시는 죄를 짓지 않으면 된다.

하나님의 용서를 구하기: 넷째, 하나님의 용서를 구해야 한다. 죄를 용서한다는 건 죄책을 자신이 떠안는 일이다. 용서를 구할 때는 하나님이 얼마나 슬퍼하시고 고통을 감내하시는지를 잊지 않아야 한다. 하나님의 고통을 생각하면서 죄에 대해 슬퍼하고 참회하며 회개하여 죄를 반복하지 않으려 노력해야 할 것이다.

내게 잘못을 범했다면

한편, 그리스도인이 내게 잘못을 범했을 때 피해자로서 하나님께 예배할 수 있는가? 마땅히 그래야 하는 건 잘 알고 있어도 실제로 그렇게 하는 일은 정말 쉽지 않다. 특히 가해자가 같은 교회에 다니거나 교회의 직분을 맡은 자나 목회자인 경우는 더더욱 그렇다.

갈등과 의심과 주저: 피해자가 되었을 때 겪는 심리적 갈등은 매우 다양하다. 무엇보다 그 일이 벌어질 때 하나님이 왜 보호해 주시지 않았는지 의문이 든다. 내게 무슨 문제가 있어서 이런 일이 일어났는지 자책감이 든다. 도무지 용서되지 않는 사람의 잘못을 용서하라는 성경 말씀대로 무조건 용서해야 하는지 갈등이 생긴다. 아무런 대가를 받게 하지 않고 가해자를 용서하는 건 피해자에게 참을 수 없는 고통을 준다. 용서한다고 해서 피해자로서 받는 고통이 과연 사라질 것인지 불안해진다. 용서한다고 과연 가해자의 태도가 바뀔지 확실하지 않아 불안하기까지 하다.

용서는, 이미 앞서 다뤘듯이, 기독교에서 핵심 덕목임에도 불구하고 성도가 가장 어려워하는 일이다. 하나님의 용서가 어떻게 이루어졌는지 안다면 용서하지 못할 일도 없을 것 같지만, 실제로는 그렇지 않다. 정말 어렵다. 죽을 만큼 힘들다.

용서가 어려운 이유: 용서가 어려운 건 가해자가 받아야 할 죄책을 피해자가 떠안는 일이기 때문이다. 분노와 원통함이 가시지 않은 상태에선 거의 불가능하고, 설령 시간이 지났어도 마찬가지다. 피해자가 받는 고통에 더해서 가해자가 받아야 할 죄책을 떠안는 일이 어디 쉬운 일인가! 어렵게 느껴지는 건 말할 것도 없고, 설령 용기 있게 감행한다 해도 고통이 없지 않다. 심지어 불가능하게 여겨지기까지 한다.

용서는 죄인의 죄책을 떠안는 일이다

그러나 하나님은 우리 죄를 용서하시기 위해 당신의 아들을 죽게 하셨다. 이런 아픔을 통해 우리의 죄가 용서되었고, 우리는 자유를 얻어 구원을 소망할 수 있게 되었다. 그러므로 용서를 위해 중요한 건 내가 그 용서의 기쁨을 알고 구원의 감격이 있느냐 하는 것이다. 만일 그렇다면 내가 용서하는 사람 역시도 그런 기쁨을 누리게 될 것을 기대할 수 있다. 또한 용서하는 이가 용서를 위해 극복해야 할 마음의 고통이 얼마나 큰지를 헤아려야 한다. 현실에서 용서한다고 해서 사람이 바뀌는 것도 아니고 또한 용서받은 후에도 같은 일을 반복하는 사람이 없지 않다. 이것이 용서하지 않을 이유가 아닌 건 우리 역시 하나님과의 관계에서 마찬가지이기 때문이다. 용서받았으나 여전히 죄의 모습에서 벗어나지 못하고 있다. 이 점에서 더하면 더했지 못하지는 않을 것이다. 우리가 용서의 가치에 상응하는 감격과 기쁨을 알고 또한 우리에게 죄지은 자를 용서해 주는 것이 얼마나 힘든지 알아야 비로소 우리가 하나님에게 우리 죄를 용서해 달라고 할 때 진정성을 가질 수 있다.

피해자로서 용서할 용기를 얻기 위해

죄의 심각성 인지하기: 그러므로 누군가 내게 잘못을 범했을 때 가장 먼저 할 일은 죄의 심각성을 인지하는 것이다. 죄 때문에 당하는 고통에 슬퍼하는 것도 중요하지만, 그리스도인은 무엇보다 죄가 사람은 물론이고 하나님의 마음을 아프게 한다는 걸 인지해야 한다. 범죄 사실을 알면서도 하나님이 즉각 반응하지 않으시는 건 고통을 감내하시는 시간이다. 죄를 지은 가해자에 대한 긍휼의 마음이 필요하다.

죄의 무게로 인해 슬퍼하기: 둘째, 죄의 심각성을 인지한 만큼 충분히 슬퍼하는 것이다. 죄를 짓고도 슬픔이 없는 건 죄의 심각성을 모르기 때문이다. 만일 알고도 슬퍼하지 않는다면 그 진정성이 의심스럽다. 그런데 피해자로서도 죄로 인해 슬퍼해야 하는 건 하나님의 마음이 죄를 싫어하시고 죄로 인해 아파하시기 때문이다.

죄의 보편성 인정하기: 셋째, 죄의 보편성을 인정하는 것이다. 누구도 예외 없이 죄를 짓는다는 사실을 인정할 때 내게 죄를 지은 자를 대하는 태도와 생각이 바뀔 수 있다. 이렇게 되면 죄를 지은 자를 미워하고 그 행위에 대해 분노만 할 것이 아니라 긍휼의 마음으로 슬퍼할 수도 있다.

용서하기: 넷째, 용서하는 것이다. 죄에 대해 분노하는 만큼 용서하는 자가 떠안을 고통은 그에 비례하여 커진다. 분노를 키우면 키울수록 용서하기는 더더욱 어려워진다. 이것을 생각한다면 분노를 잠재우는 건 분명 쉬운 일이 아니다. 그러나 만일 용서를 생각한다면 분노를 한없이 키우기보다는 분노는 하되 감정을 통제할 마음을 준비할 수 있다.

세워주기: 다섯째, 용서받은 이를 세워주는 것이다. 보통 교회에서는 한 번 죄지은 자는 더는 교회 출석이 어려울 정도로 비난하고 배척하는 경우가 다반사다. 교회는 하나님의 용서를 세상에 나타내야 할 곳이지만, 현실은 그

렇지 못하다. 이때 정말 용기 있게 앞서 나서야 하는 자는 피해자다. 피해자가 가해자를 용서한 후 세워주면 다른 성도가 죄지은 자를 받아주는 일은 의외로 쉽게 일어난다. 만일 피해자가 가해자를 용서는 하되 다시는 교회에서 볼 수 없다고 배척한다면 다른 교인 역시 피해자의 마음을 고려해서 덩달아 그런 제스처를 보일 수밖에 없다. 이렇게 되면 교회의 참모습을 회복할 기회를 놓친다. 피해자가 받아줄 수 없는데 다른 성도에게 어떻게 가능하겠는가? 설령 자기와는 상관이 없는 일이라 생각해서 가해자에 대해 과거와 한결같은 관계를 주저하지 않는다면 피해자와 갈등 관계를 피할 수 없다. 공동체를 더욱 단단하게 세우기를 원해 피해자가 죄지은 자를 용서했다면, 피해자 스스로 공동체 안에서 그의 회복을 위해서 노력할 필요가 있다.

과거 교역자 중심의 토론 모임에서 이 일이 비현실적이라는 말을 들은 적이 있다. 물론 일부의 견해였다. 비현실적이라는 건, 말의 취지는 좋고 또 말하기는 쉬워도 실제로 실천하기는 참으로 어렵다는 뜻이다. 비현실적이라는 말에는 거의 불가능하다는 뜻도 포함한다. 한 번이라도 경험한 사람이 있다면 이 일이 얼마나 힘든 일인지 충분히 공감할 것이다. 비현실적이라는 말을 부정하고 싶지는 않다. 그러나 비현실적이라고 해서 포기한다면 교회가 하나님의 뜻이 이루어지는 곳이라는 사실 자체가 비현실적이다. 비록 비현실적으로 보여도 하나님은 교회에서 현실로 나타나길 바라신다. 징벌적 정의보다 회복적 정의를 우선 생각한다면 더더욱 그렇다. 이것이 교회가 세상과 구분되는 점이다. 세상에서 불가능하게 보이는 일이라도 교회에서는 현실이 되길 기대할 수 있는 건 교회는 성령님이 사역하시는 곳이며 하나님 나라의 모형이기 때문이다. 나의 힘과 의지로는 하지 못해도 하나님을 신뢰할 때 성령님이 이루신다. 우리 한국교회 역사에서 이 일을 실천하신 분으로 손양원 목사님이 계신다. 손 목사님은 아들을 죽인 가해자를 용서하고 양아들로 받아들이셨다. 그 밖에도 이름을 알 수 없는 많은 성도가 순종하였다. 교회가 하나님의 생명력을 얻는 건 바로 이런 일이 일어나게 했을 때다. 만일 이것이 비현실적이라서 순종을 주저한다면, 이 땅에서 하나님 나라의 현실을 인정하길 주저하는 것과 다르지 않다.

이 모든 일이 내가 죄를 지었거나 내게 잘못을 범했을 때 우리가 하나님과 사람에게 진심으로 반응하는 일이고 이것이 바로 일상 예배이다.

유혹을 받을 때

"근신하라 깨어라 너희 대적 마귀가 우는 사자 같이 두루 다니며 삼킬 자를 찾나니
너희는 믿음을 굳건하게 하여 그를 대적하라
이는 세상에 있는 너희 형제들도 동일한 고난을 당하는 줄을 앎이라"
(베드로전서 5:8~9)

예배는 영으로 임재하신 하나님께 전인격적으로 반응하는 신앙 행위다. 유혹을 받는 동안 하나님께 집중하는 건 참으로 어렵다. 이처럼 하나님께 집중할 수 없는 때 어떻게 반응해야 예배자로서 사는 걸까?

약점과 유혹

유혹은 올바른 길에서 벗어나게 할 목적으로 설득하거나 쾌락을 제공하는 일을 말한다. 마땅히 해야 할 일을 하지 않게 하고, 오히려 반대로 하지 않아야 할 일을 하도록 고무한다. 고통을 통해 가는 선한 길을 멈추게 하고 올바른 판단을 방해한다. 인간의 쾌감과 불쾌감을 자극하여 분별력을 떨어뜨린다. 합리성을 무시하거나 감정에 매이게 하는 등 이성과 감성에 호소하여 선한 의지력을 무력화하려는 시도이다.

유혹은 이성과 감성과 의지 가운데 가장 약한 부분에서 발생한다. 어떤 유혹에도 넘어지지 않는 사람이 없을 정도로 모든 사람은 약점이 있는데 유혹은 바로 거기서 시작한다. 특히 남에게 알려지지 않은 은폐된 약점은 유

혹하는 자의 주요 먹거리이다. 물론 오히려 강점으로 말미암아 유혹에 빠지는 일도 있다. 지배욕, 명예욕, 교만 등이다. 그러나 엄밀히 말해서 강점에 스며들어 있는 약점이다. 성공하지 않을 때는 나타나지 않을 약점이 성공한 후에 모습을 드러낸 것이다. 이 경우 강점으로 성공했으나 오히려 그것이 올무로 작용한 것이다. 이를 예방하기 위해선 성숙한 인격 형성(특히 겸손)을 성공보다 더 우선적인 목표로 삼아야 한다.

사탄과 유혹

사탄은 흔히 '유혹하는 자'로 불릴 정도로 유혹과 깊은 관련이 있다. 유혹이 항상 사탄에게서 비롯하는 건 아니다. 자기 존재와 욕망이 사탄의 도구로 이용될 수 있다. 사탄은 하나님의 자녀가 부르심에 합당하게 사는 걸 방해할 목적으로 온갖 공작을 편다. 하나님의 자녀를 넘어뜨리려 기회를 엿본다(벧전 5:8). 사탄의 이런 계획에 연루되어 고민하거나 갈등하여 선한 의지를 발휘하지 못하면 '유혹을 받는다'라고 한다.

유혹을 받는 사실 자체는 크게 문제 될 게 없다. 누구에게나 약점은 있어서 유혹받을 수밖에 없기 때문이다. 성경은 아담과 하와는 물론이고 예수님도 사탄의 유혹을 받으셨음을 전한다. 관건은 유혹에서 지느냐 이기느냐 하는 거다. 달리 말해서 유혹을 받을 때 하나님께 적합한 반응을 할 수 있느냐 하는 거다.

성경은 유혹에서 지고 이기는 일이 얼마나 중요한 일임을 강조하는데, 이를 위한 패러다임으로 제시된 게 타락과 구원이다. 아담과 하와는 유혹에 넘어져 타락한 인류 역사의 시조가 되었고, 예수 그리스도는 공생애 처음(광야에서의 시험)은 물론이고 마지막 순간까지 유혹(고통의 유혹과 빌라도의 유혹)을 이김으로써 구원 역사의 현실을 나타내 보이셨다.

욕망과 유혹

창세기와 복음서에 나타나는 유혹에서 공통점은 사탄이 인간의 욕망을 자극하는 것이다. 특히 인간 안의 생존욕구와 인정욕구 그리고 명예욕(번영, 성공)은 사탄이 주 과녁으로 삼는 것들이다. 마치 세 욕구가 인간이 하나님과의 관계에서 아킬레스건에 해당하는 것인 양 그렇게 제시되고 있다. 달리 말한다면, 인간은 보편적으로 세 욕구와 관련해서 치명적인 유혹을 받는다는 말이다. 그럴 수밖에 없는 이유는 인간의 욕망이 다 그렇지만, 특히 세 욕구 모두는 인간의 경쟁심을 자극하여 불가피하게 폭력을 유발하기 때문이다. 욕구가 욕망으로 몸을 키우는 건 생존욕구, 인정욕구, 명예(권력)욕이 큰 힘을 받을 때다.

이건 현대인의 경우와 비교할 때 조금 다르다. 현대인에게 치명적인 유혹은 위 세 가지 외에도 특별히 성적인 욕구와 재물에 대한 욕구 그리고 권력(힘)에 대한 욕구를 겨냥하고, 여기에 더해 각종 보험을 드는 모습에서 알 수 있듯이, 안정을 유지하려는 욕구도 포함한다. 특히 고통을 피하게 할 방법으로 각종 중독과 초월 세계로의 도피는 무엇보다 문명의 이기에 익숙한 현대인에게 강력한 유혹이다.

유혹을 받고 있다는 건 어느 정도 설득되는 과정 중이고 또 유혹이 주는 쾌감을 맛보고 있다는 것이다. 반대로 유혹의 과정에서 겪는 고통을 극복하는 과정일 수도 있다. 이러한 때 하나님께 적합한 반응을 하도록 마음을 추스르는 일은 쉽지 않다. 굶주린 사자의 입에 있는 먹이를 빼앗으려는 것과 같다. 유혹의 순간에는 유혹과 내 안의 욕망이 만나 화학적 작용이 일어나는 중이기에 어떤 경고도 잘 들리지 않는다. 귀가 닫히고 마음이 굳어진다. 다른 곳에 모든 에너지가 소모되기 때문이다. 만일 내 안의 욕망이 전혀 반응하지 않으면 유혹 자체가 성립하지 않는다. 유혹은 내 안의 욕망이 내부 혹은 외부로부터 오는 자극에 반응하는 과정이다. 따라서 외부의 자극을 막거나 피하는 일에만 집중해서는 안 되고 여기에 더해 내 안의 무엇이 특정 자극에 반응하는지를 잘 살펴야 한다. 자기와의 싸움이 얼마나 처절한지 바울은 '나를 쳐서 복종시킨다', '날마다 죽노라'라고 말했다.

감성 훈련으로 유혹을 이겨라

아무리 이성 중심의 인간이라도 자극에 먼저 반응을 보이는 건 이성보다 감성이다. 뇌의 중추신경계는 감성 우선 원칙에 따라 작용한다. 그러므로 이성적으로 설득하는 노력도 먼저 감성을 무력화한 후에 이루어진다. 감성이 거부하면 어떠한 설득도 먹히지 않는다. 이에 반해 감성이 무너지면 이성을 설득하는 건 어렵지 않다. 건강한 신앙인격을 위해 감성 훈련이 필요한 이유다. 특히 고통과 쾌락을 상대로 훈련하는 과정이 필요하다.

인간은 원래 외부 자극에 쾌와 불쾌의 감정으로 반응하게 되어 있다. 쾌하면 다가가 끌어안고 불쾌하면 멀리하고 피한다. 쾌와 불쾌의 반응을 기본으로 각종 감정이 형성된다. 유혹에 대처할 때 내 안의 쾌를 자극하는 것과 불쾌를 자극하는 걸 잘 분별하여 적절하게 반응해야 한다. 쾌감을 주는 것이라고 다 좋은 건 아니며, 불쾌감을 주는 것이라고 다 나쁜 건 아니다. 더군다나 사람은 생존욕구와 인정욕구와 명예욕(그리고 성욕과 권력욕)을 자극하는 것을 쾌감으로 받아들여 반응하지 않을 수 없다. 따라서 깨어 있어야 하고 이런 자극이 온다 싶으면 더더욱 주의해야 한다. 고통을 동반하는 생존의 위기가 올 때 하나님이 아니라 사탄의 자극에 반응하지 않는 것, 인정욕구가 자극받을 때, 사람들에 의해 무시될 때, 사람들이 나의 말과 행위에 열광

할 때, 사탄의 자극에 반응하지 않는 것, 성공과 번영이 보장되거나 그와 반대의 길로 떨어질 때도 마찬가지다. 사탄은 바로 이런 때를 노려 나를 자극하여 반응하게 한다. 아담과 하와는 바로 이런 자극에 반응하여 유혹에 넘어졌다. 그러나 예수님은 이런 자극을 받을 때 반응하지 않았고 오히려 하나님에게 반응하여 유혹을 이겨내었다.

유혹의 현실 앞에서 눈을 감기

유혹을 받는 때 사탄의 요구에 반응하지 않고 하나님에 대해 적절하게 반응한다는 건 쉬운 일이 아니다. 타락 후 인간의 몸은 욕구와 욕망에 취약해졌기 때문이다. 그러므로 유혹이 올 때 현실에 대해 눈을 감으면서 자발적 불편함을 감수하며 사는 것이 일상의 예배이다. 눈앞의 이익들, 고통을 주는 것들, 그리고 나의 쾌감을 자극하는 것들과 맞서 싸우는 것이 아니라 오히려 그것 앞에서 눈을 감고 또 그것으로부터 돌아서서 눈을 감는 것, 눈을 감고 시험에 빠지지 않고 악에서 구해주시길 기도하는 것 이것이 예배이다.

인생의 어려움을 만날 때

"너희 믿음의 시련이 불로 연단하여 없어질 금보다 더 귀하여
예수 그리스도의 나타나실 때에 칭찬과 영광과 존귀를 얻게 하려 함이라"
(베드로전서 1:7)

예배는 영으로 임재하신 하나님에 대해 전인격적으로 반응하는 신앙 행위다. 인생의 어려움을 만날 때 어떻게 반응해야 예배자로서 사는 걸까?

욥에게 배운다

사탄이 하나님 앞에 섰다. 세상을 두루 다니다 온 것이다. 하나님이 사탄에게 물으셨다. 내 종 욥을 유의하여 보았느냐? 그와 같이 순전한 믿음을 가진 이를 만나기가 쉽지 않다고 하시면서 하나님은 욥을 칭찬하셨다. 사탄은 조건 없는 신앙은 없다면서 그에게 어려움이 생기면 달라질 것이라 대답했다. 하나님은 원하는 대로 행하라고 했다. 욥은 하루아침에 모든 재물을 잃고 자녀가 모두 죽는 불행을 겪었다. 욥의 아내는 순식간에 모든 자식을 잃은 어미의 마음으로 이 모든 일을 고통스럽게 지켜보아야만 했다. 그 후 침묵하는 하나님을 향해 분노하였고 남편에게 차라리 하나님을 욕하고 죽으라 말했다. 그 정도 고통이 크다는 뜻으로 그녀를 무조건 욕하기만 할 건 아닌 것 같다. 그러나 욥은 이런 상황에서도 하나님을 원망하지 않았다. 오히

려 하나님을 찬양했다. 사탄은 그의 몸이 건강하기에 그런 것이라 했다. 하나님은 생명을 건드리지 않는 범위에서 원하는 대로 하라고 했다. 이에 욥은 온몸의 피부병으로 극심한 고생을 하게 되었다. 그러나 이런 극한의 상황에서도 욥은 끝까지 하나님을 원망하지 않았고 신앙을 버리지도 않았다. 재물과 자녀 그리고 몸의 건강까지 모두 잃은 후 겪는 고통의 유혹에 넘어가지 않은 것이다.

사탄의 논리는 분명하다. 사람이 신변에 어려움을 겪으면 하나님을 떠나게 된다는 거다. 실제로 욥의 아내는 사탄이 예상한 대로 그렇게 반응했다. 그러나 욥은 그렇게 하지 않았다. 욥은 가장 부유하고 행복한 상태에서 인생의 가장 밑바닥으로 추락하는 어려움을 겪으면서도 하나님에 대한 신앙을 잃지 않았다. 그래서 그는 인내하는 신앙의 모범으로 추앙받는다.

시편에는 어려움을 만날 때 쓴 시들이 많다. 고통과 슬픔을 호소하고, 아무 도움이 없는 현실을 한탄하기도 한다. 자기에게 어려움을 가져다준 이들을 원수같이 여기며 저주한다. 하나님의 도움을 갈망하나 좌절할 뿐이다. 그나마 시편 기자가 독자에게 소망을 주는 건 이런 상황에서도 도우시는 하나님을 고백하며 기도와 찬양하며 마치는 것이다. 어려움을 만날 때 하나님께 적합하게 반응하기가 얼마나 힘겨운지 시편을 통해 배운다.

사탄의 논리대로 대체로 사람은 고통을 겪거나 어려움을 당하면 약해진다. 돈의 궁핍함, 건강 상실, 원치 않는 사고, 자녀 문제, 실직, 실패, 은퇴 후 궁핍함, 배우자의 부정, 이혼, 사별 등은 현대인이 흔히 경험하는 일상의 어려움으로 특히 신앙을 약화하는 요인이다. 그렇다고 그리스도인으로서 마냥 슬퍼할 수도 없고 고통에 빠져 살 수도 없다. 실제로 신앙을 떠나거나 그리스도인 정체성에서 벗어나는 행동을 하는 이유는 쉽게 극복할 수 없는 어려움을 만났을 때다. 어려운 때 아무런 도움을 만나지 못한다면 더더욱 그렇게 된다. 생존을 위해서라도 세상과 적당히 타협할 수밖에 없다. 이건 무엇보다 인내가 부족한 결과이지만 다른 한편으로는 인생의 어려움이 하나님과의 관계에서 어떤 의미가 있는지에 대한 성찰이 부족한 결과다. 도대체 그리스도인으로서 이런 때 어떻게 반응해야 하나님께 합당한 것인가?

하나님께 반응하려면

어려움 없이 사는 사람은 없다: 인생의 어려움은 누구나 겪는 일이다. 어려움 없이 사는 사람은 없다. 아무리 부유하고 아무리 높은 권력을 가지고 있고 아무리 많은 영광을 누리며 살고 아무리 행복해 보이는 삶을 살아도 인생에서 어려움을 겪지 않는 사람은 없다.

어려움에 대한 신학적 이해: 문제는 어려운 일을 겪는 현실이 아니다. 또 그것을 극복하는 것만이 최선은 아니다. 대개는 여기에만 집중하여 어떻게 해서든 극복해 보려고 하지만, 설령 그렇게 해서 어려움을 극복했다 해도 그건 하나님께 바르게 반응하는 것이 아닐 수 있다. 세상과 적당히 타협하여 일군 결과일 수 있기 때문이다. 무조건 인내하며 살아남는 것이 중요하나 관건은 그것이 내 인생에서 그리고 하나님의 말씀과 행위와 관련해서 무엇을 의미하는지 아는 것이다. 달리 말해서 인생의 어려움에 대한 신학적인 이해를 얻는 것이다.

욥의 이야기를 다시금 소환해 보자. 욥이 처한 상황을 듣고 욥을 위로하려 세 친구가 찾아온다. 욥에게 일어난 모든 일을 자세히 듣고 세 친구는 할 말을 잃는다. 그런 황망한 처지에 있는 욥을 위로하며 친구들은 그의 상황을 신학적으로 설명한다. 그들의 설명에 따르면 욥은 비록 경건하게 살아왔다고 소문이 나 있지만, 실상은 하나님에게 큰 죄를 지었음에 틀림없다. 왜냐하면 욥이 처한 상황은 하나님의 심판을 받은 사람이 경험하는 것으로 밖에는 달리 설명할 수 없기 때문이다. 그만큼 욥이 극심한 어려움을 겪고 있다는 말이기도 하다. 그가 직면하고 있는 비극적 현실은 그 무엇으로도 설명이 어렵고 다만 하나님의 심판 외에는 달리 설명할 방법이 없다는 뜻이다. 그러니까 인과응보 사상에 따른 설명이다. 율법적 설명의 전형이다.

이런 설명에 대해 하나님은 노하시며 그들이 하나님에 대해 올바르게 말하지 않았다는 판단을 내리신다.

> "여호와께서 욥에게 이 말씀을 하신 후에 여호와께서 데만 사람 엘리바스에게 이르시되 내가 너와 네 두 친구에게 노하나니 이는 너희가 나를 가리켜 말한 것이 내 종 욥의 말같이 옳지 못함이니라"(욥 42:7)

어려움을 만난 때 하나님의 약속을 기억하라: 어려움을 만날 때 사람을 찾아가서 해결책을 들으려 하기보다는 먼저 말씀을 읽고 묵상하고 또 기도하면서 신앙 서적을 통해 신앙 선배들의 조언에 경청하고, 한층 더 나아가서 기도하며 하나님의 도움을 구하는 것, 이것이 일상 예배이다. 그렇게 하지 않은 사례로 아브라함을 들 수 있다.

아브라함은 아내 사라와 조카 롯과 함께 하나님의 부름을 따라 가나안 땅으로 왔다. 아직은 이름이 바뀌기 전이니까 사실 아브람과 사래다. 아브람과 사래는 그곳에서 갑작스러운 기근을 만난다. 기근은 우리가 세상에서 살면서 만나는 가장 어려운 시련 가운데 하나다. 비가 안 와서 생기는 문제는 당장에는 먹거리 부족을 경험할 뿐 아니라 더 나아가서는 생명의 위협이 되기도 한다. 아브람이 이 상황에서 얼마나 인내했는지 성경은 말하지 않고 있다. 다만 강조하는 건 아브람이 약속의 땅을 떠나 애굽으로 옮겨 갔다는 사실이다. 살기 위한 결정이었으나 아브람은 오히려 그곳에서 또 다른 복병을 만나 생명의 위협을 느낀다. 하나님의 함께하심을 기대하지 않고 오직 미모의 아내 사래를 빼앗길까 염려하여 거짓말을 함으로써 실제로 그런 위협을 경험한 것이다. 예수님의 제자인 베드로가 위협적인 상황에서 예수님과의 관계를 부정했던 일을 생각해 보라. 아브람의 이야기와 크게 다르지 않다.

우리가 어려움을 만날 때는 무엇보다 하나님과의 관계에서, 특히 그의 언약을 염두에 두고 생각하고, 단지 어려움을 모면하기보다는 어려운 형편과 상황에서 하나님에게 어떻게 반응하는 것이 적합한지 생각하고 그에 따라 행동해야 한다. 사실 이 일이 쉽지는 않으나 이것이 일상 예배임을 명심하자. 인생의 어려움, 그 이후에 무엇이 올지 우리는 알지 못해도 약속에 의지하여 소망하는 것, 이것이 일상 예배다. 일상 예배를 통해 하나님이 영광을 받으신다는 사실은 성경의 약속이다.

내가 지지하지 않는 정치를 만날 때

"사람의 마음에는 많은 계획이 있어도
오직 여호와의 뜻이 완전히 서리라"
(잠언 19:21)

    예배는 영으로 임재하신 하나님에 대해 전인격적으로 반응하는 신앙 행위다. 정치는 삶의 목표와 방향을 제시하며 그것을 실현할 의지를 표현하고 힘을 행사한다. 현실 변화와 관련해서 가장 강력한 제도이다. 정치는 개인의 바람과 신념을 대변하기도 하고 가장 강력하게 거부되기도 한다. 어떤 정치를 지지하느냐에 따라 신앙의 성격이 규정되기도 한다. 교회 및 교리 전통과 관련해서 보수와 진보의 구분은 흔한 일이지만 원래 신앙에는 좌파나 우파가 없다. 그러나 어떤 정치 노선을 지지하느냐에 따라 신앙이 좌우로 강제 구분된다. 신앙의 부침이 정치 노선에 따라 달라지기도 한다. 정치로 인해 본의 아니게 그리스도인으로서 본을 보이지 못해 하나님의 영광을 가리는 일들이 많다. 내가 지지하지 않는 정치를 만날 때 어떻게 반응해야 예배자로서 사는 걸까?

정치와 신앙

교회에서는 인격적이고 모범적인데 유독 정치와 관련한 사안에서 감정적으로 매우 격한 반응을 보이는 교인이 있다. 진보와 보수, 좌파와 우파를 가리지 않는다. 본래 그런 사람이라고 말하기 어려울 정도로 평소 이미지와는 전혀 딴판이다. 도대체 정치라는 게 무엇인데 사람이 그 정도까지 변하나 싶다. 양극화가 심한 한국 사회에선 정치에 따라 돌변하는 정도는 더 심하다. 이건 그만큼 정치에 반응하는 정도에 따라 사람과 교회에 대한 실망감이 커진다는 뜻이기도 하다.

보수 진영에서 흔히 태극기 세력으로 일컬어지는 극우 단체 가운데 일부 주도 세력은 기독교 단체와 관련해 있다. 전광훈과 그가 이끄는 사랑제일교회 그리고 주옥순이 이끄는 엄마 부대가 대표적이다. 이들을 보는 적지 않은 수의 그리스도인은 무엇보다 기독교 신앙의 폐쇄성에 충격을 받고 또 이에 동조하는 목회자들을 보고 크게 실망하거나 분노하여 교회를 떠난다.

이에 반해 진보 정치를 공산주의나 사회주의 좌파 세력으로 규정하고 이에 반대하여 교회를 떠나는 사례도 있다. 평생 국가 공무원으로 지내고 은퇴한 어떤 교인은 교회에서 진보 정치에 동조하는 설교를 듣고는 교회를 떠나 지금까지도 교회 출석을 하지 않고 있다. 전광훈이 이끄는 모임에 종종 참여하면서 성도의 의무를 다했다고 말한다. 설령 전광훈을 따르진 않아도 정부 비판적이고 사회주의 이념에 경도된 설교에 크게 실망하여 교회를 떠나는 교인들의 수가 적지 않다.

한 교회가 보수와 진보로 양분된 사례도 있다. 어느 곳이든 보수와 진보가 있는 법이지만 이 교회는 공존이 아니라 양분되어 있다. 전임 목회자가 지나치게 특정 정당을 지지하는 정치색을 드러낸 것이 화근이 된 것인데, 이건 후임 목회자 청빙 과정을 불가능하게 한다. 진보 정치색의 목회자는 보수 진영에서 반대하여 무산되고, 보수 정치색의 목회자는 진보 진영에서 반대하여 무산된다. 결국 아무 정치적 성향이 없는 목회자를 찾아야 하는 것인데, 이게 쉽지 않다고 한다. 설령 특정 정당을 지지하지 않아도 사람은 누구나 어느 정도는 정치색을 띨 수밖에 없기 때문이다. 오랜 실랑이 끝에 가까스로 담임 목회자 청빙을 마쳤다는 말을 들었다.

그리스도인 가운데는 자기가 원하는 정당이 정권을 잡으면 하나님의 은혜라 말하고, 자기가 원하지 않는 정당이 정권을 잡으면 말세라고 말하며 욕하고 저주하길 서슴지 않는데, 이건 전혀 옳지 않으며 무엇보다 하나님께 바르게 반응하는 게 아니다.

정치의 기독교적 의미

정치와 일상 예배의 관계에서 질문은 이렇다. 내가 원하지 않는 정치를 만날 때 어떻게 반응하는 것이 하나님에게 적합하게 반응하는 것인가? 참으로 쉽지 않은 일이다.

정치는 하나님이 인간에게 위임하신 일이다. 세상의 권세는 하나님이 주신 것이라고 했다. 세상을 창조하신 하나님이 세상을 다스리지만, 하나님은 이 일을 인간에게 위임하셨다. 인간을 통해서 다스리고 돌보신다는 말이다. 인간은 정치를 통해 인간을 돌본다. 오늘날 그 방법은 정치, 경제, 사회, 교육, 의료, 복지, 환경, 군사 등 각 분야로 나뉘어서 이루어지는데, 총체적으로 볼 때 정치를 통해 실현된다. 달리 말해서 인간이 정치를 바르게 해야 하는 이유는 하나님에게 위임받은 일이기 때문이고, 또한 하나님의 다스림은 어느 정도 정치를 매개로 구현되기 때문이다. 정치가 바르지 못하면 하나님에게 죄를 짓는 건 물론이고 사람들의 어려움을 가중한다. 특히 힘없고 가난한 자들이 더더욱 힘들어진다.

대한민국 정치는 국민에 의해 선택된 대통령에 의해 행해진다. 삼권분립 제도가 무색할 정도로 권력은 대통령에게 집중해 있다. 그렇다고 대통령이 자기를 선택한 국민의 뜻을 모두 반영하는 건 아니다. 그러나 일단 선택된 이상 대통령은 자기를 선택하지 않은 국민까지도 포함하여 모든 국민을 대표하여 정부를 구성하고 통치 행위를 한다. 그러니 특정 정당에 속해 있더라도 대통령으로 선출된 이상 자기와 뜻을 같이하지 않는 사람도 배려하여 직임을 수행해야 한다. 그렇지 않으면 대통령을 지지하지 않는 사람은 더는 이견을 제시하는 사람이 아니라 적대적이고 투쟁적인 세력으로 전락한다.

이건 국민의 관점에서도 마찬가지다. 일단 선택이 끝나기 전까지는 특정 정당을 지지할 수 있으나 일단 결과가 나온 이상 대통령이 수행하는 걸 기도하는 마음으로 지켜볼 수 있어야 한다. 대한민국과 국민을 지키고 보호하는 일에서 올바른 국정 수행을 위해 기도하고, 좋은 건 칭찬하고 좋지 않은 것에 대해서 비판하는 건 민주주의 사회에서 지극히 당연한 일이다. 자기가 지지하는 정권이라고 무조건 찬성하거나 자기가 반대하는 정권이라고 무조건 반대하는 태도는 민주 시민으로서나 신앙적으로도 옳지 않다.

정치와 일상 예배

정치를 생각할 때 첫째, 하나님의 섭리를 함께 생각하지 않으면 영원한 적대 관계의 수렁에서 헤어 나오지 못한다. 내가 원하지 않는 정당이 정권을 잡은 때라도 무조건 적대하지 말고 하나님의 섭리를 먼저 생각해야 한다. 왜 이 시대에 하필 이 정권이 선택된 것인지 숙고한다. 인정할 건 인정하고 바꿀 건 바꾸어야 한다. 어떤 정권이 선택되든, 만일 그것이 부정 선거의 결과가 아니라면, 그건 국민의 선택이기에 당대의 지배적인 생각에서 변화가 있어야 한다.

둘째, 내가 원하지 않은 정권이라도 그들의 올바른 국정 수행을 위해 기도해야 한다. 하나님의 다스림을 위임받은 것이고, 비록 온전히 밝혀지지는 않았어도 하나님의 섭리에 따른 것으로 인정한다면 통치 행위는 하나님의 인도를 받아야 하기 때문이다. 미움으로 하는 게 아니라 긍휼을 구하면서 하나님의 뜻이 관철하도록 기도하는 것이다.

셋째, 국정 운영에서 잘 못하는 것에 대해서는 비판하되 잘하는 것에 대해서는 칭찬할 수 있어야 한다. 내가 원하지 않는다고 해서 무조건 비판하는 건 현실을 바르게 보려고 하지 않고 감정에 매인 판단이다. 편향된 사고에 기울어진 태도이다. 사람을 통해 일하시는 하나님에 대한 올바른 반응이라 볼 수 없다.

이건 단지 민주 시민으로서 갖추어야 할 덕목만이 아니라 일상에서 하나님께 바르게 반응하는 일이라는 점에서 일상 예배이다.

일상의 현실과 약속의 현실 사이에 괴리가 클 때

예배는 영으로 임재하신 하나님에 대해 전인격적으로 반응하는 신앙 행위다. 기독교를 흔히 약속의 종교라고 한다. 그래서 일상의 현실과 약속의 현실 사이에 괴리가 클 때 그리스도인은 심한 갈등에 휩싸인다. 이럴 때 어떻게 반응해야 예배자로서 사는 걸까?

약속과 성취

하나님의 약속이 더디 이루어지는 상황에서 믿음의 조상 아브라함은 그 약속을 의심하며 하나님을 신뢰하지 못하는 것 같은 발언을 한다.

"아브람이 또 이르되 주께서 내게 씨를 주시지 아니하셨으니 내 집에서 길린 자가 내 상속자가 될 것이니이다"(창 15:3)

"그가 이르되 주 여호와여 내가 이 땅을 소유로 받을 것을 무엇으로 알리이까"(창 15:8)

약속이 더디 이루어지는 상황이 되면 많은 경우 인간의 기본 신뢰(basic trust)가 무너진다. 세상과 인간과 사회를 믿지 못한다. 성경에 하나님은 절대 거짓말을 하지 않으심에 대한 많은 증거가 있는 건 얼마나 감사한 일인지 모른다(민 23:19). 약속과 성취 사이에 있는 인간에게 필요한 덕목은 하나님을 신뢰하는 것과 소망 그리고 인내다.

바울은 그리스도인과 비그리스도인의 차이를 소망에서 보았다. 소망이 있는 자는 그리스도인이고 그리스도를 모르는 자는 소망이 없는 자다. 그런데 엄밀히 말해서 양자의 차이를 만드는 건 소망보다는 약속이다. 왜냐하면 소망은 누구나 가질 수 있기 때문이다. 다만 후자의 소망은 자기가 바라는 것일 뿐이며, 성취 가능성은 얼마나 노력하느냐에 달려있다. 이에 비해 그리스도인의 소망은 하나님의 신실함에 근거한다. 하나님은 반드시 약속을 지키시는 신실하신 분이기에 약속의 성취는 100% 확실하다. 그러므로 그리스도인에게 소망이 있는 건 성취가 보장된 약속이 있다는 뜻이다. 심지어 약속은 예수 그리스도 안에서 이미 성취했으나 아직 나타나지 않았다고 말한다. 약속의 성취가 소망하는 자의 노력 여하에 달린 것이 아니라는 말이다. 약속은 약속하신 하나님이 직접 이루실 것이기 때문이다. 그리스도인이 된다는 건 확실한 약속이 없는 자가 확실한 약속이 있는 자로 바뀌는 것이다. 바울은 이걸 두고 소망이 없는 자가 소망이 있는 자가 되었다고 말한 것이다. 이 소망에 근거하여 그리스도인은 하나님의 뜻에 순종하며 하나님이 말씀하신 대로 살려고 노력한다.

재림 지연과 신앙의 위기

그런데 이미 초대교회 성도에게 나타난 현상이지만, 약속된 그리스도의 재림은 거듭 지연됨으로 그리스도인의 의심과 불안은 점점 커졌다. 약속의 성취가 언제 이루어질지 모호하고 불확실한 시기가 찾아온 것이다. 기다리다 이미 명을 달리한 이도 발생했다. 신실하신 하나님에 대한 신앙과 재림약속의 성취가 지연되는 현실 사이에서 교회와 성도는 혼란스러웠고, 설상가상으로 로마의 박해가 계속 이어지다 보니 생존에 위기를 느껴 신앙을 포기하는 사람이 점점 늘었다. 그리스도인에게 주어진 약속은 다른 삶의 길을 주저하게 해 오히려 현실의 장애물이었고 소망은 뜬구름을 잡는 것과 같았다. 실현 가능성이 점점 희박해졌다.

바로 이런 현실에서 하나님께 적합한 반응을 한다면, 끝까지 인내하고 약속의 성취를 기다리며 신앙을 지키는 일이지만, 이건 무리한 요구로 여겨졌다. 약속은 오히려 현실을 사람이 원하는 대로 만들지 못하게 하고 또 원하는 대로 살지 못하게 하는 장애물이었다. 약속을 기대하길 포기하거나 약속같은 것에 아무 신경 쓰지 않고 사는 건 신앙을 버리는 것과 다르지 않기에 약속이 더디 이루어지는 현실에서 그리스도인의 정체성을 지키며 사는 것자체가 쉽지 않았다. 현실과 약속 사이에서 갈팡질팡하는 때 초기 그리스도인은 도대체 어떻게 또 무엇을 근거로 하나님을 예배할 수 있었는가?

사실 어떤 설명도 결국엔 하나님의 약속으로 소급하므로 신학적으로 설명한다고 해서 고통의 현실을 받아들일 수 있게 되는 건 아니다. 이 문제를 어떻게 해결할 수 있는가? 다시 말해서 일상의 현실과 약속의 현실 사이에서 괴리감이 커진 상황은 어떻게 극복할 수 있는가?

성경적 해결책

성경의 저자들은 이런 문제를 모르지 않았다. 구약의 저자들은 아브라함을 비롯하여 언약 신앙에서 그 해답을 찾았고 신약의 저자들 역시 마찬가지였다. 특히 구약의 약속이 예수 그리스도의 오심과 사역 그리고 그의 죽음과 부활에서 성취되었음을 보여줌으로써 그 해답을 찾았다. 부활은 하나님의 약속은 반드시 성취한다는 걸 보이는 증거이다.

히브리서 11장은 믿음의 선조들에 관해 말하고 있다. 그들이 갈 바를 알지 못했으나 약속을 믿고 이끄시는 대로 나아가기를 주저하지 않았고, 보이지 않는 것을 마치 눈으로 직접 본 것 같이 확신했고, 아무것도 없었으나 모든 걸 가진 것처럼 풍성하게 지냈다고 했다. 나라 없는 백성으로서 70년 이상을 살았던 이스라엘 민족에게 고향과 친척과 아비의 집을 떠나 살았던 아브라함을 통해 민족 회복의 꿈을 주고 또한 에스겔의 환상을 통해 나라가 회복할 걸 보여주셨듯이, 비록 약속의 성취가 더디 이루어지는 것 같아도 하나님은 반드시 약속을 지키실 것을 강조하여 말씀하셨다.

요한계시록은 성령에 이끌려 계시를 받은 사도 요한이 약속과 현실 사이에서 힘든 세월을 보내는 하나님의 백성들에게 위로와 소망을 주기 위해 기록한 책이다.

부활 신앙만이 답이다

오늘날 현실과 약속 사이에는 인간의 능력과 그 능력에 기반한 과학 기술의 번영이 있어서 우리가 기대하고 소망할 수 있도록 한다. 양자 사이의 거리가 멀면 멀수록 하나님에 대한 신뢰는 약화하고 인간의 능력에 대한 기대는 점점 더 커진다. 하나님에 대한 반응은 더는 불필요한 일이 되었고 오히려 인간과 자연에 대한 반응이 절실해졌다. 약속 같은 건 잊으라고 한다. 중요한 건 지금 현실을 새롭게 만들고 변화시키는 능력을 신뢰하는 것이라고 한다. 과학과 기술에 대한 의존도를 높이라는 거다. 이런 요구에 직면한 그리스도인 가운데는 하나님이 아닌 다른 것들을 신뢰하는 이가 늘어나고 있다.

과학 기술 기반의 현실은 그리스도인에게 현실과 약속 사이에서 느끼는 괴리감을 더더욱 커지게 만들고 있다. 성경이 말하는 방식과는 양태가 다르다. 창조, 각종 기적, 하나님의 역사 개입, 부활, 재림, 영생 등은 대표적이다. 이런 현실에서 그리스도인은 소망하는 이유에 관해 묻는 이에게 대답하도록 요구를 받는다. 그리스도인은 누구 혹은 무엇에 반응하며 또한 어떻게 반응하며 살 것인가?

비록 성경 시대 하나님의 백성이 느꼈던 괴리감과 오늘날 하나님의 백성이 느끼는 괴리감은 방식과 양태에서 다르다 해도 본질까지 다른 건 아니다. 사도 바울이 말하듯이 그리스도인은 소망할 수 없는 것을 소망하도록 (hope *against* hopes) 부름을 받는다. 달리 말해서 인간 능력을 넘어서는 것, 하나님만이 행하시는 것과 하나님 자신을 소망하도록 부름을 받는다. 따라서 그리스도인의 현실은 우리가 세상의 방식으로는 전혀 소망할 수 없는 걸 소망하도록 부름을 받았다는 것이다. 인간이 할 수 있는 건 오직 하나님이 이루실 때까지 기다리는 것뿐이다. 만일 있다면, 아니 반드시 있어야 하는 건 하나님께 반응하며 살되 하루하루 주의 말씀에 순종하면서 직면하는 현실이 말씀대로 되게 하는 것뿐이다. 말씀의 현실에 충실한 삶을 사는 것이다. 설령 그것의 성취를 보지 못하고 죽는다 해도 반드시 부활할 것을 믿는 것, 그래서 비록 아무것도 할 수 없는 무능한 상태라서 사람들의 비난과 조롱을 받는다 해도 오직 주만 바라보며 부활의 주님이 다시 오시길 기대하는 것, 기대하며 살면서 하루하루 최선을 다해 순종하는 것, 이것이 바로 일상의 예배이다.

정리한다면 현실과 약속 사이에서 괴리감을 크게 느낄 때, 신실하신 하나님을 고백하고 약속의 성취를 기다리는 것, 그리고 기다리는 동안 말씀에 순종하며 사는 것, 세상에서 하나님의 다스림과 돌봄을 받으며 지금 이곳에서 하나님 나라를 경험하는 것, 비록 박해가 극심하여 죽음을 만나게 되는 때라도 천국 소망으로 인내하는 것, 사는 동안 서로 사랑하고, 서로 돕고, 서로 세우는 삶을 사는 것, 이것이 하나님께 반응하는 삶이며 그리스도인의 일상 예배이다.

끝을 모르는 광야의 길을 걸을 때

"하나님이여 내게 은혜를 베푸소서 내게 은혜를 베푸소서
내 영혼이 주께로 피하되 주의 날개 그늘 아래에서
이 재앙들이 지나가기까지 피하리이다"

(시편 57:1)

예배는 영으로 임재하신 하나님에 대해 전인격적으로 반응하는 신앙 행위다. 언제 끝날지 모르는 광야의 삶을 살아야 할 때 어떻게 반응해야 예배자로서 사는 걸까?

어둠의 긴 터널

앞의 주제와 연결되는 상황이지만, 관점을 조금 달리해서 생각해 보자. 인생 여정에는 어려움을 넘어 소망하는 일이 불가능해 보이고 문제 해결 가능성이 전혀 보이지 않은 때가 종종 있다. 누군가로부터 도움을 요청할 수도 없다. 익숙한 환경도 아닐뿐더러 먹고 살기에 빠듯한 삶의 조건에 눌려 숨이 막힐 지경이다. 이 일이 잠시라면 그래도 인내할 수 있다. 어느 정도는 그 이후의 삶을 전망할 수 있고 기대할 수 있기 때문이다.

그런데 만일 그 끝이 언제인지 알지 못한다면 어떤가? 한쪽 문이 열리면 다른 문이 열린다고 한다. 그러나 기다리고 또 열심히 노력해도 다른 문이 열릴 기미조차 보이지 않고 굳게 닫혀 있고 심지어 기도의 문까지도 닫혀

있다고 생각되는 때는 사정이 완전히 달라진다. 그야말로 예측 불가 상황이다. 어느 정도는 견딜 만하다고 생각하면서도 도대체 언제까지 계속될 건지 또 언제 무슨 일이 갑자기 벌어질지 몰라 불안으로 급변한다. 그러다가 삶의 미래가 두려워지고 죽음에 대한 공포가 엄습해 결국엔 절망한다. 누구도 찾아와 주지 않고 안부를 물어 오는 이가 없어 어려운 사정을 호소하여 도움을 요청할 사람이 없다면 그렇다. 만일 그래도 절망하지 않는다면, 마지막 순간까지 무너지지 않고 어떻게든 생존할 수 있기만을 바랄 뿐이다. 생존이 최우선 가치이니 이런 때에 하나님에 초점을 맞추며 산다는 건 상상하기 어렵다.

생존전략

영문학자 테렌스 데프레(Terrence Des Pres)의 책 『생존자-죽음의 수용소에서의 삶의 해부』(서해문집, 2010)는 아우슈비츠 수용소에서 생존한 자들의 일반적 행동 양식을 세밀하게 분석하고 있다. 상상조차 어려운 고통스러운 상황에서도 살아남을 수 있었던 건 그들이 집단으로 움직여서 함께 살아남으려고 노력했기 때문이라고 했다. 자기도 허기진 상태에서 자기 음식을 다른 이에게 건넨다는 건 쉽지 않은 일이다. 그런데도 죽음의 수용소에서는 그런 일이 일어났다고 한다. 그리고 그런 삶을 실천한 사람이 다수 생존했다고 한다. 특히 저항의 한 방법으로 하루하루를 기록으로 남기려는 의지를 불태운 사람들은 거의 생존했다고 한다.

빅터 프랭클(Viktor Frankl)의 『죽음의 수용서』(청아, 2020) 역시 강제수용소의 참혹한 환경에서 삶의 의미를 잃지 않고 인간의 존엄성을 지키려 했던 사람들이 살아남을 수 있음을 증언한다. 나아질 기미는 보이지 않고 날마다 죽어가는 사람만이 늘어가는 때, 의미 있는 생각과 행동과 삶을 지향하는 사람은 자기 생존만을 위해 살지 않고 타인을 돌보며 살았고 그 힘으로 생존할 수 있었다.

이스라엘의 광야 생활

이스라엘 백성이 출애굽 후 지낸 광야 생활은 끝이 보이지 않는 생활이었다. 그들은 모세가 있었고, 모세를 통해 갖가지 이적을 보이신 하나님의 역사를 체험했음에도 불구하고 예상보다 훨씬 길어진 광야 세월에 지칠 대로 지쳤다. 그들은 시시때때로 불평했고 이어서 모세를 원망했다. 그러나 이건 결국 하나님에게 불만을 털어놓는 것이었다. 하나님을 신뢰하지 못해 불평을 쏟아내고 불만과 원망으로 가득 찬 이스라엘 백성에 대해 하나님은 진노하시고 벌을 내리셨으나, 또한 거듭 용서하셨다. 불평하는 백성에 독사를 보내 물게 했고, 그 후 모세의 간청을 들으신 하나님은 놋 뱀을 만들어 장대 끝에 달게 해서 죽어가는 순간에도 놋 뱀을 쳐다보는 자에겐 살 기회를 주셨다. 가나안 땅에 대한 하나님의 약속을 신뢰하지 못해 40년 광야 생활을 해야 했다. 이로 말미암아 출애굽 1세대는 광야에서 죽어야 했으나, 다음 세대는 여호수아를 통해 약속의 땅으로 인도하시었다.

광야는 영적 수련의 시간을 비유

오늘날 우리가 광야를 경험하는 건 해당 지역을 여행하지 않는 한 가능하지 않다. 그러므로 성경에서 광야에 관한 기록은 출애굽 과정에서 겪은 40년 광야 생활과 다윗의 13년 광야 생활, 그리고 세례 요한의 광야 생활이나 예수님이 40일간 광야에서 금식하고 사탄에 시험을 받은 것이 있다. 그래서 광야는 험악한 인생이나 척박한 신앙환경을 말할 때 종종 은유로 사용된다.

물질적으로 궁핍하고, 수시로 생존의 위기를 겪고, 병에 시달리고, 조롱과 멸시를 받고, 삶과 죽음의 경계선을 넘나들고, 외부의 공격에 무방비로 노출된 상태다. 보호하고 돌볼 사람도 없어 보여 스스로 자신을 돌보아야 하는 상황, 무엇보다 아무리 기도해도 아무 응답이 없는 삶이 지속할 때, 그리고 무의미하게 보이는 삶을 살아야 할 때 광야의 삶을 말한다. 씨를 뿌릴 수도 없는 곳이니 열매를 기대할 수도 없다. 낮에는 뜨겁고 밤에는 추우며 언제 어디서 공격을 당할지 몰라 두려움으로 가득한 곳이다. 그래서 오래전부터 광야는 영적 수련의 장소였다. 광야로 던져진 것이 아니라 자발적으로 광야에서 자신을 단련할 기회로 삼았다.

만일 실제로 이런 광야 같은 삶의 현장에서 하나님께 반응한다면, 이스라엘 백성들처럼 불평이나 원망 아니면 속히 이 상태에서 벗어나길 바라는 갈망일 것이다. 기도나 영성 수련 같은 특별한 목적이 있다면 모를까 누구도 광야에 계속 머물러 있길 원하진 않는다. 그렇다고 우리 맘대로 광야 생활을 청산할 수 있는 건 더더욱 아니다. 그리스도인의 광야 생활에는 하나님의 뜻과 인도하심이 있기 때문이다. 모세는 도피의 장소로 택했으나 40년이 지난 후 그곳에서 하나님이 만나주셨고, 세례 요한은 부르심에 따라 광야로 갔으며, 예수님은 성령께서 인도하셨다고 했다. 마찬가지로 세상 속 그리스도인은 갖가지 이유로 수시로 광야로 내몰린다.

광야 생활에서 요구되는 삶

그리스도인으로서 광야 생활의 관건은 먼저 하나님을 인정하는 것이다. 비록 비생산적이고 고달프고 언제 끝날지 모르는 어둠 속을 걷는다 해도 그건 하나님의 뜻이 이루어지는 과정이며, 따라서 광야 생활을 순종 가운데 감내하는 건 그리스도인에게 고난이다. 하나님의 뜻이 자기에게 일어나게 함으로 고통을 받는 걸 고난이라고 한다면, 부르심을 받은 자가 고난을 받을 때 하나님은 그들을 돌보신다. 이걸 인정하고 받아들이고 또 하나님을 기대하며 인내하며 살고, 설령 광야 생활에서라도 힘써 서로 사랑하고 서로 돕고 서로 세우는 삶을 사는 것, 이것이 광야 생활에서의 일상 예배다. 한편 공동체에서 광야 생활 가운데 있는 그리스도인이 있다면 공동체는 그들을 돌보는 일에서 게으르거나 방관하지 않아야 할 것이다.

모든 일이 너무 잘 나갈 때

"그런즉 선 줄로 생각하는 자는 넘어질까 조심하라"
(고린도전서 10:12)

예배는 영으로 임재하신 하나님에 대해 전인격적으로 반응하는 신앙 행위다. 모든 일이 너무 잘 나갈 때는 감사하며 신앙에 더 열심을 내는 사람도 있으나 그렇지 않고 하나님이 없어도 잘 살아갈 수 있을 것처럼 행동하는 사람도 있다. 이런 사람이 되지 않으려면 곧 일이 너무 잘 풀릴 때 어떻게 반응해야 예배자로서 사는 걸까?

어려운 시기를 지날 때 대개의 그리스도인은, 만일 지금보다 상황이 나아지면 그때는 하나님을 정말 잘 섬길 것처럼 생각하고 말한다. 심지어 이것이 그리스도인의 소망이라고 말하는 것도 들었다. 그런데 정말 그럴까? 아굴의 잠언은 돈이 너무 없어도 그렇지만 너무 많아서 혹시라도 하나님을 모른다고 하지 않을까 염려한다고 했다(잠 30:8~9). 이런 말이 아무 근거 없이 나오지는 않았을 것이다. 형편이 나아진다고 하나님을 잘 섬기는 건 아니다. 그렇지 않은 경우가 많고 또 형편이 나아진 후에 오히려 이전보다 못해진 경우도 많다.

성공과 신앙

성공은 보통 목표가 성취되었을 때 쓰는 말이다. 성공했다 함은 설정한 목표를 성취했다는 의미이다. 이에 반해 실패는 목표에 이르지 못했음을 말한다. 목표가 개인적일 수 있고 사회적일 수 있지만, 어떤 것이든 성취하면 성공했다고 말하고 그렇지 못하면 실패했다고 말한다.

물론 물질이 풍부하다고 해서 성공했다고 볼 수 없지만, 적어도 물질의 풍부함을 목표로 삼은 사람에겐 성공이다. 물질은 욕망을 키운다. 물질이 많으면 많을수록 그에 비례하여 욕망은 더더욱 커진다. 자본주의 사회에서 물질의 풍요로움을 바라지 않는 사람이 거의 없다고 본다면 물질의 풍부함은 보통 성공의 지표로 사용된다. 물질의 풍부함은 권력과 명예를 포괄하는 성공의 기준이다. 물질의 노예가 되는 한 성공의 한계선은 없다.

물질이 풍부하다 함은 누구의 도움도 필요하지 않다는 거고, 자기 능력이 그만큼 입증되었다는 걸 보여준다. 아무리 운이 좋았다고 말해도 일단은 성공한 사람으로 인정받는다. 주변에 사람들이 모인다. 자칭 성공한 사람이 강남으로 거처를 옮기려는 건 대개 사람들에게 성공을 인정받고 싶기 때문이다. 성공을 전시하는 행위 가운데 하나다. 성공의 전시는 물질의 성공에 힘입어 존재와 인격의 가치를 더하려는 욕망의 표현이다.

성공하여 물질에서 풍부한 사람은 궁핍함을 모르니 하나님을 의지할 필요가 없고, 자기 능력이 충분히 입증되었으니 굳이 하나님께 기도할 이유가 없다. 심지어 돈 없는 사람이나 기댈만한 힘이 전혀 없는 사람에게 자기가 마치 하나님이라도 된 것처럼 처신한다. 여기에 더해 더는 하나님의 말씀대로 살지 않고 자기가 이룬 성공 신화를 따라 살려고 하고 또 이걸 사람들에게 가르치며 훈계한다. 사람들이 어떻게 말하든 성경은 이걸 두고 교만이라고 한다. 하나님의 가르침을 자기 가르침과 교묘하게 섞는 일이기 때문이다. 이런 사람은 더는 하나님에게 기도할 필요를 느끼지 않는다. 적어도 그런 태도를 보인다. 설령 기도한다고 해도 흉내만 낼 뿐이다. 하나님을 기대하거나 바라지 않는다. 사정이 이러하니 하나님과의 관계에서는 너무 궁핍해도 문제이지만 너무 잘 나가도 문제다. 어떤 문제가 있고 그 심각성은 어떤지에 관해서는 세상에서 성공했다는 그리스도인에게 종종 볼 수 있다.

잘 나간다 싶을 때 그리스도인은 하나님에게 어떻게 반응해야 할까? 대답이야 간단하다. 겸손하면 된다. 자기가 가진 것이 하나님이 주신 것임을 인정하고 필요한 자에게 나누고 베풀며 사는 것이다. 이로써 하나님의 돌봄을 실천한다. 한 걸음 더 나아가서 유용하게 사용하여 세상이 하나님의 뜻대로 되는 일에 공헌하도록 하는 것이다. 공정한 방법으로 기업을 일으키고 생산성을 높이며, 사람들에게 필요한 것들을 공평하게 공급하고, 사람들의 삶을 선하게 이끌 수 있는 새로운 문화를 형성하는 것, 그래서 세상이 더 아름답게 느껴지게 하는 것, 이것이 성공한 사람의 일상 예배다.

성공이 오히려 유혹일 수 있다

그런데 이게 말처럼 쉽게 이루어진다면 얼마나 좋겠는가. 잘 나간다는 사람에게 당연히 기대되는 일이지만 실제 현실로 잘 나타나지 않는다. 믿음이 좋다는 그리스도인도 예외는 아니다. 문제는 은밀히 잠재해 있는 욕심이다. 욕심 때문에 나누지 못하고 선하게 사용하지도 못한다. 생존 욕구와 남보다 더 나아지려는 욕구와 인정욕구 그리고 세상의 영광을 추구하는 명예욕이 대표적이다. 성공한 자들의 성욕과 권력욕은 공격적으로 표출되어 상대를 아프게 한다. 그렇다고 욕심을 내려놓길 강요할 일은 아니니 세상에서 성공한 사람을 목회적으로 이끄는 일은 정말 쉽지 않다.

모든 일에서 잘 나가는 사람들은 대개 성공했다는 자의식이 강하다. 그래서 자기는 듣기보다는 말해야 할 사람으로 여긴다. 마이크를 넘겨받으면 다른 이에게 건네주려 하지 않는다. 성공이 삶의 안전과 미래를 보장하고 말과 행위에 부가가치를 더한다고 생각하기 때문이다. 성공을 원하는 사람은 당연히 자기 말을 들어야 한다고 생각한다. 소위 갑질은 바로 이런 자의식의 표출이다.

성공한 자의 덕목

그렇다면 잘 나가는 사람은 도대체 어떻게 해야 하나님에게 적합한 반응을 하는 건가? 예수님은 영생을 갈망하는 부자 청년에게 계명을 모두 지켜야 하는 건 기본이고, 여기에 더해 재물을 모두 팔아서 이웃에게 나누어주고 그 후에 자기를 따르라고 했다. 이걸 일반 원칙으로 삼아서는 안 된다. 게다가 아무것도 가지지 말라는 건 더더욱 아니다. 다만 재산을 팔아 나누어주고 그 후에 예수님을 따르라는 건 제자로 사는 일에서 자기를 드러낼 소지가 전혀 없게 하라는 것이다. 재물을 신뢰하지 말고 하나님만을 신뢰하며 살라는 거다. 무명인으로, 연약한 자의 모습으로, 하나님을 의지하지 않고는 살 수 없는 그런 사람으로 살라는 거다. 이것이 심령이 가난한 자의 모습이다. 잘 나가는 사람일수록 더더욱 그래야 한다.

이에 근거해서 말한다면, 성공한 사람은, 만일 자기가 하나님을 신뢰한다는 걸 보여주길 원한다면, 성공의 참 의미를 묻고 그 성공이 어디서 온 것인지 물어야 한다. 궁핍함을 겪는 사람들을 위해 유무형의 재화를 사용해도 절대 이름을 드러내지 않는 것이다. 설령 세상에서는 주도적인 역할을 해도 그 역할을 당연하게 생각하지 않고, 특히 교회에선 말하는 위치보다는 들는 자리에 있기를 좋아하는 것이다. 가진 달란트로 교회에 봉사해도 그것으로 자기 명예를 추구하지 않는 것이다. 가진 지식으로 교회에 선한 유익을 끼쳐도 그것을 설교조로 말하거나 과시하듯 행하지 않는다. 무엇을 할 때는 다른 사람을 통해 일어나도록 끝까지 돕는 역할자로 남는다. 자기를 통해 일어난다 해도, 혹시라도 이름이 알려져도, 적어도 교회에선 그 일로 인해 나서지 않는다.

성공한 사람은 풍부한 물질과 권력의 자리와 명예에 힘입어 교회에서 다른 사람보다 중직을 더 쉽게 맡는 일이 많다. 이런 현실을 비판적으로 생각한다면, 세상에서 성공할수록 일상에서 하나님을 섬기는 일은 그에 비례하여 더더욱 힘들어진다는 걸 뼈저리게 느낄 것이다. 부자가 천국에 가는 게 낙타가 바늘구멍으로 들어가는 것보다 더 어렵다는 말이 괜한 것이 아님을 명심해야 한다. 모든 일에서 잘 나가는 자의 경우가 꼭 그렇다.

과거 학생 예배 설교에서 한 전도사님이 이렇게 말했다. "기독 학생은 공부를 열심히 해서 좋은 대학에 가고 좋은 회사에 가야 합니다. 그것이 빛과 소금으로 사는 겁니다." 이 말을 들은 한 학생이 설교 중에 손을 들어 전도사님께 질문했다고 한다. "전도사님은 어느 대학을 나오셨는지요?" 재수하고도 원하는 대학에 들어가지 못해 결국 두 번의 낙방을 소명으로 받아들이곤 신학교에 가서 번영신학에 물든 전도사님은 큰 깨달음을 얻고 더는 그런 설교를 하지 않았다고 한다.

성공을 통해 세상에서 빛과 소금으로 살 수 있다고 생각한다면 큰 오해다. 너무 소박한 생각이다. 물론 그것이 가능할 수 있지만, 실천해 본다면 그 일이 얼마나 힘든지 실감할 것이고, 그래서 그런지 현실에선 성공을 통해 빛과 소금으로 사는 삶을 실천하는 이가 드물다. 오히려 그 반대의 사례가 차고 넘친다. 이런 모습은 가난한 자, 아무런 권력이 없는 자, 이름이 전혀 알려지지 않은 이에게서 더 많이 볼 수 있다. 물론 그렇다고 해서 성공하지 말고 실패자로 살아야 한다는 건 아니다.

우리에게 감동을 주는 사례들을 보라. 부자와 권력자가 선을 베푸는 건 당연하다 싶지만, 설령 그들이 행한 것이라도 익명으로 있다가 나중에 가서 그 열매가 알려지면 그때 사람들의 칭송을 받는다. 이것이 오른손이 하는 걸 왼손이 모르게 하라는 말씀의 의미이며, 이렇게 할 때 사람들이 하나님께 영광을 돌린다.

너무 잘 나가는 사람들에겐 오른손이 하는 걸 왼손이 모르게 하는 것, 이것이 일상 예배이다.

악이 선을 이길 때

예배는 영으로 임재하신 하나님에 대해 전인격적으로 반응하는 신앙 행위다. 악이 선을 이기는 것처럼 보이는 때 어떻게 반응해야 예배자로서 사는 걸까?

믿음의 고백과 현실 경험

악이 선을 이기는 그런 경우는 없다. 악은 선을 이기지 못한다. 이건 '믿음의 고백'이다. 여기서 믿음의 고백에 방점을 두는 이유는 현실에선 악이 선을 이기는 것처럼 보이는 경우가 많기 때문이다. 그래서 많은 이를 실망케 하고 심지어 절망케 한다. 소신이 있는 정치인은 감옥에 가고, 양심 있는 학자는 교단을 빼앗기며, 신실하게 복음을 전하는 자는 미움을 받아 배척당하고, 오히려 귀를 즐겁게 하는 설교에는 사람이 몰려 능력 있고 시대를 이끄는 목회자로 추앙된다. 옳은 길을 가는 자는 인정받지 못하고 오히려 불의한 길을 가는 자가 성공의 가도를 달린다. 그야말로 억울함이 치밀어 오른다. 물론 일시적인 현상이겠지만, 이걸 경험하는 자에겐 그야말로 뼈저리게 아프고 슬픈 일이다. 언젠가는 극복할 일이라도 악이 언제 끝날지 모른다면 그야말로 절망적이다.

비록 영원하진 않더라도 악이 선을 이기는 건 악이 온갖 부정과 불의를 무차별적으로 사용하기 때문이다. 이기기 위해서라면 수단과 방법을 가리지 않는다. 유무형의 유혹, 탈세, 부정부패, 각종 폭력, 살인, 절도, 사기, 거짓, 위조, 배임, 투기, 조작, 갑질 등 모든 가용 수단을 동원해 공격한다. 게임 규칙을 무시하고 달려드는 사람을 똑같은 방법으로 상대하지 않는 한 이길 방도는 없지 싶다. 설령 이긴다 해도 그 과정은 너무나 힘들다. 오로지 상처투성인 채로 남을 뿐이다.

유학을 막 마치고 돌아왔을 때 가난한 강사 신분으로 살아야 했다. 대학 전공(철학)과 달랐기 때문에 독일에서 처음 시작한 신학 분야에서 나를 이끌어 줄 스승도 선배도 동기도 없었다. 유학 시절에는 일하고 공부하느라 유학생들과 교제의 시간을 충분히 갖지 못하고 살았기에 유학생 시기에 다소 안면이 있는 분들에게조차 도움을 요청할 수 없었다. 가난하다는 티는 보이지 않으려 했으나 숨길 수는 없었던 것 같다. 평소에 강사인 나를 비롯하여 동료 학생들에게 식사를 곧잘 대접하던 나이가 지긋한 학생이 찾아와서 상당한 금액을 조건으로 제안하며 석사 논문을 써달라고 했다. A4 50장이면 된다고 했는데, 귀국한 지 얼마 지나지 않은 시기이고 또 논문 주제가 내 전공 분야이니 그 정도면 어렵지 않게 쓸 수 있었다. 강한 유혹이었다. 논문을 쓰는 동안 책과 논문 구입 경비와 점심 저녁 식사비는 물론이고 교통비도 준다고 하니 그야말로 논문을 쓰는 동안에 누리는 '은혜'로 생각할 수 있었다. 당시 강사 신분으로 버는 수입을 생각한다면 적지 않은 돈이었기에 마음이 동했다. 대답을 위해 하루 여유를 구하고 기도의 시간을 가졌다. 유학 시절에 어떤 어려움이 있어도 신학을 포기하지 않고 공부했던 시절이 떠올랐다. 무엇보다 그리스도인 정체성을 지키기 위해 기울였던 서글펐던 노력이 선명하게 떠올랐다. 지금까지의 노력이 헛되지 않기 위해서나 부르심에 합당한 삶을 위해서라도 설령 지금은 경제적으로 어렵고 전망이 불투명한 시기라도 끝까지 하나님을 신뢰하며 살아야 한다고 생각했다. 나는 이 제안을 받아들일 수 없었다. 제안을 조심스럽게 거절했을 때 그분은 이렇게 말했다. 다른 사람에게 부탁해도 되는 일이었다고, 많은 사람이 그렇게 하는 일이라고, 다만 아직 자리를 잡지 못해 힘들어 보이는 내게 도움을 주기 위해 부탁한 일이었다고. 적지 않은 수의 박사학위 소지자들이 이런 유혹에 넘어갔다는 말로 들렸다.

악의 간계

세상에서 이런 일을 직접 경험하거나 다반사로 일어나는 걸 주변에서 볼 때, 그리스도인이 하나님께 적합하게 반응을 보이며 산다는 건 자기와의 처절한 투쟁을 요구하는 일임을 실감한다. 이 일로 실망하여 무너져 내리길 원치 않는다면 피하는 게 상책이다. 정체성을 숨기기 바쁘고, 설령 하나님께 반응한다고 해도 그 삶을 굳이 겉으로 드러내려 하지 않는다. 그런데 이건 등불을 켜고는 길을 밝히는 데 두지 않고 오히려 감추려는 것과 다르지 않다. 그러함에도 불구하고 그렇게 하는 이유는 일상 예배라는 게 남들은 어떻게 되어도 상관없고 오직 자기만 잘 살겠다는 의지로 보일 수 있기 때문이다. 또한 자기가 세상에서 돌아가는 일과 전혀 무관하게 사는 방관자나 불의에 침묵하는 겁쟁이처럼 여겨지는 게 두렵기 때문이다. 놀라운 사실은 이 일이 악의 간계 가운데 하나라는 거다.

그러나 이건 공공성이 결여한 신앙의 경우에 그렇다. 폭력적 정권에 의해 아무 죄 없는 국민이 죽어 나가고 불의한 일로 고통을 당해도 저항은 차치하고 아무 이의도 제기하지 않고 오직 교회 부흥만을 기도하며 살았던 때가 있었다. 이런 삶이 참 신앙이라고 가르치기도 했다. 이런 과거 부끄러운 경험 때문에 악이 선을 이기는 때에 하나님께 반응하며 사는 걸 주저하는 건 충분히 이해할 수 있다. 정의의 이름으로 나서면 오히려 피해를 볼 게 뻔했기 때문이다. 그래서 선택한 개인적이고 교회 중심적인 삶은 그야말로 세상에서 도피하는 것처럼 보이고 또 실제로도 그렇기 때문이다.

사실 지금도 다수 그리스도인에게서 볼 수 있지만, 특히 과거에 기독교 신앙의 공공성(publicity)에 관한 관심이 두드러지지 않은 때 보수 성향이 짙은 신학과 교회는 기독교 신앙이 사회 정의와 무관한 것처럼 가르쳤다. 전혀 상관이 없다고는 말하지 않았어도 무엇보다 개인 구원을 강조했고, 육체와 분리한 영혼의 구원을 역설했다. 자연스럽게 사회로부터 고립된 개인주의 신앙과 교회 중심주의 신앙으로 기울어질 수밖에 없었다.

악은 선을 이기지 못한다

악은 절대 선을 이기지 못한다. 잠시 악이 대로를 차지할 수 있으나 영원할 수는 없다. 이걸 감추기 위해 악은, 나 혼자 잘한다고 해서 혹은 남들은 하지 않는 걸 혼자 한다고 해서 무엇이 바뀌겠으며, 설령 바뀐다 해도 얼마나 바뀌겠는지 의심하게 한다. 불의한 일로 인해 극심한 고통 중에 있는 때 하나님을 인정하고 찬양하는 게 무슨 의미가 있는지 묻는다. 남들은 다 아무 염려 없이 넓은 길을 걸으며 살아가는데, 굳이 혼자 정의로운 척함으로써 가족을 힘들게 하는 게 과연 옳은 일인지 묻는다. 적지 않은 노력을 기울이고 또 잘 살기 위해 애를 썼음에도 여전히 가난하고 사회의 주변인으로 사는 게 인생의 목표는 아니지 않느냐고 묻는다. 악을 악으로 맞서게 한다.

복수하게 하고 불의를 관용하게 한다. 관건은 원한을 푸는 것이며, 이기는 것이며, 어떻게 해서든 성공하는 것임을 역설하고 설득하려고 한다. 참회는 그때 해도 늦지 않고 악을 제압하고 난 후에 회개해도 늦지 않다고 한다. 이 일에 설득당하면 혹은 설득당하는 과정이라면 하나님께 반응하는 일은 모든 게 불확실하다는 이유로 혹은 게으름이라는 이름으로 거듭 지연된다.

그러나 명심할 일이다. 하나님의 심판이 언제 임할지 우리는 알지 못한다. 악을 이기기 위해 불의를 행하는 동안 임할는지 우리는 알지 못한다. 마땅히 행할 선을 어떤 이유에서든 하루 이틀 지연하는 동안 임할는지도 모른다.

또한 명심할 일이다. 그리스도인에게 악이 선을 이기는 것처럼 보이는 때는-아직 유혹에 넘어가지는 않았지만, 고통을 겪는 시기이기에-언제나 고난의 시간이다. 그리스도인이 겪는 고난은, 예수님이 하나님이 주시는 잔을 받아들이셨고, 마리아가 천사의 수태고지를 듣고 자기에게 일어나길 받아들였듯이, 하나님이 행하시는 일이 내게 일어나게 할 때 만나는 어려움이어서 엄밀히 말해 고난의 시기는 하나님이 일하시는 때다. 그렇다고 해서 내가 침묵하는 건 당연하지 않으며 개인주의적인 신앙을 살아도 괜찮다는 뜻은 아니다.

하나님의 섭리

그러므로 악이 선을 이기는 것처럼 보일수록, 설령 그런 때가 빈번하고 또 많은 사람이 그 일에 동조한다 해도, 그리스도인은 오직 하나님께만 반응하길 주저해서는 안 된다. 하나님이 섭리 가운데 당신의 뜻을 이루시는 과정이기 때문이다. 이를 위해서는 미래의 하나님을 신뢰하고 용기 있게 현실에 맞서야 한다. 악이 선을 이겨 설령 목숨을 잃을 수 있어도 부활을 소망하며 기꺼이 맞서는 것, 이것이 일상 예배다.

'우리를 시험에 빠지지 않게 하시고, (다만) 악에서 구하소서!'

교회에 대한 불신이 커질 때

> "교회는 하나님이 성령을 통해 사역하시는 공간이고,
> 하나님이 임재하시는 공간이며, 하나님 나라의 모형이다.
> 교회에 대한 믿음은 하나님의 사역이 이루어지는 곳에 대한 믿음이다."
> (본문 중에서)

예배는 영으로 임재하신 하나님에 대해 전인격적으로 반응하는 신앙 행위다. 교회에 대한 불신이 커지면 일상에서도 하나님께 집중하기가 어려워진다. 이럴 때 어떻게 반응해야 예배자로서 사는 걸까?

하나님 신앙과 교회 신앙

그리스도인에게서 종종 경험하는 비정상적인 현상 가운데 하나는 하나님 신앙과 교회 생활, 이 두 가지를 같이 보는 것이다. 하나님을 잘 믿는 사람이 교회 출석을 잘하고, 교회 출석을 잘하는 사람이 신앙이 좋다는 식이다. 이렇게 생각하는 그리스도인에게 교회에 나가는 건 하나님을 믿는 것과 같고, 하나님을 믿는 건 교회에 열심히 출석하는 것과 같다. 교회 생활에 진심이면 믿음이 좋다고 여겨진다. 대충 맞는 말이고 큰 문제가 아닌 것 같지만, 따지고 보면 그렇지 않다. 기독교 신앙을 크게 왜곡하기 때문이다.

특히 전도할 때 어떤 말을 사용하는지 보면 오염과 왜곡의 정도를 대충

가능할 수 있다. '예수님은 세상의 구주이십니다', '예수님을 당신의 주님으로 믿으세요!' 이 말보다는 '교회에 나오세요.' '교회에 오면 행복합니다.' '우리 목사님은 설교를 잘하십니다.' '우리 교회는 평안합니다.' 등의 말을 더 자주 들을 수 있다. 교회를 선택할 수밖에 없는 상황에서 나온 문구이겠으나, 전도의 본질에서 거리가 멀다. 좁게 보면 교회 중심주의 신앙의 결과이지만 넓게 보면 잘못된 신학의 결과다. 하나님을 교회 안에 가두는 일이기 때문이다.

교회란?

교회가 중요하고 하나님의 사역 현장이 교회인 건 사실이다. 하나님은 교회에서 일하시고 또 교회 행위를 통해서 일하신다. 교회는 교인의 신앙 진보를 위해 어머니 역할을 담당한다. 하나님 나라의 모형이다. 세상에서 교회의 존재는 사막 가운데 있는 오아시스와 같다.

그러나 여기서 말하는 교회는 건물 형태가 아니라 그리스도인의 교제가 유기적으로 이루어지고 하나님을 위한 사역이 일어나는 현장이다. 그리스도 안에서 성령을 통해 하나님과 인간의 교제는 물론이고 하나님을 믿는 인간의 상호교제, 그리고 인간과 자연과의 교제가 이루어지는 곳, 그곳이 교회다. 성경과 하나님에 관한 지식이 소통되는 곳, 그곳이 교회다. 하나님과 이웃을 위해 그리고 하나님의 뜻대로 세상이 변화하는 사역이 이루어지는 곳, 그곳이 교회다. 하나님 나라가 부분적으로나마 드러나고 경험되는 곳, 그곳이 교회다. 성도는 비록 온전하지는 않아도 교제와 사역이 하나님의 약속에 따라 온전해지기를 기대하며 산다. 이러한 의미의 교회는 하나님이 성령을 통해 사역하시는 공간이고, 하나님이 임재하시는 공간이며, 하나님 나라의 모형이다. 이런 점에서 우리는 사도신경을 통해 교회를 믿는다고 고백한다.

교회에 대한 믿음은 교회 중심주의 신앙이 아니라 하나님을 예배하고 하나님의 사역이 이루어지는 곳에 대한 믿음이다. 이건 기독교 신앙 가운데 하나다.

그래도 교회는 성전

한편, 지금은 교회에서 제사하지 않아도 성전의 의미는 여전히 유효하다. 왜냐하면 교회는 하나님이 당신의 거처로 삼으시고 또 사역하시는 곳이기 때문이다. 오늘날 '성전'은 교회의 권위를 높이기 위한 것이 아니라 하나님의 임재와 하나님 나라 사역을 강조하는 표현이다. 바울은 이런 의미에서 성도의 몸을 가리켜 성전이라고 했다. 하나님은 우리 안에 계시고 우리 몸을 상대로 사역하신다는 말이다. 데살로니가 교회에 보내는 편지에서 바울은 이렇게 말했다.

> "평강의 하나님이 친히 너희를 온전히 거룩하게 하시고 또 너희의 영과 혼과 몸이 우리 주 예수 그리스도께서 강림하실 때에 흠 없게 보전되기를 원하노라"(살전 5:23)

교회를 성전으로 말하면서 교회와 세상을 분리하고 교회에서 일하는 목회자의 권위를 드러내려는 건 분명히 옳지 않다. 그러나 하나님이 계시는 곳임을 고백하고 그가 행하실 일을 기대하면서 교회를 성전으로 말하는 건 잘못이 아니다. 그러나 공간 자체를 신성시해도 된다는 건 아니다. 또한 그렇다고 교회에 가는 것과 하나님 신앙이 같다고 보는 건 아니다. 양자는 엄연히 다른 현실이다.

교회에 대한 불신은 일상에서 하나님에게 반응하며 살려는 의욕을 현저히 약화한다. 이는 무엇보다 교회 운영 및 각종 교회 행위와 하나님의 행위를 같게 보았기 때문이고, 너무 독단적인 교회 운영에도 하나님이 아무런 제재를 하지 않고 방관만 하시는 것 같이 보였기 때문이다. 사랑은 없고 도덕과 율법만을 지나치게 강조할 때도 그렇다. 교리가 한쪽으로 기울어졌을 때도 그렇다. 교회 조직을 유지하는 데만 혈안이 되어 있고 참으로 가치 있는 일은 등한시할 때도 그렇다. 말씀대로 살기보다는 시대의 흐름에 좌우되어 살 때도 그렇다. 반지성적이고 비과학적인 주장과 태도를 강요할 때도 그렇다. 목회자의 부도덕함을 묵인하는 태도를 볼 때도 그렇다.

교회를 불신하는 요인에서 드러나는 이런 관점은 신학적으로 볼 때 신앙과 신학 그리고 교회의 공공성에 대한 기대에 뿌리를 두고 있다. 공공성이 결여한 곳이 교회일 수 없다고 본 까닭이다. 이런 이유로 교회에 대한 신뢰를 상실한 사람은 일상에서 하나님께 반응하며 살려는 의지마저 상실한다. 설령 일상에서 공적 사안과 관련해서 자기에게 말을 걸어오는 일임에도 자기가 불신하는 교회가 하는 일이라는 이유로 자기와 무관하다고 생각하며 외면한다.

올바른 교회론이 답이다

이런 때엔 무엇보다 올바른 신학적 인식을 위한 노력이 우선이다. 첫째, 교회에 출석하는 것과 하나님 신앙은 같지 않으며 또한 항상 비례 관계에 있지 않다는 것을 명심해야 한다.

둘째, 자기의 신앙 색깔과 부합하는 교회를 찾아야 한다. 자기 신앙에 교회를 맞추라는 뜻이 아니다. 현대는 다양성의 시대다. 같은 기독교 신앙이라도 색깔이 다양하다. 크게는 로마가톨릭과 성공회와 개신교가 있고, 개신교

내에서도 루터교, 장로교와 침례교, 감리교와 성결교와 순복음 교회 그리고 그리스도교회가 있다. 교단마다 가르침의 초점과 강조점이 다르다. 하나님 주권을 강조하면서도 감리교에 몸담고 있거나 인간의 행위를 강조하는 신앙이 있으면서도 장로교에 속해 있으면, 만일 교회의 가르침에 따라 변화할 의지가 전혀 없다면, 평생 갈등을 피할 수 없다. 교리 문제로 교회를 불신하여 신앙마저 포기하지 않길 원한다면, 신뢰할 만한 목회자를 찾아 신앙 상담을 하고 자기에게 맞는 신앙을 지도할 교회를 추천받도록 한다. 과거처럼 한 교회에서 평생 머물면서 순종하며 살거나 집에서 가까운 교회에 출석하면 된다고 생각하던 시대는 지났다. 포용적인 신앙이 좋다는 이유로 자기와 맞지 않는 교회에 출석하는 건 진리에 관한 관심이나 확신 때문이 아니라면 무모한 일이다.

셋째, 교회를 불신하게 된 요인이 어디에 있는지 살펴보면, 대개 교회라는 이름으로 거론하고는 있어도 사실은 다른 교인과의 대인 관계나 교회 운영 그리고 목회자에 대한 불만인 경우가 다수다. 신앙생활에서 받은 상처나 불만이 교회에 대한 불신으로 표출된 것이다. 거듭해서 교회 직분에 선택받지 못한 경우도 마찬가지다. 이런 사람은 어떤 교회를 가든지 마찬가지 고민과 갈등을 겪는다. 따라서 무조건 교회를 불신하여 떠나기보다는 오히려 자기를 돌아보고 성장시킬 기회로 삼으면 어떨지 싶다.

넷째, 앞서 언급했듯이, 교회라고 해서 다 같은 교회가 아니기에 교회에 대한 불만이 회복하기 어렵다는 확신이 들고, 교회 문제로 인한 갈등 때문에 신앙마저 포기하고 싶지 않다면, 그리고 문제가 교리 문제가 아니라면, 같은 교단 내 다른 교회로 이적하면 된다.

흔히 교회와 관련해서 생기는 이런 고민과 갈등 그리고 그 결과로 나타나는 교회를 옮기는 행위를 불신앙으로 여기는 태도는 잘못이다. 무관심해지거나 교회를 떠나기보다 적절한 상담자를 찾고 신앙의 지도자를 찾는 건 오히려 신앙을 지키기 위한 몸부림이다. 이런 문제로 고민하고 갈등을 겪는 건 상당히 긍정적이고 고무적이다. 혼란스러운 일상 경험에서 신앙의 중심을 찾아가는 노력이기 때문이다. 일상에서 하나님께 적합하게 반응하며 살기 위한 길을 발견하고 또 그 길을 가려는 노력이기에-만일 교회나 교인을 비난하고 다니는 등 지나치게 비신앙적인 태도를 보이거나 방법을 찾는 것이 아니라면-이런 고민과 갈등은 문제라기보다는 그 자체로 일상 예배다.

교회 예배만을 예배로 여길 때

> "그러므로 형제들아 내가 하나님의 모든 자비하심으로 너희를 권하노니
> 너희 몸을 하나님이 기뻐하시는 거룩한 산 제물로 드리라
> 이는 너희가 드릴 영적 예배니라"
> (로마서 12:1)

예배는 영으로 임재하신 하나님에 대해 전인격적으로 반응하는 신앙 행위다. 교회 예배만을 예배로 여기는 분위기가 지배적일 때 어떻게 반응하는 것이 일상 예배자로서 사는 걸까?

세상 속 그리스도인의 정체성

교회에선 선한 그리스도인이어도 일상에서 하나님께 적합한 반응을 하지 않는 사람은 교회 밖에선 비그리스도인과 특별히 구분되지 않는다. 교회에선 그리스도인이고 세상에서는 보통 사람이다. 이게 별문제 아닌 것 같아도 사실은 '세상 속 그리스도인'에게 요구되는 정체성에서 상당히 멀어져 있다는 사인이다. 놀라운 건 이런 모습이 장로, 권사, 집사, 심지어는 전도사와 목사에게서도 발견된다는 거다. 이런 사람을 두고 신앙이 없다고 말하면 당사자는 극구 부인하고 불쾌하게 여겨 심하면 화를 낸다. 절대 작지 않은 문제임이 분명한데도 이것을 인정하려 하지 않는 게 더 큰 문제다. 이게 정말 심각한 문제인 건 개선의 여지가 없고 또한 이 일로 충격을 받아 교회를 떠

나는 사람들이 발생하기 때문이다.

　이런 사람들을 붙잡고 그 이유를 물어보면 대부분 자기도 연약한 인간이기에 그렇다고 대답한다. 그러니까 교회에서 배워 알고는 있으나 세상 유혹에 넘어져 제대로 실천하지 못했다는 거다. 현실에서 인간의 이중성은 지극히 당연한 현실이 아니냐고 강변한다. 틀린 말은 아니다. 세상에서 그리스도인 정체성을 지키며 산다는 게 쉽지는 않다.

　그러나 이런 생각 자체가 문제다. 무엇보다 그리스도인에게는 교회 안과 밖이 구분되지 않기 때문이다. '그리스도인'은 사도행전(11:26)에 나오는 안디옥 교회 교인들에게 주변 사람들이 처음 붙인 이름이다. 다분히 비난 섞인 별칭이었다. 원래부터 교회 밖에서 불리는 이름이었다. 그리스도인임을 드러내는 모양과 정도는 다를 수 있으나 시기와 장소를 가리지 않는다.

　그리스도인의 정체성은 예수 그리스도와의 관계에서 규정된다. 교회가 아니다. 교회에서는 예전을 통해 하나님을 예배하면서 하나님의 백성이요 자녀임을 나타내고 하나님께 영광을 돌리며, 교회 밖에서는 말씀에 순종하는 선한 삶을 통해 하나님을 예배하면서 그리스도인임을 나타내어 하나님께 영광을 돌린다. 차이는 예배 방식일 뿐이다.

　그런데 교회 예배만을 예배로 보면 교회 밖에서 예배하는 사람으로 사는 것에 큰 의미를 두지 않는다. 설령 교회 밖 예배를 말한다고 해도 교회 예배처럼 의식이 갖춰져야 한다고 생각한다. 구역 예배, 직장 예배, 가정 예배 등이다. 이렇게 생각하는 사람은 사람과의 만남과 관계에서 곧 가정생활에서나 직장생활에서나 사회생활에서 그리스도인의 삶 자체가 하나님께 대한 반응이어야 함에 관해 생각할 여유를 갖지 못한다. 이런 사람은 먼저 티시 해리슨 워런의 『오늘이라는 예배』를 읽어보길 권한다. 일상이 어떤 의미에서 예배일 수 있는지 알게 될 것이다.

사람은 변하지 않는다?

결과는 놀라움을 넘어 참혹하다. 오늘날 한국 교회가 직면한 상황으로 비판과 비난을 넘어 이젠 교회가 세상의 근심거리가 되었다. 일요일마다 교회에 다닌다는 사실을 직장이나 사회 생활에서 숨기려는 그리스도인이 늘고 있다. 어떤 이는 부끄럽게 여기기도 한다. 목회 현장이나 교회에서 소통하는 언어에서 사람이 변하지 않는다는 말을 종종 들을 수 있는데, 이 말의 진원지를 찾다가 대략의 사실을 발견하고는 놀란 적이 있다. 오랜 기간의 목회를 마친 은퇴목회자들에게서 자주 회자하는 말이었다는 것이다. 그 말의 진의를 파악해 보니 결국 교회 생활에선 많이 변한 것 같은 교인도 정작 삶에서 드러나는 모습은 전과 크게 다르지 않다는 것이다. 왜 그런지에 관해서는 관련 연구 결과를 찾지 못해 알 수 없지만, 그동안 신학과 목회에 관한 연구를 바탕으로 말한다면, 그건 일상의 기독교적 의미와 가치를 간과한 결과다. 일상은 단지 교회 밖 생활 곧 세상 속 생활이 아니라 그리스도인이 교회 예배의 축도를 통해 파송된 곳이며 또한 삼위 하나님이 동행하시는 삶이다. 교회에서 파송되어 개인이 교회로서 정체성을 드러내는 곳이다. 오랜 신앙생활에도 사람이 변하지 않은 건 이걸 간과한 결과이다. 무엇보다 교회가 이 사실을 가르치지 못했고 일상에서 그리스도인으로서 살도록 훈련하지 않은 결과다. 일상을 강조하면 교회 출석이 줄어들 걸 염려해서 그런 것인지 확실치 않지만, 대략 추측해볼 수는 있다.

일상은 단지 교회 밖 세상이 아니라, 그리스도인이 교회 밖에서 만나는 사람과 자연과 하나님에 대해 반응하는 삶으로 구성된다. 교회 밖 세상에서 하나님이 어떻게 어떤 모습으로 일하시는지에 대한 가르침을 찾기가 쉽지 않다. 있다고 해도 최근의 현상이다.

일상 예배란 그리스도인 정체성을 갖고 세상으로 파송되어 사람과 자연과 하나님에게 적합한 반응을 하는 것이다. 만일 교회 예배만을 예배로 생각하는 사람이 있다면, 그에게 일상 예배를 기대하는 건 어려운 일일 수밖에 없다. 결과적으로 교회 밖에서는 파송된 그리스도인이 아니라 세상에 속한 사람으로 살아가는 보통 사람일 뿐이다. 그러니 변하지 않고 십수 년 신앙생활을 유지한 건 전혀 놀라운 일이 아니다.

두 과제

교회 예배만을 예배로 생각하는 사람에게 필요한 건 첫째, 예배에 대한 바른 인식이다. 예배는 하나님과 그분의 행위 그리고 이웃에 대해 전 인격적으로 반응하는 일이다. 교회에서는 예전을 통해 반응하고 일상에서는 이웃과 자연에 반응한다. 전자는 교회 예배이고 후자는 일상 예배이다. 둘은 형식과 장소와 시간에 따라 구분되긴 하나 그렇다고 분리되지는 않는다. 유기적 관계에 있다. 어느 것 하나라도 빠지면 온전한 예배가 아니다.

둘째, 교회 예배만을 예배로 생각하는 사람은 교회와 신앙의 공공성을 배워야 한다. 하나님은 교회 안팎에서 당신의 일을 행하신다. 세상을 다스리시는 분은 하나님이시고, 하나님의 영은 세상에 임하여 계신다. 보이는 것과 보이지 않는 것을 포함한다. 비록 교회나 그리스도의 이름으로 행하진 않아도 교회 밖에서도 하나님은 일하신다. 무엇보다 생명과 풍성한 생명을 위해 일하시고, 또한 성경의 뜻에 기초한 인권, 복지, 정치, 경제, 교육, 노동 등 사회의 각 분야에서 민주 시민으로서 바르게 사는 그리스도인을 통해 당신의 뜻을 이루신다. 하나님의 목회는 사람의 목회를 통해 구현된다. 굳이 신앙고백이나 기독교 상징물을 소지하고 있음을 보여주면서 그리스도인임을 드러내지 않아도 된다. 성경의 정신에 어긋나지 않는다면, 다만 사랑으로 사람을 존중하고 피조 세계를 보호하며 합리적인 의사소통이면 그것으로 충분하다. 이것을 통해 이웃을 보호하고 돌보며 더 나아가 동반 성장과 성숙을 지향하는 것, 이것이 공공성을 실천하는 길이며, 이것이 일상의 예배이다.

가나안 성도 현상

한편, 일상 예배와 공적 신앙의 관계를 고려할 때 주의해야 할 일이 있다.

소위 가나안 성도 현상과 그들의 주장이다. 가나안 성도란 그리스도인 정체성은 갖고 있으면서도 교회에 출석하지 않고 교회 예배를 기꺼이 포기하되 일상 예배에만 방점을 두고 사는 이를 가리킨다. 그럴만한 이유가 많이 있지만 핵심 이유는 교회와 교회 행위 그리고 교회에 속한 이들에 대한 누적된 피로감 때문이다. 그들은 교회는 물론이고 교회와 관련한 사람에 대해 상당히 지쳐있다.

가나안 성도는 일상에서 올바르게 살려고 할 뿐 굳이 그리스도인 정체성을 드러낼 필요를 느끼지 않는다. 왜냐하면 그리스도인과 교회 출석이 늘 같게 여겨져 왔기 때문이다. 따라서 그들은 일상 예배는 가능할지 모르지만, 교회 예배의 필요성은 전혀 느끼지 않는다.

그러나 가나안 성도에게 꼭 하고 싶은 말이 있다. 교회 예배 없는 일상 예배는 불완전하다는 거다. 일상에서 올바른 삶이 없으면서도 교회 예배에 참석하는 것이 무의미하다고 본다면, 이런 비난은 교회 예배 없는 일상 예배에 대해서도 마찬가지로 적용된다. 이런 예배는 누구를 예배하며 또 어떻게 반응해야 하는지 분명하지 않으며 심지어 왜곡하고 변질할 수도 있다.

기독교 신앙의 공공성을 강조할 때, 그래서 일상 예배의 중요성에 방점을 두고 예배를 생각할 때 가나안 성도가 양산될 가능성이 크다. 이를 예방하기 위해서 염두에 두어야 할 건 온전한 예배이다. 교회 예배와 일상 예배가 절대 분리하지 않으며 주께서 오시는 날까지 서로 유기적 관계에 있음을 숙지해야 한다.

온전한 예배를 위하여

교회 예배만을 예배로 생각하는 것도 문제이지만, 일상 예배만을 예배로 생각하는 것도 문제다. 그리스도인의 예배가 온전한 예배이기 위해선 예배의 의미와 예전의 의미를 숙지케 하여 그 의미를 삶에서 구현하도록 하고, 특히 교회 예배와 일상 예배의 유기적 관계가 잘 유지되도록 교육하고 훈련해야 한다.

그리스도인의 일상에서 하나님께 반응하는 삶이 필요한 건 온전한 예배를 위해서지 건전한 일상 그 자체를 위해서는 아니다. 건전한 일상만을 위해서라도 그리스도인이 되는 게 중요하지만, 그 목적만을 위해서는 굳이 그리스도인이 될 필요는 없다. 건강한 일상 회복을 위한 조언은 교육 현장과 대중문화 그리고 종교에 차고도 넘친다. 물론 다른 종교인과 달리 그리스도인 고유의 특성이 없진 않아도 굳이 그리스도인을 고집할 필요는 없다. 다른 종교인이 되어도 무방하다.

그리스도인의 일상을 굳이 '예배'로 자리매김하는 이유는 온전한 예배를 위해서다. 교회 예배만을 예배로 생각하여 일상에서 하나님께 반응하며 살지 못한 사람에게는 무엇보다 먼저는 온전한 예배의 의미를 숙지하고 또 신앙의 공공성을 학습하고 훈련하는 것, 이것이 일상 예배이다.

꿈이 없다고 느낄 때

예배는 영으로 임재하신 하나님에 대해 전인격적으로 반응하는 신앙 행위다. 꿈이 없다는 건 삶의 목표가 없을 뿐 아니라 의욕이 상실한 상태일 가능성이 크다. 남보다 뒤처져 있다는 느낌이 강해진다. 꿈이 없다고 느낄 때 어떻게 반응해야 예배자로서 사는 걸까?

꿈이 없으면 일상의 예배가 불가능한가? 꿈이 없을 뿐이지 신앙마저 없는 건 아니지 않는가? 과거 이런 질문을 받은 경험이 있다. 일상 예배를 강조하는 내게 자기는 딱히 꿈이라고 할 만한 것이 없다고 생각하며 살았던 청년이 질문한 것이다. 본인 나름대로 예배와 꿈의 관계를 고민한 후 질문한 것이라 다소 생뚱맞은 느낌이었으나, 즉답을 피하고 잠시 생각에 빠진 적이 있다. 처음에는 서로 관련이 없다고 생각해서 충분한 대답을 안 한 것 같고 대신 질문한 청년에게 왜 그런 생각을 했는지를 물었던 기억이 있다. 그 이후의 대화 내용은 기억나지 않는다. 비록 시기적으로 늦었으나 이 글은 그때 청년의 질문을 염두에 두고 쓴 것이다.

꿈이 필요 없는 시대

모두가 꿈을 말하는 시대에 꿈이 없다는 건 난처한 일이다. 하나님을 제대로 믿지 못해서 그런 건 아닌지 의심이 든다. 시대의 흐름에 한참 뒤처져 있는 건 아닌지 이런 느낌을 주기에 충분하다. 시대의 요구에 부응하지 못하는 것이니 이런 사람은 자기 안으로 칩거해 두문불출하기 일쑤고, 심하면 히키코모리가 된다. 흔한 말로 은둔형 외톨이이다. 꿈이 없다고 모두가 히키코모리가 되는 건 아니다. 사실 요즘 젊은 층에서 꿈이 없다는 말을 듣는 건 흔하다. 꿈을 물으면 오히려 난감해한다. 꿈이 없다고 해서 하나님을 제대로 예배하지 못하는 것도 아니다. 초중고 학생들을 포함해서 얼마나 많은 청년이 꿈 없이도 교회에 잘 다니고 있는지 보라. 꿈에 관해 물어보면 꿈이 없는 것 같다고 말하는 청년들도 교회에 출석하여 열정적으로 예배하고 있다. 꿈이 없어도 잘 살 수 있는 시대다.

하나님은 꿈을 주시면서 찾아오신다

문제는 일상이다. 꿈이 없는 그리스도인은 일상에서 하나님에게 적합한 반응을 보이기를 주저한다. 아니 전혀 못 할 수도 있다. 왜냐하면 하나님은 개인을 찾아오실 때 종종 꿈을 사용하시기 때문이다. 성경의 인물들에게 공통으로 찾을 수 있는 부분이다. 하나님은 약속을 주시면서, 뜻을 알려주시면서, 그리고 특별한 사명을 주시면서 개인을 찾아오셨다. 아브라함을 찾아오실 때 그랬다. 모세와 다윗을 찾아오실 때도 그랬고, 그리고 지금도 마찬가지다.

그러니까 그리스도인의 꿈은 하나님이 마음의 문을 두드리시는 소리이다. 문을 두드리시는 하나님을 영접하기 위해서라도 그리스도인에게 꿈은 있어도 그만 없어도 그만인 것이 아니다. 꿈은 반드시 있어야 한다. 꿈이 없는 백성은 망한다고 했다(잠 29:18). 성경(개역개정판)은 꿈을 묵시로 번역했는데("묵시가 없으면 백성이 방자히 행하거니와…."), 꿈이 초월적인 것과 관련이 있음을 밝힌 것이다. 사실 꿈이 없으면 하나님을 갈망하지 않는다. 이런 사람이 일상과 관련해서 하나님께 전인격적으로 반응할 걸 기대하는 건 쉽지 않다.

그렇다면 무엇이 문제인 건가? 꿈은 일상 예배를 위해 반드시 있어야 하는가? 일상 예배와 꿈은 어떤 관계에 있는가? 왜 그런지 좀 더 자세히 살펴보자.

꿈의 세 가지 의미

먼저 꿈의 세 가지 의미를 구분해 보는 게 우선이어야 할 것 같다.

뇌의 활동: 첫째, 꿈은 우리가 잠자는 동안 뇌의 활동에 따른 결과다. 그런데 하나님은 종종 꿈을 계시의 도구로 사용하신다. 그러나 사도 시대 이후로 더는 성경의 의미를 넘어서는 그런 계시로서 꿈을 사용하시지는 않는다. 여기서 말하는 계시는 일상에서 경험하는 일과 관련해서 성경적 의미를 해석하도록 돕는 것 정도로만 이해하는 게 좋다. 여기서 단순한 꿈인지 계시인지를 분별하기 위해선 꿈이 반복되는지 그리고 같은 내용의 꿈이 다른 누군가에게도 나타나는지 살펴보아야 한다. 꿈에 계시적 의미를 함부로 부여하는 건 반드시 지양해야 한다.

희망: 둘째, 꿈은 우리가 바라고 원하는 것을 가리키는 말이다. 흔히 희망이라는 말을 사용한다. 희망을 성취하기 위해서는 최선의 노력을 요구한다.

주 뜻을 내 것으로 받아들인 것: 그리고 셋째, 꿈은 하나님이 보여주시고 말씀을 통해 들려주신 것, 약속과 부르심과 뜻과 계시 등을 내 것으로 삼을 때 쓰는 말이다. 꿈을 보이시는 이나 꿈을 이루시는 이는 하나님이시고 인간은 단지 순종할 뿐이다.

꿈이 문제가 되는 때

그리스도인에게 꿈과 관련한 문제는 아무 근거 없이 꿈을 계시나 묵시로 단정할 때이고, 특히 두 번째와 세 번째를 구분하지 않을 때 발생한다. 꿈과 관련해서 흔히 듣는 내용은 이렇다. 내가 바라고 원하는 것을 꿈 혹은 희망으로 여기고, 그것을 이루려고 부단히 노력하는 것을 꿈 혹은 희망에 대한 바른 태도로 여긴다. 아니 자신이 바라는 것과 그걸 이루려는 노력을 포함해서 희망으로 생각한다. 틀린 말은 아니다. 적어도 세상의 관점에서는 그렇다. 그러나 이것을 아무런 조건도 없이 그리스도인의 희망으로 삼으면 문제가 생긴다.

가장 큰 문제는 실망과 좌절을 겪는 사람들이 많다는 거다. 좋은 대학에 가기를 바랐고 노력은 했으나 자기 뜻대로 되지 않을 때, 졸업 후 원하는 직장에 취직하지 못했을 때, 결혼에 대한 기대에 미치지 못하는 결혼 생활을 한다는 생각이 들 때, 아직 목표에 이르지 못했는데 병으로 혹은 각종 이유로 포기할 수밖에 없을 때, 더 나은 삶 더 나은 행복을 바랐으나 그렇지 못했을 때, 해방을 위해 투쟁했으나 죽을 때까지 이루지 못했을 때, 병 낫기를 원하고 기도하며 희망했으나 결과가 그렇지 않을 때다. 이럴 때 사람들은 일상에서 하나님에게 적합한 반응을 보이지 못한다. 일상 예배는 차치하고 교회 예배마저 포기하는 사례가 없지 않다. 꿈을 위해 간절히 기도했고 또 노력했음에도 이루어지지 않은 현실에 크게 실망했기 때문이다.

도대체 무엇이 문제인 걸까?

문제는 직업을 꿈으로 생각하고, 성공을 꿈으로 여기며, 욕망 실현을 꿈으로 생각한 것이다. 그리스도인에게 꿈은 이런 것이 아니다.

먼저 왜 그리스도인에게 꿈은 반드시 있어야 하는지, 이에 관해 생각해 본 후 꿈이 없다고 느낄 때 어떻게 해야 일상의 예배자가 될 수 있는지, 이에 관해 살펴보도록 하겠다.

약속에 대한 꿈은 있어야 한다

민수기 13~14장에는 12명의 정탐꾼 이야기가 있다. 열두 명의 사람들이 가나안 지역을 향해 힘차게 발걸음을 옮기고 있다. 비록 430년 동안 노예 생활을 하던 곳에서 나와 몸은 지치고 피곤했으나 마음만은 뜨거웠고 희망으로 부풀어 올랐다. 지쳤으나 발걸음은 가벼웠고, 비밀리에 움직여야 했으나 땅을 밟는 힘은 그 어느 곳을 밟는 것보다 더 강력했다. 왜냐면 그곳은 그들의 출애굽 목표였고 하나님이 오래전 조상에게 주시겠다고 약속하신 땅이었기 때문이다. 비록 약속된 땅이었으나 지금은 다른 사람들이 차지한 곳이었기에 그곳으로 들어가기 전에 먼저 그곳이 어떠한 곳인지를 알아보아야 했다.

정탐을 위해 그 땅으로 들어간 사람들은 모두 같은 장소를 보았고, 똑같은 소산물을 맛보았으며, 같은 사람들을 경험했다. 그들이 보고 듣고 맛본 건 다르지 않았다. 그들의 성은 철옹성 같았고, 키는 컸고, 땅은 비옥했으며, 열매는 맛있고 풍부했다.

그런데 그들이 땅에서 보고 듣고 맛본 것이나 땅을 정탐한 목표는 같았으나 땅과 그 땅의 사람을 보는 태도는 전혀 달랐다. 경험이 다르니 평가가 달라질 수밖에 없었다. 열 명의 사람은 그 땅과 소산물 그리고 그곳에 있는 사람들을 자기와 비교해 보고는 충격을 받았다. 이제 막 노예 생활에서 벗어난 자기들과 비교할 수 없을 정도로 대단하게 보였다. 자신을 메뚜기에 비유할 정도였다. 결과적으로 그들이 내놓은 평가는 그곳 사람과 싸워서 땅을 차지한다는 건 불가능하다는 거였다.

그러나 열두 명 중 여호수아와 갈렙은 달랐다. 그들 역시 같은 것을 보고 듣고 맛보았다. 그들 역시 그 땅 주민과 비교할 때 자기들은 열악했고, 비옥한 땅과 소산물을 보니 그곳의 문명이 자기들보다 앞서 있음을 충분히 분별할 수 있었다. 그들은 다른 열 명과 같은 것을 보았으나 평가는 전혀 달랐다. 그곳은 하나님이 약속한 땅으로 자기들이 차지할 곳이라고 보았다.

열두 명 중 다수인 열 명은 아무리 비옥한 땅이라 해도 그것을 자기 힘으로 차지하는 건 불가능하다고 보았고, 다른 두 명은 그 땅을 차지하는 건 충분히 가능하다고 보았다. 무엇이 이런 차이를 만들어 낸 걸까?

약속에 대한 꿈이 없었다

열 명의 정탐꾼이 그 땅을 차지하는 게 불가능하다고 말한 건 그 땅을 볼 때 자기들이 싸워서 차지해야 할 것으로 보았다. 하나님이 약속해 주셨고 하나님이 그것을 이루실 것을 기대하지 않았다. 그러니 그 땅의 위세에 눌린 상태에서는 꿈을 꿀 수도 없었고, 꿈을 이루기 위해 노력조차 할 수 없었던 거다. 결과적으로 그들은 땅을 하나님 약속의 관점에서 보지 않았다. 하나님의 약속에도 불구하고 결국 현실 문제에 부딪혀 무너짐으로써 하나님의 약속을 자기의 꿈으로 삼는 일에 실패한 것이다.

이에 비해 다른 두 명은 그 땅을 하나님이 주시겠다는 약속을 따라 보았다. 하나님의 약속이기에 하나님이 반드시 이루어 주실 것임을 확신했다. 이런 확신에서 그들은 하나님이 주신 약속을 자기들의 꿈으로 삼을 수 있었다. 그리고 마침내 하나님의 도움으로 강력한 여리고 성을 무너뜨린 후 땅을 차지할 수 있었다. 이에 반해 10명의 정탐꾼과 이들의 평가에 따라 땅에 대한 약속을 믿지 못하고 꿈을 포기하려 했던 사람들은 그들이 생각하고 말한 대로 약속의 땅으로 들어가지 못하고 광야에서 생을 마쳐야 했다.

이 이야기를 읽을 때마다 이런 생각을 했다. 만일 가나안 땅이 척박했다면 어떠했을까? 열 명의 정탐꾼은 어떻게 반응하고 여호수아와 갈렙은 어떻게 반응했을까? 성경에 나온 대로 똑같이 반응했을까? 모르긴 해도 10명의 정탐꾼은 이런 곳으로 오려고 우리가 그토록 고생하며 애굽을 탈출했는지 의심하며 분노했을 것이다. 여호수아와 갈렙은 하나님이 주신 땅이라 믿어 감사하며 받아들였을 것이다. 왜냐하면 그것은 하나님이 주신 약속이기 때문이다. 하나님의 약속을 꿈으로 삼지 않는 사람은 자기의 관심과 욕망에 따라서 보고 듣고 행동한다.

꿈이 없다는 건 이와 같다. 그리스도인에게 꿈이 없는 건 세상에서 자기 능력에 의지하여 사는 삶으로 이어진다. 앞서 꿈이 없다는 건 문을 두드리는 주님의 음성을 듣지 못하는 것이라고 했다. 여기에 더해 꿈이 없다는 건 약속하신 것을 누릴 권리를 포기하는 거다. 1등 복권이 손에 쥐어져 있어도 그것의 가치를 모르는 것과 다르지 않다. 꿈이 없는 백성이 망하는 건 이런 이유 때문이다. 그리스도인은 하나님의 약속과 뜻을 자기 꿈으로 삼아야 한다.

약속에 대한 신앙에도 불구하고 꿈이 없다?

그리스도인 가운데는 자기 안에 꿈이 있으면서도 그것이 무엇인지 모르고 지내는 이가 참으로 많다. 꿈이 무엇인지 물으면, 나는 꿈이 없는 것 같다, 이렇게 말하는 그리스도인 초중고 학생이나 청년이 적지 않다. 꿈을 가지고 있다는 게 무엇과 같은지 설명해 보겠다.

대나무 가운데 으뜸으로 치는 것 중에 모죽이 있다. 모죽의 씨를 심으면 아무리 물을 주고 잘 가꾸어도 5년 동안은 싹이 나지 않는다고 한다. 5년이 지나면 비로소 손가락 크기의 죽순이 나오고 4월이 되면 하루에 80cm씩 자라서 6주가 되면 30m까지 자란다고 한다. 5년이나 되는 시간에 도대체 대나무에 무슨 일이 있었던 걸까? 이에 대해 궁금해하던 사람들이 땅을 파보았다고 하는데, 놀랍게도 뿌리가 사방으로 수십 미터나 뻗어 있었다고 한다. 그러니까 5년 동안 뿌리만 자라고 있었던 거다. 땅속 깊이 내린 뿌리의 힘으로 대나무는 빨리 클 수 있고 또 어떤 바람에도 넘어지지 않는 단단한 대나무로 클 수 있었던 거다. 보이지 않던 대나무가 5년이 지나서 제 모습을 드러내었던 거다.

그리스도인의 꿈도 이와 같다. 비록 지금은 보이진 않아도 하루하루 하나님의 말씀을 듣고 기도하고 순종하며 살다 보면 어느 순간 주님의 뜻이 보이기 시작하고, 성령님은 나로 소원을 갖게 한다. 이런 과정을 거쳐 주님의 뜻을 내 꿈으로 삼게 되는 거다. 이렇게 되면 어떤 유혹에도 흔들리지 않는 단단한 그리스도인이 된다. 하나님의 뜻과 약속을 내 꿈으로 삼고 순종하는 가운데 꿈을 이루는 사람이 될 수 있게 되는 거다.

주님의 뜻을 내 꿈으로!

그렇다면 어떻게 꿈을 가질 수 있을까?

방금 말한 대로 우리는 예수님을 믿기 시작하면서 씨앗과 같은 꿈을 가지게 된다. 믿음과 더불어 하나님의 약속이 주어지기 때문이다. 그 약속은 구원(해방), 부활, 생명(영생), 기쁨, 평화, 사랑, 정의, 공의, 하나님이 우리와 함께 계시겠다는 것, 그리고 하나님 나라이다. 그리스도인은 이 약속을 소망하도록 부름을 받는다. 약속이 없다거나 소망이 없다고 하면 그건 그리스도인이 아니다. 다만 우리 안의 약속 곧 소망이 아직 분명하게 드러나지 않는 건 믿음의 씨가 하나님 나라 안에 뿌리를 깊이 내리는 중이기 때문이다. 어떤 어려움이 와도 넘어지지 않고 포기하지 않을 만큼 단단한 꿈을 준비하는 중이다. 이 꿈은 우리가 믿을 때 시작한다. 예수님이 나를 구원하시는 분이고 나를 다스리는 왕임을 인정하고 고백하고 받아들일 때 우리 안에는 꿈이라는 씨앗이 뿌려진 거다. 우리가 매일 기도하고 매일 말씀을 읽고 들으며 그 말씀을 순종하는 건 씨앗이 하나님 나라 안에 점점 깊이 뿌리를 내리는 시간이다. 하루하루 주님과 동행하며 산다고 해서 삶이 크게 바뀌지 않는다. 그러나 그런 삶을 차근차근 쌓아갈 때 주님은 우리에게 뜻을 보여주신다. 만일 매일매일 주님과 동행하며 살았다면 뜻이 나타날 때 아무 어려움 없이 그것을 내 꿈으로 삼지만, 만일 동행하는 삶을 살지 못한다면 뜻이 나타났어도 내 꿈으로 삼길 주저하거나 피하게 된다. 오히려 유혹에 넘어지고, 혹이라도 믿음을 버리지 않는다면 세상과 적당히 타협하며 살게 된다. 이렇게 되면 주님의 뜻이 내 꿈이 되지 못하는 것이고. 이렇게 되면 하나님이 원하시고 또 이루어 주시는 꿈을 갖지 못하게 된다. 그러니까 우리가 주님의 뜻을 내 꿈으로 갖기 위해선 매일 기도하고, 성경을 읽거나 듣고, 말씀에 순종해야 한다.

주님의 뜻을 내 꿈을 삼은 후 필요한 건 구체적인 직업을 선택하는 거다.

직업은 하나님의 부르심에 따라 선택하여 실행하는 일로 꿈을 구체화하기 위한 것이다. 생계를 위한 것만이 아님을 명심해야 한다. 다음의 질문에 구체적으로 대답하면서 우리는 꿈을 구체화할 수 있다.

구원의 약속을 내 꿈으로 삼을 때 나는 어떤 꿈을 가질 수 있는가?
생명의 약속을 내 꿈으로 삼을 때 나는 어떤 꿈을 가질 수 있는가?
평화의 약속을 내 꿈으로 삼을 때 나는 어떤 꿈을 가질 수 있는가?
기쁨의 약속을 내 꿈으로 삼을 때 나는 어떤 꿈을 가질 수 있는가?
정의의 약속을 내 꿈으로 삼을 때 나는 어떤 꿈을 가질 수 있는가?
공의의 약속을 내 꿈으로 삼을 때 나는 어떤 꿈을 가질 수 있는가?
부활의 약속을 내 꿈으로 삼을 때 나는 어떤 꿈을 가질 수 있는가?
하나님이 함께 계시겠다는 약속을 내 꿈을 삼을 때 나는 어떤 꿈을 가질 수 있는가?
하나님 나라의 약속을 내 꿈으로 삼을 때 나는 어떤 꿈을 가질 수 있는가?

그리스도인에게 꿈은 없어도 되는 것이 아니다. 반드시 있어야 한다. 왜냐하면 그 꿈을 통해 하나님은 우리 안에서 일하시고, 또 우리를 통해 뜻을 이루시기 때문이다. 꿈이 없다고 느낄 때 하나님의 약속을 알려고 하고, 하나님의 뜻을 알기 위해 부지런히 성경을 읽고 묵상하고 배우려는 노력이 바로 일상의 예배이다. 그 이유는 약속을 통해 그리고 뜻을 통해 그리스도인으로서 우리가 꿈을 가질 수 있기 때문이다. 하나님의 뜻과 약속을 내 꿈으로 삼으려 노력하는 것, 그리고 다른 이의 꿈이 빛나게 하는 것을 내 꿈으로 삼는 것, 이것이 그리스도인의 일상 예배다.

부정적 감정에 사로잡혔을 때

"여호와 그가 네 앞서 행하시며 너와 함께하사
너를 떠나지 아니하시며 버리지 아니하시리니
너는 두려워 말라 놀라지 말라"
(신명기 31:8)

예배는 영으로 임재하신 하나님에 대해 전인격적으로 반응하는 신앙 행위다. 부정적 감정은 생각에 영향을 미쳐 올바른 판단을 방해한다. 나 자신에 파묻혀 하나님께 집중하지 못하는 건 누구나 경험하는 바다. 이럴 때 어떻게 반응해야 예배자로서 사는 걸까?

부정적 감정

인간의 감정에는 흔히 '부정적'이라 불리는 것이 있다. 외로움, 우울, 슬픔, 분노, 두려움, 염려, 불안, 공포, 무력감, 수치, 질투, 허무감 등이다. 이런 것들에 부정적이란 꼬리표를 붙인 건 이것들이 대개 대인 관계에서 부정적 결과를 낳는 요인이기 때문이다. 감정 자체를 부정적으로 평가한 건 아니다. 사실 그렇게 할 수는 없다. 감정은 신체 안팎에서 온 자극에 인간의 몸(뇌와 내장)이 자기를 보호하기 위해 반응한 것이기 때문이다. 반응이 적합한지 그렇지 않은지에 관해 말할 수는 있어도 감정에 부정적이라는 꼬리표를 붙이는 건 옳지 않다. 왜냐하면 부정적이라 불리는 감정이 종종 긍정적인 결과로 이어지기 때문이다. 예컨대 분노는 뜻하지 않은 실수와 잘못을 미리 예방할 수 있다. 슬픔은 고통이 극심해서 멘탈이 붕괴할 위기에 놓일 때 뇌를 자극하여 엔도르핀을 생성하게 한다. 새드 무비(sad movie)가 행복감을 높여주는 건 슬픔을 느낄 때 뇌에서 분비되는 프로락틴 덕분이다.

감정이 부정적으로 평가되고 이것이 문제로 여겨지는 건 부정적 감정에 사로잡힐 때 정상적인 사고와 행위가 어려워지기 때문이다. 부정적 감정은 생각과 행동을 지배한다. 이렇게 되면 잘못된 행동과 그 결과로 말미암아 대인 관계가 힘들어진다. 과잉 긍정의 감정 역시 마찬가지다(재독 한인 학자 한병철은 『피로사회』에서 과잉 긍정의 폐해를 지적한다.). 과유불급이라고 했다 기쁨이나 행복이나 사랑도 지나치면 없는 것만 못하고 안 하는 것만 못하다.

감정은 해석이다

감정이란 내적 자극이나 외적 자극에 따라 신체가 느끼는 쾌와 불쾌에 대해 뇌가 해석하고 또 그에 대처하면서 적절한 호르몬을 분비할 때 나타난 결과다. 우리에게 알려진 이름의 감정이 발현되기 이전의 상태가 있다. 그건 인간 의식에 드러나지 않은 깊은 곳에 있어서 우리가 어찌할 수 없는 부분이다. 이 영역을 가리켜 흔히 '무의식'이라 한다. 아직 의식에 드러나지 않았고 해석되지 않은 영역이다. 잠재적이다. 감정은 무의식 영역에 있다가 자극과 함께 일어나는 것이라 세심한 주의가 필요하다. 보통은 자극에 대한 쾌와 불쾌의 감정으로 존재하는데, 성장 과정에서 습득한 정보에 따라 뇌가 일정한 형태로 해석하고 그에 따른 호르몬을 분비하여 특정 감정으로 발현한다. 결국 감정은 학습된 것이다. 자극에 따라 일어나는 걸 해석하여 특정 감정으로 내놓기 전에 어느 정도 자극과 반응을 도식화할 수 있는 건 바로 이런 이유에서다. 그러니까 항상 옳은 건 아니지만 사람의 감정적 반응은 어느 정도 예견할 수 있다는 말이다. 사람의 표정이나 말투 혹은 몸의 움직임을 보고 그 사람의 감정 상태를 추측할 수 있는 것과 같다. 따라서 만일 부정적 결과를 피할 수만 있다면 굳이 부정적이라 말하지 않아도 된다. 실제로 느낌을 어떻게 해석하느냐에 따라 감정은 얼마든지 달리 나타날 수 있다.

감정은 보호기제다

뇌가 외부의 자극에 가장 먼저 반응을 보이는 건 중추신경계가 아니라 변연계이다. 변연계는 인간의 감정을 담당하는 곳이다. 감정이 먼저 발현한다는 건 뇌가 외부의 자극을 공격이나 위협으로 해석했다는 거다. 자신을 보호하기 위해 이렇게 해석된 감정은 생각과 의지에 영향을 미쳐 방어 내지는 공격 행동을 유발한다. 그러니까 감정은 인간의 보호기제 가운데 하나다. 부정적이라고 해서 무조건 나쁘게 보아선 안 되는 이유다. 진화생물학의 설명에 따르면, 이건 인간이 외부의 공격으로부터 자신을 보호하기 위해 프로그램화한 것이다.

그러니까 감정은 보호 본능에 따라 발현하도록 세팅된 프로그램을 따른다. 감정은 특정 자극에 맞춰 일정하게 발현된다는 말이다. 그렇다고 해서 자극과 반응의 관계가 영구적으로 고정된 건 아니다. 인지 치료를 통해 맘만 먹으면 얼마든지 교정할 수 있다. 그리고 이를 위한 작업 중 하나가 감정 훈련이다. 감정이 신앙에 미치는 영향을 생각한다면, 감정 훈련은 영성 훈련의 하나로 채택되어야 한다. 감정 훈련은 내 안에서 일어나는 감정을 느낄 때 바로 행동으로 옮기기 전에 먼저 그 감정을 충분히 느끼고, 그것에 적절한 이름을 붙인 후, 그 감정이 자기 자신과 대인 관계에 미치는 결과를 생각하여 적절하게 수위를 조절하면서 감정 발현의 때와 수위를 통제하는 것이다.

부정적 감정에 대처하기

부정적 감정이 이미 일어난 때, 게다가 그 감정에 사로잡혀 있을 때, 예컨대 불안과 염려와 두려움이 가득한 상황에서 하나님께 적합하게 반응하길 기대하는 건 무리다. 사람은 보통은 감정이 이끄는 대로 행동한다. 의지를 구체적 행동으로 옮기는 동력이 감정이다. 자신을 보호하는 게 우선이기 때문이다. 이때는 그리스도인에게 합당한 행동이 기대되고 요구된다고 해서 서둘러 반응을 보이려고 하면 실수할 수 있다. 오히려 이때는 감정이 가라앉을 때까지 심호흡으로 조절하면서 기다려야 한다. 하버드 심리학자들에 따르면 6초 정도면 괜찮다고 한다. 만일 이미 발현한 감정으로 인해 잘못된 선택과 행동이 이루어졌다면, 이때는 자신을 비난하기 전에 먼저 이해해야 하고 감정으로 상처를 입은 상대방에게 실수를 인정하고 용서를 구해야 한다. 누구든 화가 난 상태에서 한 말은 마음에 담지 않는 게 생산적인 상호관계를 위해 좋다.

관건은 이런 일이 다시 반복하지 않도록 불안과 염려와 두려운 상황에서 하나님에게 적합하게 반응할 방법을 찾는 것이다. 감정에 사로잡히면 대개 사람에게는 물론이고 하나님께도 적합하게 반응할 수 없다. 성경에서 하나님은 우리가 불안해하지 말고 염려하지 말고 두려워하지 말 것을 힘 있게 강조하고 있다. 그 강도와 빈도를 고려하면, 마치 이런 감정이 불신앙의 지표인 것처럼 느껴질 때가 있다. 그러나 앞서 말했듯이 절대 그렇지 않다. 문제는 이런 감정에 사로잡혀 하나님이 아닌 것에 반응하여 잘못된 행동을 하는 것이지, 감정 자체가 잘못된 건 아니다. 잘못된 행동은 미래에 대한 불안과 염려, 점집을 찾는 경우나 두려움 때문에 처음부터 시도조차 하지 않는 것 등이다.

자신을 위로하고 격려하기: 이걸 예방하기 위해 해야 할 일은 불안과 염려와 두려움이 일어나는 상황을 보고 또 그에 대처하는 관점을 바꾸는 것이다. 누구에게 혹은 무엇에 반응해야 할 것인지를 비판적으로 살펴야 한다는 뜻이다. 감정은 자기를 보호하기 위한 보호기제라고 했다. 따라서 부정적 감정이 치밀어 오를 때 가장 먼저 할 일은 자신을 위로하는 것이다. 자신에게 괜찮다고 말해주고, 상황을 객관적으로 보려고 노력한다.

창조신앙과 종말론적 신앙: 이에 비해 성경은 창조의 하나님과 미래의 하나님을 말한다. 창조의 하나님을 말하는 건 하나님이 다스리신다는 뜻이고, 미래의 하나님을 말하는 건 하나님이 이미 미래를 섭리 가운데 정하셨고 약속을 통해 그것이 반드시 현실로 나타날 것을 알리셨다는 뜻이다. 미래에 대해 두려워하거나 불안해할 이유가 없는 건 창조의 하나님이시며 미래의 하나님이시고 신실하신 하나님이 약속하셨고 이 약속대로 자기 백성을 안전하게 이끄실 것이기 때문이다. 불안과 염려와 두려움이 아예 없을 수는 없겠지만, 이때 미래의 하나님을 고백하고 하나님께 반응하려고 노력해야 한다.

여호수아와 갈렙: 민수기 13~14장에 수록된 가나안 땅을 정탐하는 사람들의 서로 다른 보고에 관한 이야기는 대표적인 사례다. 정탐을 마치고 돌아와 백성들과 모세 앞에서 보고하는 자리에서 열두 명의 정탐꾼 가운데 10명은 염려와 불안과 두려움을 표현했다. 가나안 일곱 족속에 비하면 자기들의 상태는 정말 형편없다는 것이다. 자신들을 메뚜기로 표현했을 정도니 그 두려움이 얼마나 컸는지 짐작할 것이다. 난 그들의 보고가 틀리지 않았다고 생각한다. 오랜 광야 생활을 거쳐온 사람들에게 안정된 거주 공간과 농경 문화를 가진 가나안 족속은 상상을 초월한 존재로 여겨졌음이 분명하다. 문

제는 관찰된 사실이 아니라 정탐하면서 보고 듣고 경험한 것들에 그들이 보인 부정적 반응이다. 이에 비해 여호수아와 갈렙은 전혀 다른 보고를 했다. 그들은 그들이 보고 경험한 것을 하나님이 자기 백성이 충분히 누리도록 주신 복으로 여긴 것이다. 두 정탐꾼 역시 10명의 정탐꾼과 같은 것을 보았다. 그러나 그들의 해석은 하나님의 약속을 바탕으로 했기에 그들은 두려움이 아니라 기쁨과 기대를 표현할 수 있었다. 같은 자극에 다른 반응은 현실을 어떤 관점에서 보느냐에 따라 나타난 결과의 차이다.

관점을 바꾸라

우리가 직면하는 현실이 우리가 원하지 않을 때, 할 수 있으면 피하고 싶은 것일 때, 불편하고 불쾌함을 느끼게 하는 것일 때, 우리의 뇌는 그것에 반응하여 일정한 감정이 발현하도록 한다. 이런 상황에서 우리가 하나님에게 적합하게 반응할 수 있으려면, 부정적 현실을 보는 관점이 바뀌어야 한다. 관점은 하나님을 안다고 해서 바뀌는 것이 아니라 바로 알고 또 안 것을 내 안으로 받아들일 때 비로소 바뀐다. 우리가 직면하는 현실을 하나님의 현실로 대하고, 약속하신 하나님이 이끄신 일이며 당신의 백성을 보호하고 돌보시는 과정에서 우리가 겪는 일로 여겨야 한다. 이때 우리는 욥에게 일어난 것과 같이 부정적이고, 심지어 친구들이 보기에 저주받은 자처럼 보이는 상황에서도 하나님께 적합하게 반응할 수 있다. 부정적 감정을 일으키는 현실을 하나님의 약속을 따라 달리 보고, 무엇보다 하나님을 신뢰하면서 현실을 이해하고 받아들이려는 노력, 이것이 일상의 예배이다.

교회 밖 사람들과의 만남이 더 흥미롭고 재미있어질 때

"이 풍진 세상을 만났으니 너의 희망이 무엇이냐 부귀와 영화를 누렸으면 희망이 족할까
푸른 하늘 밝은 달 아래 곰곰이 생각하니 세상만사가 춘몽 중에 또다시 꿈 같도다"
(《희망가》)

예배는 영으로 임재하신 하나님에 대해 전인격적으로 반응하는 신앙 행위다. 교회 밖 사람들과의 만남이 더 흥미롭고 재미있어지면 하나님께 집중하기가 어려워진다. 이럴 때 어떻게 반응해야 예배자로서 사는 걸까?

과거 기독교 문화가 부재한 때 그리스도인에게 각종 오락과 유흥이 금지된 때가 있었다. 경건하지 않다는 이유였고, 특히 주일에 오락과 유흥을 즐기는 건 바람직하지 않다고 여겼다. 이 시기에 세상이 주는 재미란 음주 가무와 각종 오락과 게임 같은 유흥이나 스포츠, 그리고 영화나 카페 같은 문화생활이었다. 그러니 그리스도인은 오직 교회의 삶으로 만족해야 했다. 근본주의적 성향의 교회에는 아직도 이걸 신앙의 원칙으로 삼아 지키는 사람들이 많다. 물론 오늘날엔 시대의 변화와 함께 더는 이런 금욕과 절제가 당연시되지 않는다. 기독교 문화가 확산하고 있고, 무엇보다 현대 사회에 맞게 주일 성수 개념에 변화가 생겼기 때문이고 또한 그리스도인도 삶의 기쁨을 누릴 수 있다는 생각이 일반화했기 때문이다.

재미의 시대

재미란 쾌의 감정을 유발하는 것으로 인간에게 원초적이고 특히 각종 모임, 놀이, 활동, 참여, 게임을 통해 구현된다. 항상 그런 건 아니지만 재미는 문화와 예술이 대중화하기 위한 필요조건이다. 재미가 있어야 감상하고 참여하며, 또 감상하고 참여하면서 재미를 느낀다. 많은 유튜버의 생존 전략에서 핵심은 양질의 콘텐츠와 더불어 재미가 있어야 한다는 것이다. 재미없는 건 내용이 아무리 유익해도 많은 조회수를 얻지 못한다. 더 많은 사람의 관심을 받기 위해 말초신경을 자극하는 재미를 더하고, 더 많은 재미를 더하기 위해 사람들은 문학과 예술과 예능 그리고 스포츠를 통해 쾌의 감정을 더욱 강화할 요인을 개발한다. 문화와 예술에 엔터테인먼트 요소를 가미하는 건 대중문화예술에서 상식이 되었다. 현대 상업주의 사회는 마케팅의 한 수단으로 재미를 추구한다. 심지어 재미에 가치를 부여해 재미있는 게 행복하고 유익한 것이라는 이미지를 생산한다. 오늘날 펀런(fun run)이 유행하는 것도 이런 맥락에서 이해할 수 있다. 21세기를 영상시대라고 하지만, 사실 재미의 시대라 말할 수 있다. 끊임없이 재미를 추구하는 사람을 위해 더욱 더 자극적인 영상 이미지를 생산하여 재미를 강화한다.

죽음을 앞둔 사람에게 살면서 가장 후회되는 것이 무엇인지 물어보라. 가장 높은 비율의 대답은 그동안 자기가 하고 싶은 걸 하지 못하며 살았다는 것이다. 하고 싶었다는 건 달리 말해서 의미 있는 일과 재미있는 일을 가리킨다. 물론 항상 그런 건 아니지만 대체로 그렇다. 과거엔 재미가 없어도 목표지향적인 삶으로 만족했다. 그것이 의미가 있고 보람이 있는 삶이라고 믿었다. 비록 자기가 원치 않은 삶이라도 가족 혹은 직장이나 사회를 위해 참고 살면서 그걸 희생이라 여겼고, 아무리 지루해도 대의를 위해 마땅히 참아야 할 것으로 여겨 인내했다. 과거의 사람들은 이런 삶을 추앙했다. 지금 은 달라졌지만, 그땐 그것을 희생으로 여겼고 희생은 사회적으로도 가치가 인정되었다.

문제는 스트레스에 지속해서 노출되는 삶을 살면서도 자신의 심신을 돌보지 못해 결국 일부는 몸과 마음에 병을 얻은 것이다. 스트레스성 정신적 심리적 장애는 물론이고 암은 대표적인 결과물이다. 적어도 이런 경험을 한 세대가 사회 중심 세력을 형성하고 있다. 더는 후손에게 물려주고 싶지 않은 삶이 되었다.

이에 비해 현대는 재미를 추구하는 사회다. 무엇을 해도, 비록 보수가 적어도, 일단은 재미가 있어야 한다고 생각한다. 달리 말하면 무엇이든 쾌의 감정을 일으키는 것이 의미가 있고 보람도 있다고 여기는 시대다. 재미는 의미이고 또 창의력의 원천으로 여겨지기에 너무 지나치지만 않다면 누구도 재미를 추구하는 삶을 이상하게 여기지 않는다. 오히려 멋있는 삶으로 여겨져 선망의 대상이 된다. 대중문화의 의미는 재미에 있다(다음을 참고: 최성수, 『대중문화 영성과 기독교 영성』).

신앙생활은 재미가 있어야 하는가?

기독교 신앙은 어떤가? 신앙생활도 재미있어야 하는가? 기독교 신앙은 인간의 쾌의 감정을 자극하고 일으키는가? 세상 재미를 즐기는 것과 하나님을 섬기는 일이 공존할 수 있는가?

사실 많은 설교자에게서 듣는 말은 신앙도 재미가 있어야 한다는 것이다. 억지로 하는 신앙생활만큼 건조하고 무익하며 비생산적인 건 없다는 말도 듣는다. 여기서 말하는 재미는 세상의 재미와 무엇이 다른가? 기독교 신앙도 몸의 쾌락을 중시한다는 말일까?

신앙에 치명적인 결과를 가져올 말을 분명치 않게 말해 듣는 자들이 혼돈에 빠져 있다. 유익한 말을 해도 의미는 제대로 알고 해야 할 것이다. 그렇지 않으면 청중은 이중적인 모호한 의미로 인해 혼란에 빠진다.

재미란?: '재미'라는 걸 어떻게(미학적, 문화적, 사회적) 정의하느냐에 따라 다르겠지만, 일단 신경생리학적인 의미에서 재미란 체내에서 소위 체내 마약이라 불리는 호르몬인 '엔도르핀'이 생성되면서 뇌가 기분 좋게 느끼는 상태이다. 그러니까 뇌가 몸에 해롭지 않은 마약에 노출될 때 우리는 재미를 느낀다. 재미를 추구하는 건 그것이 나를 즐겁게 하기 때문이다.

이런 의미에서라면 기독교 신앙도 재미가 있어야 하는 건 당연하지 싶다. 사도 바울은 무엇을 하든 하나님의 영광을 위해 하라고 했지만, 만일 그것이 나에게 재미가 없는 일이라면 의무 혹은 봉사 차원에서 일시적으로나 간헐적으로 참여할 수는 있어도 지속할 수 있길 기대하는 건 무리다. 그러니까 재미는 지속해서 예배자로 살 동기를 주기 위해 필요하다고 말할 수 있다.

신앙의 재미: 세상 재미와 기독교 신앙의 재미를 굳이 비교한다면, 세상 재미는 지정의 측면에서 나의 몸이 받아들이는 나의 쾌락에 집중하는 데 비해 기독교 신앙의 재미는 나의 몸이 받아들이는 나의 쾌락에서 애써 눈을 돌려 타인을 지향하며 무엇보다 의미론적이고 정신적이고 영적이다. 물론 이렇게 말한다고 해서 과잉일반화는 삼가야 할 것인데, 왜냐하면 세상의 재미는 자기중심적이고 기독교 신앙의 재미는 하나님 중심적이라고 정형화하는 건 아니기 때문이다. 오해하지 않도록 조금 더 덧붙인다면, 세상에서는 적어도 나의 쾌감을 자극하지 않으면 재미있는 것이 아니다. 그러니까 세상 재미를 좇는다는 건 나의 쾌감을 자극하는 게 있기 때문이다.

이것을 고려하여 기독교 신앙의 관점에서 재미를 말할 때 현저히 나타나는 건 몸의 쾌락을 간과하는 것이다. 그래도 지금은 많이 바뀌었으나 몸의 쾌락과 관련한 일에서 과거 기독교 신앙은 거의 금욕적이었다고 말할 수 있다. 노래방에 가는 것이나 나이트클럽에 가는 것이나 음주와 흡연은 청소년들에게 거의 금기 사항이었다. 심지어 대중가요를 듣거나 부르는 것을 경건한 신앙생활에 적합하지 않은 것으로 여겼던 때도 있었다. 요즘에는 상상하기 힘든 일이지만 과거엔 그랬다. 세상이 주는 재미에서 크게 작용하는 건 욕망의 극대화 내지는 아무런 방해도 받지 않고 욕망을 실현하는 일이다. 교회에선 보이지 않는 하나님과의 관계를 우선시하여 인간관계에서 기본적으로 절제와 금욕이 강조되는 데 비해 교회 밖에선 굳이 그럴 필요가 없다. 불법적인 경우가 아니라면, 자기를 나타내기 위해 인정욕구, 명예욕, 권력욕, 그리고 인간의 기본 욕구를 충족하는 일에서 거침이 없다. 물론 욕구가 지나치면 타인은 물론이고 자신에게도 해가 되는 건 당연하지만, 그렇지 않다면 대체로 제도의 통제 아래 선의의 경쟁 관계를 유지하면서 욕망을 추구한다.

예료적 기쁨

재미라는 게 지금 당장 쾌감을 느끼는 일이라면, 기독교 신앙에 즉각적 반응으로서 쾌감을 기대하는 건 처음부터 무리다. 기독교 신앙생활의 쾌감은 약속의 성취로 인해 오는 것이기 때문이다. 설령 몸의 쾌락과 전혀 무관치 않아도 즉각적인 반응으로 오는 건 아니다. 오히려 약속의 성취에 대한 기대와 하나님을 소망하는 것으로부터 온다. 이런 의미에서 재미라기보다는 예료적 기쁨(anticipatory joy)이라 말할 수 있다. 약속이 확실하게 이루어질 것을 믿고 장차 이루어질 것을 선취하여 기뻐하는 걸 의미한다. 그러니까 기독교 신앙에서 재미는 예료적 기쁨이라는 의미에서 말할 수 있다. 이런 점에서 세상 재미와 분명 다르다.

세상의 재미를 완전히 부정하진 않으면서 기독교 신앙에서 강조하는 건 예료적 기쁨이다. 재미는 몸의 즉각적인 쾌락과 관련해 있으나 기쁨은 그것을 넘어 하나님의 약속이 이루어질 것을 확신하는 마음에서 온다. 소망 안에서 재미를 추구하는 것이다. 그러므로 항상 기뻐하라는 말은 재미를 추구하는 일과는 무관하다. 기쁨은 하나님과의 교제에서 얻는 기쁨이며 예배의 기쁨이고 성도와의 교제에서 느끼는 기쁨이다.

흔히 그리스도인이 세상 재미에 빠져 산다는 말에서 '세상 재미'는 예수 그리스도에 대한 믿음이 없는 자와 더불어 즉각적인 기쁨을 추구하는 삶을 가리킨다. 흔히 음주 가무나 흡연을 떠올리지만, 항상 그런 건 아니다. 경성 대학교 김선진 교수는 『재미의 본질』(경성대학교출판부, 2014)에서 재미의 영역을 유흥이나 오락에 제한하지 않고 인간 사회 전 분야로 확장했다. 보람과 만족과 의미를 주는 것도 포함한다.

두 재미의 공존은 가능한가?

앞서 제기한 질문으로 돌아가 보자. 세상 재미를 즐기는 것과 하나님으로 인해 기뻐하며 사는 일이 공존할 수 있는가? 재미를 추구하는 걸 당연하게 여기는 사회에서 일상을 보내야 하는 그리스도인은 어떻게 살아야 하나님께 반응하는 삶인가? 믿음이 없는 자와 더불어 재미를 즐기면서도 하나님에게 반응하는 삶을 살 수 있는가? 세상에서 만나는 사람들과 교제를 나누고 각종 모임에 참여하며 그들과 어울려 다니면서도 일상 예배는 가능한가? 세상 재미에 빠져 사는 그리스도인이 신앙의 정체성을 지킬 수 있는가? 빛과 소금의 소명은 세상에서 일어나는 것이니 못할 건 없다. 오히려 당연히 그래야 하는 것이며, 사실 다종교 다문화 사회인 한국 사회에서는 그럴 수밖에 없다.

사실 시간과 공간의 관점에서 볼 때, 하나님을 예배하는 시간(주일)은 교회에서 보내고 세상에서 사는 시간(일상)은 교회 밖에서 갖는 것이니 못할 건 없다. 금욕주의자가 아니고 성과 속을 구분하는 이원론자가 아니라면, 주일에는 교회에 전념하고, 월요일부터 토요일까지는 가정과 직장과 사회에서 재미있는 시간을 보낼 수 있다. 현대 그리스도인에게 당연한 루틴에 해당한다. 이런 루틴이 주일에 하나님을 예배하는 일-에 영향을 줄 수는 있으나-을 방해하지 않는 한, 양자는 충분히 공존할 수 있는 것처럼 보인다.

그런데 정말 그런가? 앞서 언급했지만, 세상 재미와 기독교 신앙의 기쁨은 다르다. 전자는 즉각적인 쾌감을 추구하는 데 비해 후자는 예료적 기쁨을 지향한다.

물론 믿지 않는 자와 교제할 수 있고, 각종 취미생활을 공유할 수 있다. 일상에서 얼마든지 가능한 일이다. 문제는 그것이 아니다. 몸의 쾌락을 추구하는 것과 예료적 기쁨을 추구하는 것 중 양자택일의 문제도 아니다. 다만 세상 재미에 익숙해진 사람이 예료적 기쁨을 누릴 수 있는가 하는 점이다. 세상의 재미에 익숙해질수록 예료적 기쁨을 지향하는 신앙생활이 점점 더 재미가 없어지는 건 당연하다. 세상 재미는 자극의 형태로 유혹이 될 수 있으나 이미 예료적 기쁨에 익숙한 사람은 넘어지지 않는다. 예료적 기쁨에 익숙한 사람은 세상을 얻기 위해 세상의 재미를 즐길 수는 있어도 그것에 익숙해질 수 없다. 예료적 기쁨으로 사는 사람은 나그네로서 정체성을 갖는다. 세상의 구원을 위해 노력하며 살아도 세상에 미련을 두지 않는다. 세상의 인정을 추구하지 않고, 세상의 권력과 부와 영광을 추구하지 않는다. 나그네의 삶은 비록 지금 아무런 쾌감을 얻지 못한다 해도 장차 온전하게 이루어질 하나님 나라의 영광을 기대하며 눈을 현실에서부터 과감하게 돌릴 수 있다. 세상 재미에 눈을 돌리는 것도 믿음을 얻기 위함이고, 세상 재미에서 눈을 돌리는 것도 믿음을 얻기 위함이다.

관건은 재미가 아니라 구원

그러므로 일상 예배를 고려하면 질문은 바뀌어야 한다. 온전한 예배자로 살길 원하는 그리스도인은 재미를 추구하는 걸 당연하게 여기는 사회에서 어떻게 살아야 하나님께 반응하는 삶인가? 하나님께 반응하는 삶을 살면서도 믿음이 없는 자와 더불어 재미를 즐길 수 있는가? 세상에서 만나는 사람들과 교제를 나누고 각종 모임에 참여하며 그들과 어울려 다닐 수 있는가? 그리스도인이 신앙의 정체성을 지키면서 소위 세상 재미에 빠져 사는 건 가능한가? 빛과 소금의 소명은 세상에서 일어나는 것이니 못할 건 없다. 오히려 당연히 그래야 하는 것이며, 사실 다종교 다문화 사회인 한국 사회에서는 그럴 수밖에 없다. 그러나 믿지 않는 사람들 가운데서 빛과 소금으로 살면서도 세상의 재미를 맘껏 즐길 수 있나?

먼저 오해하지는 말자. 그리스도인은 세상의 재미와 담을 쌓고 지내야 한다는 뜻은 절대 아니다. 다만 하나님께 전인격적인 반응을 하며 살면서도 교회 밖의 사람들과의 만남이 흥미롭고 재미있어질지 묻는 것이다. 만일 가능하다면 그건 어떤 삶의 모습인가?

솔직히 필자의 경험에 따르면 그건 쉽지 않은 일이다. 필자 역시 세상 재미를 오랫동안 즐기며 살았다. 교인들과의 교제보다 학교 선후배와 동기들과의 만남에서 더 큰 만족감을 느꼈다. 그런데 성경 공부 과정에서 크게 회심한 후 많은 게 변화했다. 성경 읽는 것에서 큰 기쁨을 느꼈고, 성도와의 교제에서 만족감을 얻었다. 예배가 기다려졌다. 교회의 모든 예배에 빠짐없이 참여하면서도 지루함을 전혀 느끼지 않았다. 회심 후에도 믿지 않는 이들과 함께 일할 수 있고, 그들과 교제할 수 있고, 그들과 더불어 취미생활을 할 수도 있었다. 스포츠 경기를 열광적으로 관람하고 또 스포츠 활동에 적극 참여할 수 있었다. 등산하는 이들과 함께 정기적인 산행을 즐길 수도 있었다. 독서 클럽 등 다양한 취미활동을 할 수 있었다. 대중음악을 감상하고 또 노래방에 가서 대중가요를 부를 수도 있었다.

그러나 그건 단지 세상 재미를 누리기 위함만이 아니었다. 곧 몸의 쾌락을 추구하기 위함만이 아니라, 오히려 그리스도에 대한 믿음 안으로, 하나님 나라의 백성으로 그들을 얻기 위함이었다. 하나님께 적합하게 반응하면서도 세상의 재미를 누릴 수 있는 건 그 자리에 안주하기 위함이 아니라 그곳에 있는 이가 나를 보고 하나님 나라를 바라게 하기 위함이었다. 하나님 나라의 복을 구하는 사람이 되게 하기 위함이었다. 달리 말해서 예수 그리스도의 믿음 안으로 그들을 얻기 위함이었다. 그리고 이 모든 건 예수 그리스도의 모범에 따른 것이다. 왜냐하면 예수 그리스도가 하나님의 아들로서 세상에 오시고 세상에서 기쁨을 누리며 사신 건 세상의 재미를 즐기려는 것이 아니었고, 오히려 세상에 하나님의 사랑을 보여주어 그들이 구원받게 하기 위함이었기 때문이다. 그렇다고 오해하지 말자. 재미를 충분히 느꼈으나 그것을 목적으로 하지 않았다는 뜻이다.

성경에는 세상이 주는 재미에 해당하는 네 가지 표현이 있다. 첫째, 죽지 않고 하나님처럼 되는 것이다.

> "뱀이 여자에게 이르되 너희가 결코 죽지 아니하리라 너희가 그것을 먹는 날
> 에는 너희 눈이 밝아져 하나님과 같이 되어 선악을 알 줄 하나님이 아심이니
> 라"(창 3:4~5)

선악을 안다는 건 전지의 능력을 갖춘다는 뜻이다. 인간은 죽지 않고 하
나님처럼 전지의 능력을 갖출 수 있는 일이라면 하나님의 말씀을 어기는 일
을 서슴지 않고 행한다. 성경은 바로 이런 태도에서 죄의 원형을 보았다. 흔
히 에로스와 타나토스는 늘 동행한다고 한다. 이건 역설적인 표현이다. 사실
에로스를 추구하는 동안은 마치 죽지 않을 것처럼 살기 때문이다. 에로스는
자기 것으로 삼기 위해 열정적으로 추구하는 사랑을 일컫는다. 열정적으로
추구하면 무엇이든 자기 것으로 삼을 수 있다고 믿는 이런 무모한 태도가
결국 죽음의 심판을 받게 된다는 의미이다. 세상의 재미가 꼭 그렇다. 재미
있는 삶을 위해서라면 알코올에 의지하고, 약물에 의지하고, 가용할 수 있는
모든 걸 동원한다. 그 끝에는 죽음이 기다리고 있을 뿐이다.

둘째, 자기 욕망에 충실한 삶이다. 노아 시대와 마지막 때의 특징으로 표
현된 것이다.

> "사람들이 먹고 마시고 장가들고 시집가고 있으면서 홍수가 나서 그들을 다
> 멸하기까지 깨닫지 못하였으니 인자의 임함도 이와 같으리라"(마 24:38~39)

인간이 기본 욕구에 충실하게 살았으나 하나님을 의식하며 살지 않았다
는 것이다. 사도 바울은 이런 모습을 두고 육체의 욕심을 따르는 삶이라는
말을 사용하였다.

셋째, 말씀을 알지 못하고 자기 소견에 옳은 대로 사는 삶이다. 사사기 시대의 특징으로 언급된 것이다.

> "그때에는 이스라엘에 왕이 없었으므로 사람마다 자기 소견에 옳은 대로 행하였더라"(삿 17:6)

삶의 규범이 분명치 않은 때에 각각 자기 가치관에 따라 살았다는 거다.

마지막 넷째, 호세아 선지자의 글에서 폭로되고 있는 우상 숭배의 모습이다.

> "...여호와께서 호세아에게 이르시되 너는 가서 음란한 여자를 맞이하여 음란한 자식들을 낳으라 이 나라가 여호와를 떠나 크게 음란함이니라 하시니"(호 1:2)

호세아 선지자는 여호와 외에 다른 신을 추구하는 삶을 음란한 여인에 빗대어 하나님의 심판을 선포하였다. 음란에 빠진 사람을 잠언 기자는 도수장에 끌려가면서도 알지 못하는 소와 같다고 했다.

> "젊은이가 곧 그를 따랐으니 소가 도수장으로 가는 것 같고 미련한 자가 벌을 받으려고 쇠사슬에 매이러 가는 것과 같도다"(잠 7:20)

세상 재미에 빠져 사는 사람으로서 소개된 네 가지 태도에서 공통점이 있다면-하나님처럼 되려는 사람이나 하거나 노아 시대의 사람이나 사사 시대의 사람 그리고 우상 숭배를 하는 사람은-하나님과 그분의 뜻과 전혀 무관한 삶을 산다는 것이다.

자기가 보기에 옳은 대로 판단하고 또 그렇게 산다. 사람들이 이런 삶을 사는 이유는 그것이 쾌감을 주기 때문이다. 몸과 마음을 흡족하게 하니 재미를 추구하며 사는 건 당연한 현상이다.

이런 삶이 문제인 건 재미있는 것이 항상 유익한 건 아니기 때문이고, 무엇보다 큰 문제인 건 이런 삶이 하나님의 심판에서 벗어나지 못하기 때문이다. 에덴의 때와 노아의 때와 사사 시대 그리고 호세아 시대의 사람들이 공통으로 들어야 했던 건 임박한 하나님의 심판에 대한 경고이다. 이로써 성경은 세상의 재미에 빠져 살면서 하나님의 뜻과 무관하게 사는 일은 하나님이 보시기에 좋지 않게 평가된다는 걸 알려준다. 왜냐하면 세상 재미에 빠져 사는 동안 그리스도인은 하나님의 말씀과 뜻과 행위에 제대로 반응할 수가 없기 때문이다.

그러므로 중요한 건 재미있는 것과 유익한 것은 서로 다른 것임을 아는 일이다. 그리스도인 역시 삶의 재미를 추구할 수 있으나 그것은 나와 너 그리고 공동체에 유익한 것이어야 한다. 그리고 그리스도에 대한 믿음 안으로 세상을 얻기 위함이어야 한다. 그렇지 않은 재미는 하나님께 반응하는 일에서 오히려 해가 된다. 세상의 재미에 빠져 사는 사람을 얻기 위해 세상의 재미-그것이 말씀에 어긋나지 않는 한-를 즐기는 삶, 이것이 일상의 예배자로서 사는 것이다.

사는 게 의미 없다고 느낄 때예

"나는 내 마음에 이르기를
자, 내가 시험 삼아 너를 즐겁게 하리니 너는 낙을 누리라 하였으나
보라 이것도 헛되도다"
(전도서 2:1)

현대인의 영적 갈망과 하나님의 현존

사는 게 의미가 없다는 느낌으로 하루를 시작하는 사람들이 있다. 정확한 숫자를 알지 못하지만, 상담 경험에 비추어 보면 그리스도인 가운데서도 적지 않다. 사실 현실에 만족하며 사는 사람들이 얼마나 있을까 싶다. 성경에서 감사하라고 그토록 강조한 건 한편으로는 중요하기 때문이지만 다른 한편으로는 그렇지 않은 사람들이 많기 때문이다.

이런 사람들에게 공통점은 하나님이 함께하신다는 사실에 대한 의식 곧 하나님의 현존에 대한 의식이 약해져 있는 거다. 임마누엘 하나님이시고 또한 그것을 약속하셨기에 하나님은 우리가 의식하든 그렇지 않든 우리와 함께 계신다. 다만 우리가 다른 일에 관심을 기울이고 있어서 그것을 의식하지 못할 뿐이다. 관건은 하나님이 함께 계신다는 사실을 분명하게 인정하고 또 경험하도록 노력하는 것이다.

그렇다면 사는 게 의미가 없다고 느낄 때, 어떻게 하나님의 현존을 인정하고 경험할 수 있는가? 물론 하나님의 현존은 우리의 의지대로 되는 건 아니다. 하나님이 오셔야 하기 때문이다. 그러나 분명한 건, 이미 우리에게 오셔서 우리 안에 자리를 잡고 계신 하나님은 예수 그리스도와 성령을 통해 당신의 현존을 누구나 경험할 수 있게 하셨다는 거다. 이걸 인정하고 받아들이는 것이 믿음이다.

사는 게 의미가 없다 느껴질 때 어떻게 해야 하나님의 현존을 인정하고 경험할 수 있으며, 일상에서 하나님께 적합하게 반응할 수 있는가? 이에 관해 이야기해 보도록 하겠다.

하나님의 현존 인정하기

하나님의 현존에 관해 말할 때 가장 먼저 직면하는 문제는 하나님의 현존을 인정한다는 게 무엇을 의미하느냐 하는 것이다. 초월적이고 신비적인 인식의 문제로 성급히 옮겨가는 건 바람직하지 않다. 적어도 인간이 이해할 수 있는 모습으로 오신 하나님을 염두에 둔다면 그런 인식을 말하는 건 권장할 만한 일이 아니다. 오히려 그 반대다. 곧 사람의 몸으로 오신 하나님이 사람들 사이에서 지내면서 사람을 사랑하고 그들을 돕고 그들을 온전히 세우는 삶을 사셨다면 하나님의 현존은 이것을 경험하게 하고 또 경험하며 사는 삶을 의미한다. 여기에 더해 하나님의 현존은 믿고 받아들이는 자는 복으로, 믿지 않고 받아들이지 않는 자는 심판으로 경험된다. 이것들에 대해 좀 더 깊이 들여다보자.

기억과 기대를 통한 하나님의 현존

그리스도인의 시간 경험은 하나님과 함께 일어난다. 아우구스티누스가 말한 과거란 하나님의 행하심에 대한 기억을 통해 존재하며, 미래란 하나님이 행하실 일에 대한 기대와 다시 오실 그리스도에 대한 소망 가운데 존재한다. 이에 비해 현재란 하나님의 현존을 의식하고 경험하는 때다. 기억이나 기대도 경험되는 순간은 현재다. 따라서 그리스도인의 적합한 시간 경험은 현재다. 현재 혹은 우리가 직면하는 현실에 집중하는 게 그리스도인에게 추천되는 삶의 방식이다.

재차 반복한다면, 기억과 기대 혹은 소망을 매개로 존재하는 과거와 미래와 달리 현재는 지금 하나님을 경험하는 때이다. 그렇다면 하나님의 현존을 경험하는 건 어떻게 가능한가? 기억과 기대 혹은 소망은 하나님의 현존을 인정하고 경험하는 것과 무슨 상관이 있는가?

하나님이 행하신 일을 알지 못하고 그것을 기억하지 못하면 우리가 만나는 하나님이 성경의 하나님인지 알 수 없다. 이런 의미에서 기억은 필요하다. 이와 마찬가지로 하나님이 행하실 일을 알지 못하면 소망의 이유를 알지 못한다. 조금씩 모습을 드러내며 나타나는 일들이 하나님과 무슨 상관이 있는지 알지 못한다. 하나님의 현존을 인정하고 경험하기 위해 미래의 하나님에 대한 지식과 기대는 필요하다. 여기에 더해 기억과 기대는 현재로 수렴한다는 사실을 기억해야 한다.

하나님의 현존을 경험하는 세 가지 방법

한편, 현실에서 하나님의 현존은 크게 하나님의 다스림과 돌봄을 통해 경험된다. 그리고 현실에서 경험되는 양태는 세 가지다. 우리가 서로 사랑할 때, 우리가 서로 도울 때, 그리고 우리가 서로를 세워줄 때 우리는 하나님의 현존을 의식하고 경험한다.

그러니까 그리스도인의 현재는 서로 돕고 서로 사랑하고 서로 세워주는 삶으로 구성된다. 이런 삶이 없다면 기억으로 살거나 기대나 소망으로만 사는 것이다. 기억도 소망도 없이 사는 삶도 있으니 이런 삶은 그나마 다행이다.

실천을 통한 그리스도의 향기와 편지가 되기

그러나 이것만으로는 그리스도의 향기와 편지가 될 수 없다. 과거에 행하신 하나님의 일을 알아도 하나님의 현존과 무관한 삶을 산다면 그게 무슨 소용이 있는가? 미래의 하나님과 그가 행하실 일에 대한 지식이 넘쳐나도 하나님의 현존과 무관한 삶을 산다면 그게 무슨 의미가 있겠는가?

그리스도인이 이름에 합당하게 그리스도의 향기요 편지가 되기 위해선, 달리 말해서 하나님의 현존을 경험하며 살기 위한 길은 우리가 서로 돕고 서로 사랑하며 서로 세우는 삶을 실천하는 것이다.

하나님이 존재하지 않는 것 같다는 느낌이 들 때

"이르시기를 내 백성아 내가 무엇을 네게 행하였으며
무슨 일로 너를 괴롭게 하였느냐 너는 내게 증언하라"
(미가 6:3)

선교지에서 온 질문

내가 잠시 머물렀던 캄보디아에서 신학교에 재학 중인 학생이 SNS를 통해 질문을 보내왔다.

"목사님, 내가 지금 하나님이 실재하지 않는 것 같은 느낌을 받아요. 적어도 나와는 거리가 먼 하나님은 아닌지 그런 의심이 듭니다."라고 물어왔다.

그 이유에 관해 물었다.

"상당수의 비기독교인은 비교적 편안하게 살면서 일을 하는데, 기독교인의 삶은 그들의 삶보다 훨씬 더 힘들게 보이기 때문입니다."라고 대답했다.

SNS로 또 영어로 소통하는 문자이기에 즉답을 주지 못했고, 단답형으로 대답하기 어려운 질문이니 좀 생각해 보고 연락을 주겠다고 했다.

사실 하나님의 존재는 우리의 경험에 좌우하지 않으며 하나님이 일하시는 방법을 인간이 다 헤아릴 수 없고 또한 비그리스도인의 행복이 그리스도인의 고난 후 영광을 압도하지 못한다는 형태로 즉답을 줄 수도 있었다. 기복신앙과 배금주의 그리고 번영신학의 영향에 관해서도 설명하고 싶었다. 그러나 그러지 않았다. 오랜 고민 끝에 보낸 질문일 테니 질문을 제기한 배경과 학생의 마음을 상황과 함께 좀 더 깊이 이해하고 싶어 즉답을 피했다.

아무 구분 없이 세상에 묻혀 지내길 즐기지 않는 한, 한국 그리스도인 중에 이런 질문을 한 번쯤 해보지 않은 사람은 없을 것이다. 소위 신정론 안에서 어렵지 않게 만나는 질문이기도 하다. 실제로 인터넷에서 약간의 노력을 기울여 검색하면 여러 학자나 목회자의 대답을 쉽게 찾아볼 수 있다. 심지어 chatGPT에서도 대답을 얻을 수 있다. 그런데도 내게 질문한 건 아마도 주변에 상담할 사람을 찾지 못했기 때문은 아닐지 생각해 보며 질문의 대상으로 나를 선택한 것에 고마움을 전했다.

사실 캄보디아 학생의 질문을 마음에 품고 생각하면서, 동시에 드는 의문이 있었다. 그리스도인에게 전형적이라 여겨지는 질문이지만, 정말 답답한 마음을 해갈할 명쾌한 대답을 얻은 적이 있었나? 우리는 이 질문에 얼마나 자신 있게 대답할 수 있을까? 우리가 교회에서 흔히 듣는 몇 개의 대답은 다음과 같다.

"신앙생활이라는 게 원래 그런 거야."
"세상 사람들은 결국 지옥에 갈 뿐이니까 부러워할 일이 아니야."
"믿는 자는 떡으로 물질로 사는 것이 아니라 하나님의 말씀으로 살기 때문이야."
"우리는 천국을 소망으로 사는 사람이니까. 만일 물질적으로 너무 풍족하면 누가 천국을 소망하겠어."

"너무 부러워하지 마, 부러워하면 지는 거야."

적합하다고 볼 수는 없는 대답이나, 그렇다고 대답이 틀렸다기보다는 자기는 풍족하게 살면서 가난하게 사는 그리스도인에게 주는 대답이기도 하고, 자기는 세상에서 온갖 방법을 동원하며 입신양명하면서 주는 대답이기도 하다. 자기는 물질에 근거한 삶을 살면서 천국을 소망한다고 말하며 주는 대답이기도 하다. 온갖 좋은 말을 늘어놓으면서 정작 자기 행복을 추구하는 타락한 설교자의 입에서 나오는 대답이기도 하다. 그래서 신뢰가 가지 않는 대답들이다.

이 질문에 명쾌한 대답을 얻지 못해서 혹은 대답을 내면화하거나 대답에 동의하지 못해서 교회를 떠나 기독교 신앙을 포기하거나 타 종교로 개종한 사례가 없지 않다. 다음에 이어지는 글은 학생의 질문을 묵상하면서 질문에 대답하는 의미에서 작성된 것이다.

위의 질문을 내가 이해하는 식으로 다시 정리하면 이렇다. 하나님이 부재한 듯이 여겨지는 상황에서 일상의 예배는 가능한가? 가능하다면 어떻게 또 무엇을 해야 하는 것인가?

학생의 질문이 함의한 암묵적 지식

먼저 학생의 질문에서 요지는 그리스도인과 비그리스도인 사이에서 차이가 있는 삶의 모양을 관찰하면서 하나님의 존재를 경험하기 힘들다는 거다. 힌두 불교 사원인 앙코르 와트가 국기 안에 새겨져 있을 정도로 불교에 대한 자부심이 강한 캄보디아의 상황이니 모르긴 해도 불자의 삶과 그리스도인의 삶을 비교한 결과는 아닐지 싶다. 결국 하나님은 왜 믿는 자에게 축복하지 않으시고 다른 가르침을 믿고 따르는 자에게 복을 주시는지 묻는 것과 다르지 않다고 생각한다. 적어도 표면적으로는 그렇다.

먼저 이걸 단순화하면, 질문은 세상에서의 성공과 안정을 하나님 경험의 계기로 삼은 결과다. 그러니까 삶의 질이 아니라 양의 측면에서 그리스도인과 비그리스도인을 비교하면서 그런 시각으로 보는 건 그렇게 보는 사람 자체가 이미 육체의 소욕을 따라 살았기 때문이다. 육체가 원하는 삶에 우선순위를 두고 볼 때 삶의 질보다는 풍부함에 주목하게 된다. 한국 그리스도인도 예외는 아니다.

둘째, 한국 기독교의 기복신앙과 배금주의 그리고 번영신학이 캄보디아에 얼마나 깊이 이식해 있는지 확인할 수 있는 단서다. 한국 기독교는 이미 오래전부터 지금까지 이것들로 인해 심한 몸살을 앓고 있다. 아무리 비판하고 뼈를 깎는 각고의 노력을 기울여도 여전히 교회에 기생하면서 기독교 신앙을 교란하고 있다. 선교가 대체로 저개발 국가에 집중되는 현실을 고려하면 한국교회의 기복신앙과 배금주의 그리고 번영신학의 수출은 지극히 자연스럽게 일어난다. 물론 선교는 대부분 선교사의 헌신으로 이루어진다. 헌신이 없이는 아무리 거창한 명분을 내세운다 해도 척박한 환경에서 오랫동안 일상을 지속하는 건 쉽지 않다. 선교지에서 기대하는 건 복음 이외에 어느 정도는 물질이기 때문이다.

헌신을 뒷받침하는 것으로 돈이 없으면 선교 자체가 가능하지 않다. 현지 분위기다. 왜냐하면 선교지 사람들이 필요로 하는 것을 공급해야 하기 때문이다. 오지에 들어가 그들과 같은 수준에서 살면서 그야말로 맨땅에 헤딩하듯이 헌신하는 선교사들이 없지 않다. 그러나 소수일 뿐이고, 대개는 도시나 주변에 머물면서 한국교회의 후원을 받아 지어진 선교센터를 베이스캠프로 삼아 선교한다. 오지의 선교지에 갔다가도 언제든 선교센터로 돌아올 수 있는 환경이다. 그러니 이걸 제대로 유지하는 것 자체가 선교 사역이다.

현지인 목회자에게서 자주 듣는 말은 선교사 교회는 크고 번창하지만, 현지인 교회는 작고 초라하고 교인 수가 적다는 거다. 문을 닫는 교회도 적지 않다고 한다. 목회자가 일을 해야 먹고 살 수 있기 때문이다. 이 말의 핵심 포인트는 선교사에게는 돈이 많고 자기에게는 돈이 없다는 자괴감 가득한 현실 인식이다. 결국 돈이 교회 성장에 큰 역할을 했다고 믿는 것이다. 그렇게 보는 시각이 문제이지만 그렇다고 무조건 부정할 수만은 없다. 돈 없이 선교하는 건 전혀 불가능하지 않아도 분명 쉽지는 않다. 그러니 후원 교회가 후원을 끊으면 대개의 선교사는 귀국을 결정할 수밖에 없다.

관건은 이런 시각이 어떻게 형성되었는가 하는 것이다. 한편으로는 한국 선교의 물량 공세가 자초한 결과로 진단하는 사람들이 많지만, 다른 한편으로는 캄보디아 전역에서 흔히 볼 수 있는 기복신앙 곧 힌두 불교의 세계관도 절대 무시하지 못할 일이다.

셋째, 캄보디아 기독교 신학의 열악함이다. 신학은 신앙고백을 내면화하도록 돕고 신앙고백이 삶으로 구체화하는 과정에서 직면하는 각종 질문에 대답하고 문제를 신학적으로 이해하기를 도우면서 또한 해결하려 노력한다. 이를 위해 목회자는 신학을 배우고 수련한다.

그런데 선교지 신학교는 열악하다. 어쩔 수 없는 일이다. 현지인으로 한국에 유학 와서 박사학위를 취득한 사람도 고국으로 돌아가기를 주저하는 상황에서 한국의 고급 인력이 그곳에 상주하며 가르친다는 건 여러 조건을 충족하지 않고선 어려운 일이다.

한국교회의 후원이 필요하지만, 현실에선 그렇지 못하다. 대개 1~2주의 집중 강의로 만족해야만 한다. 이런 식으로라도 심도 있는 교육을 받는 건 감사한 일이다. 대부분은 현지 선교사들의 강의로 채워진다. 문제는 학생들의 입을 통해 전해 듣는 바에 따르면, 교회나 학교에서 교육은 주입식이 대세다. 한국에서도 사정은 크게 다르진 않아도 그나마 한국에서는 다양하게 소통할 기회가 많다. 신학 서적과 다양한 강의가 많아 원하기만 하면 자신이 가지고 있는 질문에 대한 적합한 대답을 들을 수 있다. 해갈할 기회가 많은 것이다.

그러나 캄보디아에는 적절한 신학 서적 자체가 턱없이 부족하다. 신학교육을 위한 적합한 교재도 없는 형편이다. 그러니 학생들의 신앙 언어는 주로 선교사들을 통해 학습되는데, 신학교육 역시 다르지 않다. 문제는, 현장에서 경험한 바에 따르면, 학생들의 신학 이해에 왜곡되고 잘못된 것이 많다는 거다. 근본주의 신앙 노선을 따르지 않는 교회에서는 더는 들을 수 없는 내용이 가득하다.

하나님이 실재하지 않는 것처럼 느껴지는 상황에서 일상 예배는 어떻게 가능한가?

하나님의 존재는 우리의 경험에 좌우하지 않는다. 이 사실은 증명의 문제가 아니라 믿음의 문제이다. 실재함에도 경험되지 않는 사실에는 여러 이유가 있다.

무엇보다 먼저는 경험할 만한 조건이 갖춰져 있지 않기 때문이다. 경험은 이론에 의존한다. 경험하든 그렇지 않든 이론을 모르거나 잘못된 이론에 사로잡혀 있을 때 우리는 경험하지 못한다. 이런 상황에선 오히려 무신론이나 우상 숭배가 나타난다. 이때 필요한 것이 잘못을 깨닫고 하나님에 관한 바른 지식으로 돌아서는 일 곧 회개다.

둘째, 하나님을 경험할 만한 인식 체계가 갖춰져 있지 않을 때 우리는 경험하지 못한다. 여기서 믿음에 근거한 앎이 하나님 경험의 조건이라는 건 비가시광선을 경험하기 위해선 특별한 장치가 있어야 하는 것과 같다. 앞서 말했듯이 잘못된 신학 곧 기복신앙과 배금주의 그리고 번영신학은 하나님 경험을 가로막거나 왜곡하는 주범이다. 신앙교육 혹은 올바른 신학함이 예배가 되는 건 교육을 통해 또한 올바르게 신학함으로써 잘못을 수정함으로써 하나님을 제대로 경험할 수 있게 되기 때문이다. 하나님을 바르게 앎으로써 하나님께 적합하게 반응할 수 있게 되는 것이다.

셋째, 하나님의 주권을 인정하고 말씀에 순종하는 것이다. 하나님은 당신의 현현을 통해 세상이 당신의 영광으로 가득하기를 원하신다. 그러나 그건 하나님의 주권에 달려 있다. 섭리 가운데 세상을 다스리시지만, 그걸 온전히 아는 건 인간에게 제한되어 있다. 오직 그날이 되어서야 비로소 알려진다. 그러므로 아무리 하나님이 나타나신다 해도 그걸 하나님의 경험으로 온전히 인지할 능력은 인간에게 제한되어 있다. 이런 농밀한 어둠의 상황에서 하나님의 섭리를 믿고 말씀에 순종하는 것, 이것이 일상에서 하나님을 예배하는 일이다.

일상이 예배가 될 때 우리에게는 하나님 나라와 관련해서 여러 변화가 일어난다. 우리 안의 성령께서 역사하신 결과다. 특히 의식이 확장하고 감각과 지각 능력이 향상되어 일상에서 하나님 나라를 경험하고, 인지 활동이 활발해지면서 이기적인 삶에서 벗어나 이타적인 삶으로의 변화가 일어난다. 그 결과 당연히 습관과 행동에 변화가 생긴다.

3

일상이 예배가 될 때

삶의 의미를 묻는 아이에게 할아버지는 산 어느 곳에서나 발견할 수 있는 돌 가운데 멋지게 생긴 것을 하나 건네주고는 이 돌을 거리 좌판에 놓고 있다가 지나는 사람들이 얼마냐고 물으면 손가락 둘을 펼쳐 보이라고 했다. 아이는 할아버지 말씀대로 사람들이 오가는 거리에 좌판을 깔고 돌을 놓았다. 지나가는 여인이 이 돌이 얼마냐 물었다. 아이는 아무 말도 하지 않고 손가락 둘을 보였다. 여인은 그것이 200원이냐고 하면서 100원 동전 두 개를 주었다.

이번에는 시장에 가서 팔아보라고 했다. 같은 돌을 가지고 시장으로 갔다. 지나가는 사람이 돌이 멋있게 생겼다며 얼마나 묻길래 손가락 두 개를 펼쳐 보였다. 이 돌이 2000원이라고? 하며 1000원 지폐 두 장을 주었다.

이번에는 근사한 전시장에 가서 팔아보라고 했다. 아이는 돌을 갖고 전시장에 갔다. 돌을 보고 놀라워하는 한 사람이 오랫동안 이런 돌을 자기가 찾으러 다녔다면서 가격이 얼마인지 물었다. 이번에도 똑같이 손가락 두 개를 펼쳐 보였다. 이게 200,000원이라고? 하면서 십만 원 수표 두 장을 건넸다.

아이는 똑같은 돌을 놓고 가격에 대해 똑같이 손가락 두 개를 보였을 뿐인데도 어디에 놓이느냐에 따라 가치가 달라짐을 확인할 수 있었다. 손가락 두 개의 의미가 장소에 따라 달리 해석되는 것도 신기했다. 이와 마찬가지로 일상이 누구에게 반응하는 것이냐에 따라 일상의 가치는 달라진다.

하나님의 영광이 세상 가운데 다다른다

"그런즉 너희가 먹든지 마시든지 무엇을 하든지
다 하나님의 영광을 위하여 하라"
(고린도전서 10:31)

하늘에 계신 하나님 아버지께서 원하시는 건 하나님 나라가 땅에 임하고 하나님의 뜻이 하늘에서와 같이 땅에서도 이루어지는 것이다. 달리 말하면 하늘의 영광이 세상에 나타나 기쁨과 평화가 가득해지는 것이다. 일상이 예배가 된다는 건 하나님이 원하시는 일이 삶을 통해 현실이 되는 것이다. 일상에서 하나님의 영광이 나타나고, 세상이 하늘에 계신 아버지 하나님께 영광을 돌리는 것이다.

"이같이 너희 빛이 사람 앞에 비치게 하여 그들로 너희 착한 행실을 보고 하늘에 계신 너희 아버지께 영광을 돌리게 하라"(마 5:16)

여기서 말하는 너희 빛은 그리스도인에게 나타나고 일상이 예배가 될 때 구체적인 모습을 보이는 하나님의 영광이다. 하나님의 영광이란 하나님의 현현을 말한다. 하나님의 참 하나님 됨을 말하며, 하나님이 지각할 수 있는 형태로 나타난 것이라고 볼 수 있다. 빛이 비치게 하라는 말은 사람들이 그리스도인의 삶에서 하나님을 알아볼 수 있도록 살라는 뜻이다. 예수님과 함께 산에 오른 제자들이 무엇을 경험했는지 생각해 보라. 베드로는 이 경험에 압도하여 산 위에 마냥 머물기를 원했다. 일상이 예배가 되면 비록 똑같은 형태는 아니라도 사람들이 하나님의 영광을 경험하고 그 영광 안에 거하길 사모한다.

하나님의 영광이 어떠한 것인지 상상하기 쉽지 않은 건 예수 그리스도 외에 하나님을 직접 본 이가 없기 때문이다. 천사들도 하나님 앞에선 날개로 자기 얼굴과 발을 가린다고 했다. 그런데 사도 요한은 육체를 입고 오신 예수님에게서 하나님의 영광을 본다고 했다. 하나님을 보는 것과 인간을 보는 건 같지 않다. 육체로 오신 예수님에게서 하나님의 영광을 보았다고 하는 건 하나님이 우리에게 허락하신 은혜다. 하나님은 예수 그리스도를 통해 자기를 온전히 나타내셨기에 우리는 오직 예수 그리스도에게서만 하나님을 인격적으로 만날 수 있다. 그 밖에 하나님을 알게 하는 다른 모든 건 상징이다. 곧 성례전적인(sacramental) 의미만 있을 뿐이다.

미학적 측면에서 영광은 보통 하나님의 아름다움으로 표현된다. 하나님이 세상 가운데 나타남(현현)은 늘 당신의 말씀과 약속에 따른 것이기에 엄밀히 말해서 이건 하나님의 말씀대로 된 상태를 의미한다. 창조 이야기는 세상이 말씀대로 되었음을 노래하고, 예수 그리스도의 나심은 약속이 성취하여 평화가 나타났음을 선포한다. 지각적으로 어떻게 나타나든 하나님의 말씀이 현실이 되고 약속이 이루어지는 걸 보는 건 인간에게는 말로 다 표현할 수 없는 경험이다.

십자가 사건은 눈으로 보기에 처참하고 비극적이지만 하나님의 약속을 따라 보면 하나님의 뜻이 자기에게 이루어지도록 순종한 것이다. 세상을 향한 하나님의 사랑을 입증해 보인 일이다. 그래서 비록 십자가 고난을 받으셨으나 우리는 십자가를 두고 아름답다고 말한다. 이런 아름다움에 대한 경험은 때때로 인간의 말을 멈추게 한다.

토마스 아퀴나스는 말년에 미사를 집례하는 중 신비한 경험을 했다. 그이후 그는 그토록 열정적으로 집필하던 신학대전의 집필을 멈추었다. 자기가 경험한 것에 침묵의 수행으로 반응한 것이다. 원인은 밝혀지지 않았으나 그가 경험한 것이 하나님의 현현 곧 영광을 경험한 것은 아닌지 추측한다.

복음을 방해하던 사울은 부활의 주님이 그의 일상으로 찾아오셨을 때 햇빛보다 더 밝은 빛을 보았고, 이에 그는 즉각적인 회심과 복음 증거로 반응했다.

이처럼 일상이 예배가 되면 말로 다 표현할 수 없는 세계를 경험한다. 한마디로 말해서 경의의 세계다. 인간의 눈으로는 그동안 볼 수 없었지만, 일상이 예배가 되면 하나님의 시선이 닿는 곳이 어디인지 보인다. 하나님의 눈으로 세상을 본다. 이로 말미암아 낮은 곳으로 내려앉은 신음 소리가 들리고 고통받는 이웃의 현실이 눈에 밟힌다. 피아와 좌우의 구분이 사라지고, 차별과 배제의 마음이 긍휼과 공감으로 바뀐다. 간증이 넘쳐난다. 관건은 단지 의식의 확장을 넘어 행동으로 어떻게 반응하느냐 하는 것이다. 왜냐하면 하나님이 나타나신 건 우리에게 과시하기 위해서가 아니라 우리로 적합하게 반응하게 하기 위함이기 때문이다.

다시 한번 요한복음의 말씀에 귀를 기울여 보자. 사도 요한은 말씀이 육신이 되어 우리 가운데 거하신 사실 곧 지극히 평범한 일상에서 예수 그리스도를 만난 사실을 두고 그의 영광을 본다고 했다. 그것이 넘치는 은혜라고 했다. 이 말은 우리가 일상에서 예배함으로써 예수 그리스도를 만나는 건 하나님의 영광을 보는 것이며, 그것이 지극히 큰 은혜임을 뜻한다. 예수 그리스도를 만나 그에 반응하는 것 곧 예배하는 것이 하나님의 영광을 드러내는 것이고, 이것은 우리에게 큰 은혜이다. 일상이 예배가 될 때 하나님께는 영광이고 우리에게는 은혜이다.

웨스트민스터 소요리 문답 제1문은 사람의 제일 되는 목적이 무엇인지 묻고 대답하기를 하나님을 영화롭게 하고 영원토록 그분을 즐거워하는 것이라고 한다. 그분이 약속하신 대로 장차 오실 것을 기대하면서 기뻐하고 또 그분의 존재와 그분의 말씀과 그분의 행위로 인해 기뻐하는 것을 의미한다. 일상이 예배가 되는 것이 그리스도인에게 어떤 의미인지 이보다 더 정확하고 간결하게 표현한 건 없지 싶다.

예수 그리스도는 사람의 모양을 입고 오셔서 우리 가운데 거하신다. 우리 가운데 어떤 모습과 모양으로 오실지 우리는 정확히 알지 못하나 성령의 인도함을 받아 사는 사람은 예수 그리스도임을 알아본다. 우리의 사랑이 필요한 그 사람을 통해, 우리의 도움이 필요한 그 사람을 통해, 그리고 우리가 돌보고 세워주어야 할 그 사람을 통해 예수 그리스도는 우리에게 다가오신다. 우리 가운데 있는 힘없고 굶주리고 연약한 자에게 사랑과 정성으로 반응할 때 세상은 우리를 보고 하나님이 참 주님이심을 인정하며 하나님께 영광을 돌리고, 약속하신 대로 오시는 주님은 영광 가운데서 우리를 만나주시며, 이때 우리는 하나님의 영광을 본다.

땅에서 하늘의 의와 평화와 기쁨을 누린다

"하나님의 나라는 먹는 것과 마시는 것이 아니요 오직 성령 안에 있는 의와 평강과 희락이라
이로써 그리스도를 섬기는 자는 하나님을 기쁘시게 하며 사람에게도 칭찬을 받느니라"
(로마서 14:17~18)

일상이 예배가 될 때 하나님 나라는 이 땅 위에 임하고, 보이지 않게 감추어져 있던 그 나라가 모습을 드러낸다. 약속이 이루어졌고 또 이루어지고 있음을 본다. 우리는 그분의 백성으로서 그 나라 안으로 초대되어 그 나라를 지금 이곳에서 경험한다. 온전한 형태는 아니어도 의와 평화와 희락을 누린다. 의는 죄인을 의롭게 하시는 하나님의 능력이며, 평화는 하나님의 뜻이 세상에서 이루어진 상태이며, 희락은 어떤 상황에서도 반드시 이루어질 하나님의 뜻을 바라며 살 때 나타나는 현상이다. 하나님 나라가 성령 안에 있는 의와 평화와 희락이라고 한 건 하나님의 뜻이 이루어진 곳이 하나님 나라이기 때문이다.

일상이 예배가 되면 설령 불의한 사회에서라도 의를 경험하며, 끝이 보이지 않는 분쟁과 전쟁 중에서도 평화에 대한 소망을 포기하지 않고, 고통과 슬픔이 가득한 때에도 소망 안에서 희락을 잃지 않는다. 왜냐하면 하나님의 약속인 의와 평화와 희락은 일상이 예배가 되는 때 오직 그때에만 이미 우리 가운데서 이루어져 있음이 발견되기 때문이다. 평소에는 감추어져 있으나 일상이 예배가 될 때 경험되는데, 이것은 세상이 알지 못하고 또 줄 수

없는 가치가 있는 것들이다.

비록 작고 소소한 일상이라도 하나님과 동행하는 삶을 살고, 그 삶에서 하나님에게 반응하는 사람은 하나님 나라의 백성으로서 사는 것이다. 세상을 창조하신 분에게 속한다는 걸 알 때 불안과 염려와 두려움에서 벗어난다. 높은 직위와 많은 부와 화려한 명예를 가진 자로서 할 수 있는 일이 있으나 항상 그런 건 아니다. 갈멜산에서 강한 비와 강력한 불로 놀라운 일을 행하신 하나님은 잔뜩 지쳐있는 엘리야에게 나타나실 땐 강력한 불과 폭풍우를 동반하지 않으셨다. 이건 당시 사람들이 기대했던 하나님의 계시 형태였으나 하나님은 사람의 기대에 부응하지 않으셨다. 오히려 하나님은 미세한 바람 속에서, 지극히 평범한 일상에서 당신을 나타내셨다.

예수 그리스도의 사역은 기적의 연속이었으나 그건 일상에서 이루어졌다. 예컨대 오병이어 이야기는 물고기 두 마리와 보리떡 다섯 개라는 우리의 작은 일상이 주님께 바쳐질 때 곧 예배가 될 때 어떠한 결과가 되는지 보여준다. 그 현장에 있지 않은 사람은 절대 경험할 수 없는 놀라운 일이다. 적은 양으로 오천 명 이상의 사람들이 먹고도 남은 것이다. 일상이 예배가 된다면, 오직 그곳에서만 경험할 수 있는 놀랍고 기이한 일이 벌어진다.

당시 사람들이 겪는 온갖 질병과 장애는 일상을 방해하는 요인들이었다. 병과 장애가 있는 사람은 사람과의 관계를 방해하고, 죄의 결과로 여겨졌기에 하나님과의 관계가 옳지 못하다는 비난을 받아야 했다. 사랑과 긍휼과 희생에 기반한 예수님의 치유 사역은 일상이 건강하게 이루어지도록 사랑하고 돕고 일으켜 세워주시는 일이었다. 치유를 통해 정죄가 아니라 용서를 선언하시고 받아주셨다.

일상이 예배가 될 때 세상에서 정상이 비정상이 되고, 세상에서 비정상이 정상이 되며, 식사는 성찬이 되고, 나눌수록 더더욱 풍성해지는 사랑의 신비를 경험하며, 억누를수록 더더욱 커지는 소망을 품는다. 사람들에게는 아무것도 아닌 날이 의미가 있는 특별한 날이 되는 신비를 경험한다.

일상이 예배가 될 때 모든 게 은혜임을 깨닫는다.

일상이 예배가 될 때 내 삶의 주인은 내가 아님이 밝혀지며 오히려 기꺼이 하나님의 다스림과 돌봄을 받는다.

교회 예배가 살아난다-

"저희가 사도의 가르침을 받아
서로 교제하며 떡을 떼며 기도하기를 전혀 힘쓰니라"
(사도행전 2:42)

교회가 위기의식에 가위눌릴 때마다 '예배가 살아야 한다'라는 선언은 비전 혹은 해결책으로 제시된다. 지금도 마찬가지 제안을 예배 회복이라는 이름으로 곳곳에서 들을 수 있다. 그만큼 위기의식은 교계 안에 깊이 스며있다. 이런 선언을 들을 때마다 사람들은 흔히 교회 예배를 떠올린다. 교회 예배만을 예배로 생각하기 때문이다. 사실은 이게 문제다. 왜냐하면 교회가 느끼는 위기는 탈 교회 물결이 거세지고 또 교회에 대한 신뢰도가 바닥을 치고 있는 것에서 오기 때문이다. 만일 교회 예배가 없었다면 이해할 수 있겠지만 코로나19 기간을 제외하면 교회 예배는 멈춘 적이 없었다.

물론 교회 예배에 아무 감동이 없고, 은혜는 차치하고 어떤 하나님 경험도 일어나지 않기에 예배의 회복을 말하는 것임은 잘 안다. 이런 진단을 통해 내놓은 처방이라는 게 대체로 예전을 젊은 세대에 맞게 새롭게 정비하고, 복음적 설교를 강화하고, 감동이 있는 찬양 시간과 기도 시간을 갖는 등이다.

그러나 지금까지의 결과를 보면 이렇게 한다고 해서 해결될 일은 아니라는 확신이 든다. 그동안 얼마나 많은 시간을 예배 갱신을 위해 보냈는지, 그러나 이에 비해 아무 효과가 없는 공허한 결과를 지켜보아야 했는지를 생각해 보면 금방 알 수 있다. 얼마나 듣기에 좋고 은혜로운 설교가 넘치는가! 그런데도 위기의식이 여전한 건 왜 그런가?

탈 교회 현상과 교회 신뢰도가 떨어진 원인은 다른 곳에 있는 것 같다. 내가 보기에 교회의 위기는 분명 교회 예배에만 있지 않다. 오히려 첫째는 예전의 의미를 모른 채 예배한다는 사실에 있으며, 둘째는 일상 예배의 결여에 있고, 그리고 셋째는 이것과 교회 예배와의 유기적 상호의존 관계가 상실한 데에 있다. 그간 목회 경험과 지속적인 신학 연구를 통해 내가 다다른 결론이다(다음을 참고: 최성수, 『하나님의 목회 인간의 목회』, 한국학술정보, 2024).

목회 현장에서 나는 교회에 새로 등록하는 모든 성도에게 새 가족 교육으로 예배 교육을 했다. 새 가족 교육 과정에 등록한 모든 사람은 보통 예배 순서로 알고 있는 예전의 신학적 의미를 배우고, 특히 예배로의 부름과 축도가 일상과 어떤 관계에 있는지 학습한다. 일상에서 교회로의 부름이고, 교회에서 일상으로 파송한다는 걸 보이는 의식임을 배운다. 따라서 교회 예배가 갖는 일상 예배와의 유기적 관계를 늘 유념하도록 하고 매주 실천 과제를 점검하는 시간을 가졌다. 그러니까 총 6주간의 교육(마지막 한 주는 새 가족 피크닉)에서 예전의 의미를 배우고, 그것과의 관계에서 일상에 주목하게 했으며, 그리고 예전의 의미를 바탕으로 일상의 의미를 성찰하도록 했다. 일상의 경험을 갖고 예배에 참석하도록 권고했고, 일상의 삶이 어떠했는지 나누는 시간을 빼놓지 않았다.

그 결과는 놀라웠는데, 예배 교육 이전과 비교할 때 등록 후 교회 정착률이 매우 높아졌으며, 예배 이해가 현저히 개선된 건 물론이고 예배 참여 자세가 달라진 것이다. 예배 교육을 받은 성도로서 지각하거나 축도 전에 교회를 빠져나가는 경우가-급한 사정 때문에 나가는 걸 제외하면-거의 없었다. 오랫동안 꾸준히 신앙생활을 해온 상태에서 예배 교육에 참여한 교인들은 예전의 의미를 알고 나서 예배에 참여하는 자세가 바뀌었다는 말을 이구동성으로 들었다.

교회 위기를 극복하기 위해 회복되어야 하고 소성해야 하는 예배는, 설령 궁극적으로는 교회 예배라도, 엄밀히 말한다면 예전의 의미가 구현된 일상 예배이다. 예전의 의미를 숙지해야 하는 건 당연하고, 그 의미가 일상에서 구현되도록 하는 것이 관건이다. 여기에 더해 교회 예배와의 유기적 관계가 회복해야 한다. 유기적 관계에서 일상 예배가 살아날 때 교회 예배는 자연스레 회복한다.

일상이 예배가 될 때 예전은 단지 예배 진행을 안내하는 순서가 아니라 우리에게 오시는 하나님께 어떻게 반응해야 하는지, 우리와 함께 공동체를 이루는 가족과 교인에게, 우리의 이웃에게, 우리의 친구와 직장 동료에게 어떻게 반응해야 하는지를 알려주는 지침이 된다.

일상이 예배가 될 때 하나님과의 만남을 갈망하고, 성도와의 교제가 기대되며, 설교에 경청하여 나를 위한 말씀으로 듣는다. 왜냐하면 일상에서 경험했으나 그 의미가 불투명하고 불확실했던 일들이 교회 예배에서 특히 설교에서 선명하게 드러나기 때문이다.

개인과 교회가 회복한다

"그러므로 누구든지 나의 이 말을 듣고 행하는 자는
그 집을 반석 위에 지은 지혜로운 사람 같으리니"
(마태복음 7:24)

교회에서 개인의 회복을 말할 때 보통은 살아있는 신앙과 신앙생활의 활성화를 염두에 둔다. 교회 예배 참석, 말씀 읽기, 기도 생활하기, 전도하기, 봉사하기, 성도와 교제하기 등이다. 물론 어떤 일에도 쉽게 요동하지 않고 단단해지는 신앙의 내적 성숙을 추구하기도 한다. 여기서 특히 강조하는 것이 있다. 개인 회복은 죄를 고백하고 교회가 제시하는 신앙 훈련 과정에 꾸준히 참여할 때 얻을 수 있다는 것이다. 회개했다는 간증은 배움과 훈련 과정에서 얻은 깨달음과 이에 따라 생각과 삶이 변했다는 증거가 있을 때만 유효하다. 간증이 단지 교육과 훈련 과정의 마지막 단계로 곧 신앙 훈련 과정 중 하나의 코스로 여겨져서는 안 될 것이다.

이런 질문을 해보자. 그러나 정말 변했을까? 교회 안팎에서 '사람은 바뀌지 않는다'라는 말이 유행처럼 회자하고 있다. 충격적인 건 이 말을 30년 이상 목회 후 은퇴하신 분들에게서 듣는다는 사실이다. 특히 평생을 제자 교육을 해왔고 그 결과 대형교회로 성장한 교회의 담임목사에게서 들었을 때 그 놀라움과 충격은 말로 다 표현할 수 없었다. 회개했다고 하고 배움과 실천의 과정을 꾸준히 거쳐온 교인들임에도 왜 이런 결과인가?

무슨 말인가? 변하지 않았다는 말에서 초점은 교회 생활이 아니라 일상의 삶이다. 회개했다고 고백하고, 예배 참여에 열심을 보이고, 교회가 제시한 프로그램에 참여하여 교인으로서 성장은 했고, 이전과 달리 신앙생활에 더 큰 열정을 보이고는 있으나, 정작 일상에서, 특히 기질과 인격적인 면에서는 그다지 크게 달라지지 않았다는 거다.

개인의 회복이란 게 교회 프로그램을 통해서는 가능하지 않다는 걸 의미하는 건 아닌가? 개인 회복에서 관건은 교회 생활을 능숙하게 잘하도록 하는 게 아니라 일상에서 이웃과 더불어 화평 가운데 살도록 하고, 일상에서 하나님과 사람 그리고 자연에 대해 전 인격적으로 반응하며 살도록 하는 것이다. 무엇보다 회개는, 세례 요한이 말했듯이, 단지 고백만 할 것이 아니라 삶의 결실로 입증되어야 한다.

각각의 개인이 회복하면 너와 내가 모여 한 몸을 이루는 교회가 회복하는 건 그렇게 어렵지 않다. 자연스레 따라온다고 말할 수 있다. 그렇다고 반드시 우선순위가 있는 건 아니다. 교회 회복이 개인 회복으로 이어지기도 한다. 대표적인 경우가 교회 예배에 대한 바른 이해와 실천을 통해 개인 회복이 덩달아 이루어지는 사례다. 복음이 설교를 통해 바르게 선포될 때도 교회는 회복하고, 이에 따라 개인이 회복한다.

최근 교회 동향을 보면 교회 공동체에서 관계적 공동체로 변하는 추세를 확인할 수 있다. 성도와의 교제는 물론이고 이웃과의 교제를 더더욱 중시하는 경향이다. 이에 따라 소그룹 모임이 활성화되고 있다. 자연과의 관계도 이전에 비해 몰라보게 세심해졌다. 이런 경향을 고려할 때 만일 개인 회복이 교회 안에서만 인지될 뿐 교인과의 관계와 이웃과의 관계 그리고 자연과의 관계 안에서 인지되지 않는다면 큰 의미가 없다. 특히 인격적인 변화가 따르지 않는 개인 회복은 교회 회복으로 이어지지 못할 뿐 아니라 개인 회복의 지속성도 보장받지 못한다(다음을 참고: 달라스 윌라드, 『마음의 혁신』, 복있는사람, 2022).

일상이 예배가 될 때 곧 일상에서 예수 그리스도에 대한 믿음 안에서 하나님에게 전인격적으로 반응하는 삶(예전에 따른 것이 아니라 선하고 정의로운 삶)을 살 때, 세상에서 빛과 소금으로 살 때, 성령을 통해 개인이 회복하고 교회도 회복한다.

나가는 글

-어떻게 일상을 예배로 바꿀 수 있을까?

첫째, 모든 일에 감사한다.

둘째, 말씀을 통해 찾아오시는 하나님을 만나고 그분의 인도하심을 얻기 위한 시간을 규칙적으로 갖는다.

셋째, 기도하고 행동하는 삶에 더해서 그리스도인은 합리적으로 생각하는 습관을 들인다.

넷째, 언제 어디서 누구를 만나든 서로 돕고, 서로 사랑하고, 서로 세워주는 삶을 실천하는 계기로 삼는다.

다섯째, 하나님의 새롭고 계속되는 창조에 열린 마음을 갖는다.

여섯째, 예전을 통해 드리는 교회 예배를 갈망하며 산다.

하나님의 임재는 예외적인 경험을 일으키지만 그렇다고 해서 특별한 방식으로만 일어나지 않는다. 크게 보면 일상의 틀에서 크게 벗어나지 않는다고 말할 수 있다. 만나는 사람을 통해서, 거주하는 환경 안에서, 그리고 주변에서 일어나는 사건을 매개로 일어난다. 관건은 우리가 이런 만남과 사건들 속에서 어떻게 반응하느냐 하는 거다.

나는 지금까지 다양한 삶의 경우-대부분 일상의 루틴에서 벗어나는 경우--를 염두에 두고 일상이 어떻게 예배가 되는지에 관해 설명했다. '되는 것'과 '바꾸는 것'은 다르다. 전자가 일상이 어떤 맥락에서 예배로 이해될 수 있는지 설명하는 것이라면, 후자는 일상 예배에 적극적인 참여를 고무하는 일이다. 삼위일체 하나님을 믿는 그리스도인에게는 일상 행위와 예전 행위는 크게 다르지 않다. 다만 형식이 다를 뿐이다. 하나님과 함께하고 또 하나님 앞에서 펼쳐지는 일상의 삶에서 세상은 적대적으로 나뉘지 않고 오히려 통합하며, 예전 행위는 하나님 앞으로 초대된 이의 반응이다. 양자는 서로 유기적 관계 안에서 서로에게 의존해 있다.

문제는 같은 일상을 살고 같은 말씀을 읽고 들으며 같은 곳에서 예배한다 해도 누구는 하나님 경험을 하고 누구는 단순한 시간 경험을 하고 또 누구는 그저 평범한 일상에 불과한 것인가? 이토록 경험이 다른 건 무엇 때문인가?

그건 시간을 따라 사는 삶이 아니라 삶의 의미를 따라 사느냐에 달려 있다. 바울은 이를 두고 육체의 욕심을 따라 사느냐 아니면 성령을 따라 사느냐에 달려 있다고 말했다. 이건 우리가 일상에 어떠한 마음으로 참여하는지를 결정한다. 달리 말하면 일상에 임재하신, 비록 보이진 않으나 존재하시어 삶의 의미가 되시는 하나님께 어떻게 적극적으로 반응하느냐에 달려 있다. 어떻게 반응하느냐에 따라 하나님은 세상에 충만하게 임재하셔서 역사를 일으키시기도 하고 그렇지 못하시기도 한다.

글을 마무리하는 이곳에서는 위의 질문을 염두에 두고 독자들의 실천 의지를 구체적으로 돕고자 한다. 곧 이런 조건과 각종 환경에서 하나님을 예배하는 자로 살 때 구체적으로 어떤 모습의 삶일지 이에 관해 간단하게 설명하고자 한다. 이건 1장에서 다룬 여섯 가지 조건에 바탕을 둔다. 영성 훈련을 위해서는 좀 더 세분화해야 하겠으나 이곳에서는 조건을 숙지하는 것으로 만족하고 구체적인 영성 훈련은 다음 기회로 미루기로 하자.

그리스도인이 일상을 예배자로 살기 위해서는 첫째, 모든 일에 감사해야 한다. 불교에서는 모든 만남과 사건을 '연기론'을 매개로 생각하며 소중히 여긴다. 모든 게 인과관계로 서로 연결되어 있다는 거다. 굳이 하나님의 섭리를 말하지 않아도 그리스도인이 기도와 고백을 통해 주어진 것들에 감사하는 건 좋은 일이든 그렇지 않은 일이든, 모든 일에서 하나님의 다스림과 돌봄을 인정하고 받아들이게 한다. 세상을 통합하여 보는 이의 시각에서 비롯하는 감사는 하나님의 개입을 믿고 하나님이 은밀히 행하셨음을 인정하는 신앙 행위이다. 어렵고 힘들고 고통스러운 삶의 현장일지라도 소망 가운데 하나님께 감사함으로써 예배의 장소로 바뀐다.

봄꽃은 추운 겨울이 지났음을 알리는 전령이지만, 겨우내 마르지 않고 또 얼어 죽지 않고 나무줄기에 붙어있는 가지의 존재는 봄이 반드시 올 것임을 알리는 사인이기도 하다. 감사는 추운 겨울 날씨에 봄을 기다리는 자에게 죽지 않고 나무줄기에 붙어있는 가지와 같다. 감사하는 자는 인내 가운데 소망하며 마침내 봄꽃을 즐긴다.

둘째, 말씀을 통해 찾아오시는 하나님을 만나고 그분의 인도하심을 얻기 위한 시간을 규칙적으로 갖는다. 보통 QT로 알려져 있으나, 성경 필사도 괜찮고, 소리 내어 성경을 읽는 것이나 녹음된 성경을 듣는 것도 괜찮다. 여기에 암송을 더할 수 있다. 그러나 읽고 듣고 암송하는 것만으로는 충분하지 못하다. 정기적인 모임이나 전화로 혹은 비대면 통신으로 두세 사람이 말씀에 대한 경험과 깨달음을 서로 나눈다면 금상첨화다. 해도 되고 안 해도 된다는 게 아니다. 반드시 있어야 하고 이런 시간은 읽고 듣고 암송한 것을 심화하고, 깨달음에만 머물지 않고 실천할 의지를 북돋는다. 관건은 말씀을 묵상함으로써 하루를 하나님의 인도하심에 맡기는 용기를 얻는 것이다.

셋째, 기도하고 행동하는 삶에 더해서 그리스도인은 합리적으로 생각하는 습관을 들여야 한다. 신학이라고 해서 모두가 합리적인 설명을 담고 있는 건 아니다. 겉으로는 그렇지 않아도 근본주의적인 사고에 젖은 신학이 많다. 성경은 신뢰할 만한 기준을 충족하고 있다. 비합리적인 내용이라고 해서 신뢰하지 못하는 건 아니다. 과학도 블랙홀이나 소립자 같은 보이지 않는 실재를 증명하지 않고 전제한다. 다만 과학적으로 설명하는 과정에서 그 전제가 유효하게 작용하기 때문에 신뢰감을 주는 것이다. 무조건 믿어야 한다는 사고로 교인을 설득하려는 시대는 지났다.

특히 자기 생각과 주장을 관철하기 위한 목적을 갖고 상대를 비판하는 신학은, 설령 읽고 듣는 자에게는 마음의 흥분을 일으킬지 몰라도, 갈등과 반목을 넘어 평화의 길로 인도하지 못한다. 바른 신학함(doing-theology)은 함께 가는 길이다. 먼저 상대의 주장과 생각에 대해 공감하기 위해 노력해야 하고, 그 후에 서로의 차이를 인정하고 그 근거를 소통할 수 있어야 한다. 이건 마지막 날이 오기까지 피할 수 없는 인간 인식의 한계 때문이다. 중요한 건 차이에 머물거나 집착하지 않고 오히려 차이를 넘어 하나님을 함께 고백할 수 있도록 돕는 신학이야말로 평화로 가는 길이다. 이런 사고를 통해 비록 겉으로는 갈등과 반목이 있을지 몰라도 일상은 예배로 바뀐다.

넷째, 하루 중 언제 어디서 누구를 만나든 서로 돕고, 서로 사랑하고, 서로 세워주는 삶을 실천하는 계기로 삼는 것이다. 내게 선한 일을 하는 사람만을 염두에 두어선 안 된다. 설령 내게 부당한 일을 하는 사람이라도 그가 바르게 생각하고 옳은 행동을 하도록 도울 수 있다. 사도 바울은 골로새서에서 박해하는 자라도 축복하고 저주하지 말라고 했다(롬 12:14). 왜냐하면 하나님에게는 그 사람도 구원이 필요하기 때문이다. 비난하고 비판하고 우위에 서려 하는 마음으로는 가능하지 않다.

다섯째, 하나님의 새롭고 계속되는 창조에 열려 있어야 한다. 이를 위해 필요한 게 영성이다. 하나님에 관해 알고, 하나님을 분별하고, 하나님의 말씀과 행위를 받아들이고, 하나님 경험을 진솔하게 표현하며, 하나님을 온전히 의지할 때 그리스도인은 끊임없이 배우고 성장하며 타인을 공감하는 것은 물론이고 자신을 하나님의 새로운 창조에 맡길 수 있다. 과거에 매이지 않고 현재에 있는 미래 곧 하나님 나라를 인정하고 볼 수 있을 때 새로운 창조에 열려 있을 수 있다. 영성을 갖추기 위해 열심을 내야 한다. 영성 있는 신앙에 근거한 삶을 실천할 때 일상은 예배로 바뀐다.

끝으로 여섯째는 예전을 통해 드리는 교회 예배를 갈망하며 살아야 한다. 교회 예배가 천국 예배의 모형으로 여겨지긴 해도 그것이 일상 예배보다 더 중요하다는 뜻은 아니다. 교회 예배와 일상 예배가 온전한 유기적 관계에 있기 위해서다. 교회 예배를 마치고 선교를 위해 세상을 향해 파송된 그리스도인이 선교 현장에 있다고 해서 교회 예배를 갈망하지 않으면 일상에 매몰될 뿐이다. 교회 예배라고 해서 예전을 통한 예배만을 생각해서는 안 된다. 예배는 물론이고 교회에서 이루어지는 교육, 봉사, 교제를 포함한다. 서로 돕고 서로 사랑하고 서로 세우는 삶의 모범을 먼저는 성도와의 관계에서 배우고 익히고 실천해야 한다. 일상을 예배로 바꿀 의지와 실천은 삶의 모형을 의식으로 표현한 교회 예배에 적극 참여하는 것에서 온다.

요셉과 에스더 이야기를 통해 알 수 있듯이, 일상에서 하나님은 겉으로 드러나시지 않은 채 사건 뒤에 숨어 행하신다. 그러므로 하나님의 백성 곧 그리스도인에게 일상은 단순히 반복되는 시간이 아니다. 하나님이 우리와 함께하시기 위해 정하신 때와 장소이다. 하나님과의 관계 속에 있는 그리스도인의 삶의 표현이고, 온전한 예배를 이루는 중요한 부분이다. 생명을 풍성케 하는 삶의 현장이고 선교의 현장이며 예배의 현장이다. 이것이 우리가 각종 사건으로 얼룩져 있는 일상에 주목할 이유이다.

그러나 일상이 문제와 질문과 의심으로 경험되는 때에도 예배자이길 포기하지 않기 위해서는 기독교적 가르침을 따라 치열하게 일상을 이해하고 또 성경적 가르침에 따른 삶을-이것으로 인해 설령 고난을 피할 수 없다고 충분히 예상되는 상황에서도-용기 있게 실천함으로써 일상이 예배가 되게 해야 한다.

초판인쇄 2024년 11월 8일
초판발행 2024년 11월 8일

지은이 최성수
펴낸이 채종준
펴낸곳 한국학술정보(주)
주 소 경기도 파주시 회동길 230(문발동)
전 화 031-908-3181(대표)
팩 스 031-908-3189
홈페이지 http://ebook.kstudy.com
E-mail 출판사업부 publish@kstudy.com
등 록 제일산-115호(2000. 6. 19)

ISBN 979-11-7318-034-7 03230